美国新一代科学教育标准附录

设计思路与实施建议

美国科学教育标准制定委员会 著

叶兆宁 杨元魁 周建中 译

中国科学技术出版社
·北京·

图书在版编目（CIP）数据

美国新一代科学教育标准附录 / 美国科学教育标准制定委员会著；叶兆宁，杨元魁，周建中译 . —北京：中国科学技术出版社, 2025. 2. -- ISBN 978-7-5046-8787-6

I. G571.29

中国国家版本馆 CIP 数据核字第 2024FE0188 号

This is a translation of the NEXT GENERATION SCIENCE STANDARDS; Achieve, Inc. © 2013. First published in English in book form by the National Academies Press. All rights reserved. This edition is published under agreement with the National Academy of Sciences, as authorized by Achieve, Inc.

The NEXT GENERATION SCIENCE STANDARDS is based on the U.S. National Research Council *Framework for K—12 Science Education: Practices, Cross-Cutting Concepts, and Core Ideas* © 2012, National Academy of Sciences (the "Framework Report"). The section called "Disciplinary Core Ideas" is reproduced directly from the Framework Report, which is integrated and reprinted with permission from the National Academy of Sciences.

著作权合同登记号　01-2015-6200

本书由美国科学院出版社授权中国科学技术出版社独家出版，未经出版者许可不得以任何方式抄袭、复制或节录任何部分

策划编辑	单　亭　许　慧
责任编辑	向仁军　陈　璐
装帧设计	中文天地
责任校对	焦　宁
责任印制	李晓霖

出　　版	中国科学技术出版社
发　　行	中国科学技术出版社有限公司
地　　址	北京市海淀区中关村南大街 16 号
邮　　编	100081
发行电话	010-62173865
传　　真	010-62179148
网　　址	http://www.cspbooks.com.cn

开　　本	889mm×1194mm　1/16
字　　数	305 千字
印　　张	13.25
版　　次	2025 年 2 月第 1 版
印　　次	2025 年 2 月第 1 次印刷
印　　刷	河北鑫兆源印刷有限公司
书　　号	ISBN 978-7-5046-8787-6 / G·1057
定　　价	68.00 元

（凡购买本社图书，如有缺页、倒页、脱页者，本社销售中心负责调换）

序言

《新一代科学教育标准》（简称 NGSS）受美国 26 个州组成的财团委托，在美国 Achieve 公司的帮助与支持下，历时三年得以完成。此合作成果由美国国家研究委员会（NRC）、美国国家科学教师协会（NSTA）、美国科学促进会（AAAS）和美国 Achieve 公司同协作完成，纽约卡内基公司支持了此项目。

美国国家研究委员会是美国科学院（NAS）和美国国家工程院（NAE）的实际操作部门。2011 年 7 月，该委员会启动了出版发行《K-12 科学教育框架：实践、跨学科概念和核心概念》（*A Framework for K-12 Science Education: Practices, Crosscutting Concepts, and Core Ideas*）的进程，在下文中简称为《框架》。《框架》由 18 位在各个领域知名的国内外专家组成的委员会撰写，描述了一种基于科学实证的科学教育新理念，它是《新一代科学教育标准》的基础性文件。

在《框架》发行后，受美国 Achieve 公司的支持，美国 26 个主要合作州的财团与一个由 41 人组成的写作团队（团队成员在科学和科学教育方面有专业的知识）一起，开始开发缜密的、国际基准的科学标准，这些标准忠于《框架》。作为开发过程的一部分，这些标准经历了多次审查评估，包括两次公开草案，并允许任何对科学教育感兴趣的人都有机会提出对标准内容和组织形式的质疑。可以说，《新一代科学教育标准》是在美国各州与来自科学、科学教育、高等教育、商业和工业等领域的利益相关者之间的合作下开发形成的。

作为合作伙伴，美国科学院、美国国家工程院、美国国家研究委员会和美国国家科学院出版社（NAP）都执着于贯彻制定《新一代科学教育标准》的倡议。尽管这份文件不是美国国家研究委员会专家的成果，但是最终版本的标准是由美国国家研究委员会评估并与《框架》一致。鉴于高质量教育对国家的重要性，这些基于《框架》的标准对于提高学生的学习能力是必不可少的，应该尽可能广泛地传播。这就是我们决定通过美国国家科学院出版社出版《新一代科学教育标准》的原因。

《新一代科学教育标准》是在整个国家所有课堂中实现《框架》中科学教育愿景的关键一步。但是，单单这些标准本身将不会为所有学生提供高质量的学习机会。现在，为了使这些标准在提高科学教学和学习上发挥作用，教育界需要对 K-12 教育系统中的各个层次进行改革，包括对课程、教学、评估、教师的职前预备和职后专业发展的修订等。科学和科学教育团体必须继续努力合作进行改革，以此让《新一代科学教育标准》为所有学生提供高质量的学习机会的承诺成为现实。

2013 年 6 月于华盛顿

拉尔夫·西塞罗那	查尔斯·维斯特	哈韦·法恩伯格
（RALPH J. CICERONE）	（CHARLES M. VEST）	（HARVEY V. FINEBERG）
美国国家科学院院长	美国国家工程院院长	美国国家医学院院长
美国国家研究委员会会长	美国国家研究委员会副会长	

美国国家研究委员会对《新一代科学教育标准》的评估

根据经美国国家研究委员会行为与社会科学及教育处（DBASSE[①]）执行办公室审批通过的流程，2013年年初，《新一代科学教育标准》由专门挑选出的评委对此进行审查评估，他们不仅是专业技术专家，同时也熟悉研究委员会2011年的报告（《K-12科学教育框架：实践、跨学科概念和核心概念》）。审查评估的目的是评估美国26个主要州在美国Achieve公司指导下开发了两年所制定的《新一代科学教育标准》是否与《框架》中所提供的用于建立K-12科学标准的科学共识保持一致。《新一代科学教育标准》的开发团队将《框架》作为在开发结构和内容标准方面的基础。美国国家研究委员会要求审查专家在以下三个方面提出他们的意见：

1. 《新一代科学教育标准》与《框架》中提出的K-12科学教育愿景是否一致？
2. 《新一代科学教育标准》在多大程度上遵循了制定《框架》的委员会给标准开发人员提出的具体建议（详见《框架》第十二章）？
3. 为了达成与《框架》的一致性，还有哪些方面需要完善？

评估审查最终决定，《新一代科学教育标准》与《框架》的内容和结构一致，并于2013年4月向公众发布并出版本书。

参加审查评估《新一代科学教育标准》的评委有：菲利普·贝尔（Philip Bell），华盛顿大学学习科学教授，科学与数学教育教授；鲁道夫·德兹（Rodolfo Dirzo），斯坦福大学生物系生态学教授；肯杰·哈库塔（Kenji Hakuta），斯坦福大学教育学院教育学教授；金·A. 卡斯腾（Kim A. Kastens），哥伦比亚大学地球与环境科学系拉蒙特地球观测所拉蒙特科研教授和客座教授；乔纳森·奥斯本（Jonathan Osborne），斯坦福大学教育研究生院科学教育教授；布莱恩·J. 赖泽（Brian J. Reiser），美国西北大学教育和社会政策学院学习科学教授；卡尔·E. 威曼（Carl E. Wieman），不列颠哥伦比亚大学物理系教授；劳雷斯·L. 怀斯（Lauress L. Wise），加利福尼亚州蒙特雷人力资源研究所教育政策影响中心主任研究员。

《新一代科学教育标准》的评估受帕特里曼·莫里森（Patricia Morison）（行为与社会科学及教育处报告及交流执行副主任）和苏珊娜·威尔逊（Suzanne Wilson）（美国国家委员会科学教育成员、密歇根州立大学教授）的监督。他们由美国国家研究委员会任命，负责确保对《新一代科学教育标准》的审查是按照制度程序进行的。

[①] DBASSE 的全称为 The Division of Behavioral and Social Science and Education，是美国国家研究委员会下属部门。——译者注

致谢

《新一代科学教育标准》是各类组织和利益相关者的共同研究成果。

合伙人

在研发《新一代科学教育标准》第一卷和第二卷的过程中，主要合伙人有：美国国家研究委员会、美国国家科学教师协会、美国科学促进会以及美国 Achieve 公司。

参与的州

《新一代科学教育标准》的研发是美国各州共同努力的成果。所有州都受邀申请成为主要州合伙人，使其能够在研发过程中对创作者起领导作用。主要州合伙人负责组建涵盖面广的委员会来为相继完成的标准草案提供建议与收集反馈意见。下列州为主要州合伙人：

亚利桑那州	缅因州	俄亥俄州
阿肯色州	马里兰州	俄勒冈州
加利福尼亚州	马萨诸塞州	罗得岛州
特拉华州	密歇根州	南达科他州
佐治亚州	明尼苏达州	田纳西州
伊利诺伊州	蒙大拿州	佛蒙特州
艾奥瓦州	新泽西州	华盛顿州
堪萨斯州	纽约州	西弗吉尼亚州
肯塔基州	北卡罗来纳州	

投资者

《新一代科学教育标准》的研发资金主要由纽约卡内基公司、通用电器基金会和诺伊斯基金会提供。另外受波音公司、思科基金会和杜邦公司额外支持。

创作团队

创作领导团队

罗杰·拜比（Rodger Bybee），科罗拉多州戈尔登市，生物科学课程研究会（BSCS）执行主任（已退休）

梅拉妮·库珀（Melanie Cooper），密歇根州东兰辛市，密歇根州立大学科学教育教授和化学教授

理查德·A. 杜沙（Richard A. Duschl），宾夕法尼亚州，宾夕法尼亚州立大学，沃特伯里教育学院的中学教育首席教授

达宁·埃泽尔（Danine Ezell），加利福尼亚州圣地亚哥市，圣地亚哥联合校区和圣迭戈县教育办公室

（已退休）

乔·克拉斯克（Joe Krajcik），密歇根州东兰辛市，密歇根州立大学科学教育教授和STEM创新协会主任

奥凯赫·李（Okhee Lee），纽约州纽约市，纽约大学，科学教育教授、多元化与公正教授

拉蒙·洛佩斯（Ramon Lopez），得克萨斯州阿灵顿市，得克萨斯大学阿灵顿分校，物理学教授

布雷特·默尔丁（Brett Moulding），犹他州奥格登市，犹他州有效科学教学与学习合作企业主任；州科学主管（已退休）

卡里·斯奈德（Cary Sneider），俄勒冈州波特兰市，波特兰州立大学，研究助理教授

迈克尔·怀斯森（Michael Wysession），密苏里州圣路易斯市，圣路易斯华盛顿大学，地球与行星科学副教授

创作团队人员

桑德拉·艾伯蒂（Sandra Alberti），纽约州纽约市，学生成就伙伴联盟主任

卡罗尔·贝克（Carol Baker），伊利诺伊州奥兰帕克市，伊利诺伊州第218区社区高中科学与音乐课程主任

玛丽·科尔森（Mary Colson），明尼苏达州穆尔黑德市，穆尔黑德公立学校地球科学教师

佐薇·埃文斯（Zoe Evans），佐治亚州卡罗顿市，卡罗尔县学校副校长

凯文·费希尔（Kevin Fisher），得克萨斯州弗劳尔芒德市，路易斯维尔独立学区中学科学协调专员

雅各布·福斯特（Jacob Foster），马萨诸塞州莫尔登市，马萨诸塞州中小学科学、技术和工程教育部门主任

鲍勃·弗兰德（Bob Friend），加利福尼亚州西尔滩市，波音幻影工作室，先进空间和智能系统总工程师

克雷格·加布勒（Craig Gabler），华盛顿州奥林匹亚市，首都区域ESD113区域科学协调专员、激光联盟主任

珍妮弗·古铁雷斯（Jennifer Gutierrez），亚利桑那州钱德勒市，钱德勒联合校区科学课程专家

杰米·赫林顿（Jaymee Herrington），得克萨斯州凯蒂市，凯蒂独立校区，科学协调员

林恩·莱西·霍姆雅尔（Lynn Lathi Hommeyer），华盛顿，哥伦比亚特区公立小学科学专家教员

肯尼思·赫夫（Kenneth Huff），纽约州威廉斯维尔市，威廉斯维尔中心学区初级中学科学教师

安迪·杰克逊（Andy Jackson），弗吉尼亚州哈里森堡市，哈里森堡城市公立学校，高级中学科学教师和区域科学协调专员

丽塔·贾纳斯克（Rita Januszyk），伊利诺伊州威洛布鲁克市，高尔62区小学教师

内特斯·琼斯（Netosh Jones），华盛顿，哥伦比亚特区公立学校小学教师

彼得·麦克拉伦（Peter McLaren），罗得岛州普罗维登斯，罗得岛州教育部科学和技术专家

迈克尔·麦奎德（Michael McQuade），特拉华州格林维尔市，杜邦公司高级研究员

葆拉·梅西纳（Paula Messina），加利福尼亚州圣何塞市，圣何塞州立大学地质学/科学教育教授

玛丽埃尔·米兰（Mariel Milano），佛罗里达州奥兰多市，橙县公立学校P-SELL和STEM协调专员

艾米莉·米勒（Emily Miller），威斯康星州麦迪逊市，麦迪逊大都会学区英语作为第二语言和双语专家

教员

梅丽莎·米勒（Melissa Miller），阿肯色州法明顿市，法明顿学区初级中学科学教师

克里斯·恩布里·莫尔（Chris Embry Mohr），伊利诺伊州斯坦福市，奥林匹亚联合社区第16学区高级中学科学和农业教师

贝齐·奥戴（Betsy O'Day），密苏里州霍尔斯维尔市，霍尔斯维尔R–IV学区小学科学专家

博纳丁·奥科罗（Bernadine Okoro），华盛顿，哥伦比亚特区公立学校罗斯福高级中学科学教师

朱莉·奥尔森（Julie Olson），南达科他州米切尔县，米切尔学区科学教师

朱莉·佩珀曼（Julie Pepperman），田纳西州马里维尔，诺克斯县学校主导教师

凯西·普菲特（Kathy Prophet），阿肯色州罗杰斯市，斯普林代尔公立学校初级中学科学教师和科学系主任

谢里·沙夫（Sherry Schaaf），华盛顿州福克斯市，中学科学教师（已退休），科学教育顾问

杰奎琳·斯莫尔斯（Jacqueline Smalls），马里兰州鲍伊市，哥伦比亚特区公立学校，兰利STEM教育校园，STEM协调专员

保罗·斯佩兰泽（Paul Speranza），纽约州，北贝尔莫尔高级中学科学教师（已退休）

瓦妮莎·韦斯特布鲁克（Vanessa Westbrook），密苏里州霍尔斯维尔市，威斯布鲁克咨询服务公司，科学教育顾问

主要利益相关者

这些主要利益相关者是来自教育、科学、商业和工业领域的杰出个人或机构代表，他们对《新一代科学教育标准》感兴趣。这些成员是从50个州中选拔出来的并具有以下专业知识：

- 城市和农村社区小学、初中和高中科学教育
- 特殊教育和英语语言习得
- 高等教育
- 州标准和评价
- 认知科学、生命科学、物质科学、地球和空间科学、工程/技术
- 数学和读写能力
- 商业和工业
- 劳动力发展
- 教育政策

主要利益相关者评价相继出台的、机密的标准草案，并在给予他们专业领域特别关注的情况下，向作者和州提供反馈。

所代表的机构

艾德菲大学	课外联盟
阿拉斯加州科学教育顾问	美国物理教师协会
美国化学学会	美国教师联盟
美国地质研究所	美国地球物理联合会
美国物理学会	美国心理学协会
美国工程教育学会	美国农学会
美国人类遗传学学会	美国机械工程师学会
亚利桑那州立大学	蒙大拿州阿利学区
阿姆斯特朗大西洋州立大学教育学院	职业与技术教育协会
美国计算机协会	科学教学总统奖获奖者协会
公共和土地授予大学协会	太平洋天文学会（ASP）
BayBio 研究所	伊利诺伊州 Big Hollow 第 38 学区 Big Hollow 初级中学
怀俄明州比格霍恩县第 3 学区格雷伯尔高级中学	生物科学课程研究会
博伊西州立大学	波士顿学院
波士顿大学	杨百翰大学师范教育系
布罗德研究所	加州州立理工大学
加利福尼亚科技项目	加州州立大学富勒顿分校
加州州立大学圣贝纳迪诺分校	加州州立大学圣马科斯分校
加尔文学院	特殊技术应用中心（CAST）
海洋科学英才教育中心	华盛顿州中央凯特萨普学区
中央密歇根大学	伊利诺伊州尚佩恩第 4 单元学区课程中心
芝加哥州立大学	纽约城市大学城市学院
纽约城市大学	克拉克县学校区
克莱姆森大学	俄亥俄州克利夫兰城市学校
哥伦比亚大学环境研究与保护中心	哥伦比亚大学拉蒙特–多尔蒂地球观测站
哥伦比亚大学师范学院	计算机科学教师协会
康科德财团	康奈尔大学鸟类学实验室
康奈尔大学古生物学研究所	美国农作物科学学会
罗得岛州坎伯兰学部约瑟夫·麦考特中学	德尔兰镇学区
DGR 策略商业咨询公司	哥伦比亚特区公立学校卡多佐高级中学
德雷塞尔大学教育学院	杜克大学电子和计算机工程学系
杜邦公司	东俄勒冈大学教育学院
教育发展中心有限公司	哥伦比亚特区 E.L. 海恩斯公立特许学校
脑与行为科学协会联合会	俄亥俄州芬德利城市学校
佛罗里达亚特兰大大学	得克萨斯州弗兰斯独立学区弗兰斯中学
加州弗雷斯诺联合学区，横木科学技术学校	乔治梅森大学

乔治·华盛顿大学	佐治亚南方大学
艾奥瓦州 STEM 咨询委员会	大峡谷州立大学
绿色教育基金会	田纳西州格林县学校
密歇根州格林希尔学校	北卡罗来纳州吉尔福德县学校，吉布森小学
密苏里州霍尔斯维尔 R-IV 学区	哈佛大学
夏威夷技术学院	阿肯色州赫伯斯普林斯学区赫伯斯普林斯高中
赫利俄斯教育基金会	霍夫斯特拉大学
休斯敦独立学区	伊利诺伊州数学与科学学院
印第安纳大学	国际技术与工程教育协会（ITEEA）
艾奥瓦地区教育机构 267	艾奥瓦数学与科学教育合作伙伴
詹姆斯麦迪逊大学	国际教育荣誉学会
知识无国界	爱达荷州昆纳学区昆纳高中
伊利诺伊州拉多学区拉多中学	劳伦斯科学馆
莱斯利大学	伊利诺伊州克星敦社区单元学校 7 区
路易斯安那州立大学	佐治亚州朗兹县学校朗兹高中
马歇尔大学琼哈里斯农村教育研究与发展中心	麦克丹尼尔学院
西弗吉尼亚州美世县学校蓝菲尔德高中	亚利桑那州梅萨学区
田纳西州大主教辖区纳什维尔公立学区，约翰早期博物馆磁铁中学	密歇根州立大学教师教育系
密歇根理工大学水与社会中心	密歇根理工大学认知与学习科学系
中部大陆的教育和学习研究	大西洋中部天文馆社团
中田纳西州立大学	艾奥瓦州密西西比本德地区教育代理
密西西比州立大学领导力和基金会系	密苏里植物园
门罗 2 号奥尔良 BOCES 基础科学项目	莫瑞谷社区学院
摩海德州立大学	曼荷莲学院物理系
佐治亚州梅肯市艺术与科学博物馆	波士顿科学博物馆
美国天才儿童协会	全国生物教师协会
美国地理科学教师协会	全国科学教学研究协会
美国科学与数学联盟协会	美国国家科学教育中心
美国数学教师委员会	美国地球科学教师协会
美国教育协会	美国国家地理学会
美国海洋教育工作者协会	美国国家中等水平科学教师协会
美国学校董事会协会	美国国家科学教育领导协会
美国国家科学基金会	美国国家科学资源中心
美国西班牙裔物理学家协会	美国自然保育协会
内布拉斯加州科学教育联盟	康涅狄格州新迦南公立学校
康涅狄格州纽黑文公立学校	纽约新罗谢尔学区，哥伦布小学

新教师中心	北卡罗来纳农工州立大学
北卡罗来纳州立大学	俄勒冈州克拉克默斯县北学区克拉克默斯高中
北达科他州立大学护理系	北亚利桑那大学
密苏里州西北 R1 学区西北高中	西北大学
奥克兰大学	奥格拉拉·拉科塔学院
俄亥俄科学院	俄亥俄州家庭与消费者科学教师协会
俄亥俄州立大学	俄亥俄大学
太平洋科学中心	太平洋大学
棕榈滩州立大学	帕尔米拉湾自然公园和环境研究中心
美国专业物理教学仪器生产商	帕斯科公司
宾夕法尼亚州立大学	纽约大学理工学院
波特兰州立大学	阿肯色州波茨维尔学区
工程桥梁项目	普渡大学
普特南/北韦斯切斯特 BOCES 科学 21	阿肯色州罗杰斯公立学区，罗杰斯高中
罗格斯大学地球与环境科学系	罗格斯大学教育研究生院
萨丽莱德科学教育公司	美国圣地亚哥州立大学
圣塔菲研究所	纽约州萨拉托加温泉市高级中学
佐治亚州查塔姆学区查塔姆高中	美国《科学》杂志
纽约州科学教师协会	海格兰特教育者网络
西雅图太平洋大学物理系	宾夕法尼亚州西盆斯贝格大学
美国神经科学学会	美国土壤科学协会
新罕布什尔州索斯沃思学区伊德赫斯特小学	伊利诺伊大学艾德华兹维尔分校
米草咨询集团有限责任公司	华盛顿州斯波坎市公立学校
SRI 国际性学习科技中心	圣爱德华大学
圣约翰费舍尔学院	明尼苏达州圣保罗公立学校
州高等教育行政首脑协会	纽约州立大学布洛克波特分校计算科学系
纽约州立大学弗雷多尼尔分校教育学院	纽约州立大学杰纳苏分校物理与天文学系
内华达州斯托里县学区	加州萨尔弗斯普林斯学区
对外英语教师（TESOL）	STEM 卓越教学学院
天普大学	教育技术研究中心（TERC）
得州农工大学	得克萨斯理工大学
科学技术教育三角联盟	亚利桑那州图森联合学区普洛布洛磁铁高中
亚拉巴马大学伯明翰分校	阿拉斯加大学费尔班克斯校区北极生物学研究所
亚利桑那大学教育学院	亚利桑那大学数学系
亚利桑那大学物理系	阿肯色大学蒙蒂塞洛分校，数学与科学学院
加利福尼亚大学欧文分校	加利福尼亚大学河滨分校
加利福尼亚大学圣地亚哥分校	加利福尼亚大学圣塔芭芭拉分校

加利福尼亚大学圣克鲁兹分校	中央俄克拉荷马州立大学
芝加哥大学基础数学和科学教育中心	辛辛那提大学
科罗拉多大学波尔得分校环境科学合作研究所	科罗拉多大学波尔得分校计算机科学系
科罗拉多大学波尔得分校物理系	科罗拉多大学波尔得分校，分子、细胞和发育生物学
科罗拉多大学波尔得分校教育学院	科罗拉多大学丹佛分校数学与统计科学系
特拉华大学地质科学系	佐治亚大学教育学院
爱达荷大学生物与农业工程学系	堪萨斯大学工程学院
肯塔基大学	肯塔基大学马林公共政策与管理学院
马萨诸塞大学波士顿分校	密歇根大学教育学院
明尼苏达大学	密苏里大学物理系
蒙大拿大学艺术与科学学院	内布拉斯加大学林肯分校
新英格兰大学	北卡罗来纳大学教堂山分校地质科学系
北达科他大学教学与学习系	北达科他大学工程与矿山学院
北科罗拉多大学自然与健康科学学院	北科罗拉多大学生物科学学院
俄克拉荷马大学	俄勒冈大学物理系
宾夕法尼亚大学教育研究生院	波多黎各大学物理系
罗切斯特大学华纳中心	南缅因大学
南密西西比大学物理与天文学系	南密西西比大学墨西哥湾沿岸校区，科学技术学院
田纳西大学诺克斯维尔分校	得克萨斯大学阿灵顿分校
得克萨斯大学奥斯汀分校	得克萨斯大学达拉斯分校科学/数学教育部
得克萨斯大学泰勒分校	得克萨斯大学圣安东尼奥健康科学中心药理学系
华盛顿大学	威斯康星大学麦迪逊分校
美国海岸警卫队学院	犹他州立大学
范德堡大学教育学院	范德堡大学心理与人类发展学系
佛蒙特州科学教师协会（VSTA）	弗吉尼亚海洋科学研究所
弗吉尼亚理工学院暨州立大学机械工程系	华盛顿科学教师协会
内华达州华秀县学区，北谷高中	卫斯理大学提高数学和科学熟练度项目
西华盛顿大学	西弗吉尼亚州韦策尔县学区，新马丁斯维尔学校
马萨诸塞州韦茅斯公立学校韦茅斯高中	卫奇塔州立大学
威斯康星教育研究中心世界级教学设计和评估联盟（WIDA）	

公众

通过网络调查，超过1万人对标准的公共草案提出了反馈，分享了他们的专业知识、意见、支持和顾虑。各州和创作人员感谢所有为此付出宝贵时间和提供诚挚反馈的人们。

美国Achieve公司

《新一代科学教育标准》的编写得到以下美国Achieve公司科学团队成员的支持：斯蒂芬·普鲁伊

特（Stephen Pruitt）博士，珍妮弗·奇尔德雷斯（Jennifer Childress）博士，扎克·蔡尔德（Zach Child），查德·科尔比（Chad Colby），特蕾莎·马修·伊利普莱斯（Teresa Matthews Eliopoulos），安东尼奥·埃利斯（Antonio Ellis），莫莉·尤因（Molly Ewing），杰基·吉尔克斯（Jackie Gilkes），汤姆·凯勒（Tom Keller），琼·斯莱特里（Jean Slattery）教育学博士（到2012年9月），珍妮·泰勒（Jenny Taylor），汉斯·沃斯（Hans Voss），沙伦·韦尔奇（Sharon Welch）（到2012年6月）和贝卡·威腾斯坦（Becca Wittenstein）。本书编写同样也受到了美国Achieve公司领导人麦克·科恩（Mike Cohen）和桑迪·博伊德（Sandy Boyd）的大力支持。

特殊贡献

感谢贾森·津巴（Jason Zimba）和休·皮门特尔（Sue Pimentel）对于《州共同核心标准》附录所做的贡献。

感谢奥凯赫·李（Okhee Lee）和她的团队，包括艾米莉·米勒（Emily Miller）、博纳丁·奥科罗（Bernadine Okoro）、贝齐·奥戴（Betsy O'Day）、珍妮弗·古铁雷斯（Jennifer Gutierrez）、丽塔·贾纳斯克（Rita Januszyk）、内特斯·琼斯（Netosh Jones）和玛丽埃尔·米兰（Mariel Milano），对本标准进行了偏见和敏感性评价，并编写了附录《所有学生，所有标准》以及案例研究部分。

感谢马特·克雷比尔（Matt Krehbiel）、肖恩·埃尔金斯（Sean Elkins）、约翰·奥尔森（John Olson）、麦克·海因茨（Mike Heinz）和彼得·麦克拉伦（Peter McLaren），在示范课程图方面所做的工作。

感谢妮科尔·保尔森（Nicole Paulson）在整个编写过程中担任标准草案和支持文件编辑所做出的贡献。

简介

毫无疑问，科学和科学教育已经成为所有美国人生活的中心。我们的世界从不曾如此复杂，对于所有人来说，科学知识对于理解世界也从未如此有决定性作用。在理解已发生的事件，选择并应用技术或在卫生保健问题上做出知情决策时，科学理解力是至关重要的。科学也是国家持续改革创新、引领和创造未来的核心能力。所有的学生，不管他们是否会成为医院技术人员、高科技制造设备工人或博士研究人员，他们都必须有坚实的K-12科学教育基础。

通过各州协作引导，新的K-12科学标准已经得到了长足发展。这一标准内容丰富、重视实践，在学科和年级之间安排了连贯性内容，能够为所有学生提供具有国际标准的科学教育。

《新一代科学教育标准》的优势

《新一代科学教育标准》中的每一条内容都包含三个维度：学科核心概念、科学与工程实践以及跨学科概念。目前大部分州和地区都将这三个维度看作分立的实体，并导致在教学和评估时被分开看待。对缜密内容与应用的整合反映了科学和工程在现实世界中的实践。

科学与工程实践以及跨学科概念被设计在一定的情境中，而不是在"真空"中。《新一代科学教育标准》鼓励将每一年级学习的多个核心概念整合起来。

科学概念的构建贯穿于整个K-12体系。《新一代科学教育标准》强调各个年级间集中而连续进展的知识体系，允许学生在整个K-12科学教育过程中采用动态过程来构建知识。

《新一代科学教育标准》着眼于学科核心内容中一个较小的集合，即学生高中毕业前应该知道的内容，并关注对这些内容更深层次的理解和应用。

《新一代科学教育标准》在科学课堂教学的各个层次把工程设计提高到与科学探究同等的水平并强调工程设计与技术应用中的核心概念，这使得科学与工程学融入科学教育。

《新一代科学教育标准》的内容聚焦于使学生们为大学和职业生涯做好准备。《新一代科学教育标准》与英语和数学的《州共同核心标准》在年级水平和认知需求上相对应。《新一代科学教育标准》使得科学成为儿童综合教育的一部分，以及为所有学科领域提供可以相互对应的学习序列。这三套标准相互重叠，并通过有意义的实质性途径得以加强。

《新一代科学教育标准》设计要求

《新一代科学教育标准》基于《K-12年级科学教育框架：实践、跨学科概念和核心概念》（以下简称《框架》），该框架由美国国家研究委员会发展而成。为了能够践行《框架》中提出的愿景，《新一代科学教育标准》被撰写为预期表现的形式，用来描述学生必须怎样做才能表现出对科学的精通。学科核心概念和跨学科概念与科学和工程实践结合构成了预期表现。经过精心设计的《新一代科学教育标准》为教师和课程与评测开发者提供超越传统单一标准的信息。作为政策的预期表现相当于大多数州一直以来所使用的标准。为了展现与《框架》的协调一致，《新一代科学教育标准》依照《框架》中的编排顺序，在"基础框"中囊括了适当的学习目标。列出这些目标旨在确保课程和评估开发者不必猜测预期表现的含义。

实践与内容结合

美国的州立标准传统性地将"实践"与"核心概念"当作两个独立实体来呈现。一些科学教育研究者的观察指出，这两者最好分开教学或完全不用教"实践"。其实，这样的教学方法既没有用也不切实际，因为在真实世界中，科学和工程学往往是内容与实践相结合。

需要记住的一点是，科学和工程实践不是教学策略，而是学习者学业成就的指标，也是重要的学习目标。正因如此，《框架》和《新一代科学教育标准》确保了"实践"不会被当成"马后炮"。将实践与内容结合的方式提供了学习情境，如果单有实践则只能称之为活动，而单有内容则是死记硬背。通过整合，科学开始有了现实意义且允许学生运用材料。这种整合也将允许来自不同州和地区的学生通过一种有意义的方式进行相互比较。

《新一代科学教育标准》是标准而不是课程

《新一代科学教育标准》是反映学生应当知道和能够做什么的标准或目标。它不是如何教这些标准的方式或方法。预期表现描述了概念和技能如何表现，但是仍为各个州、区域、学校和老师对课程和教学的选择留下了空间。预期表现并不对课程做出严格限定，正相反，开发预期表现时贯穿始终的宗旨便是使标准的教学具有一定的灵活性。虽然《新一代科学教育标准》比传统的标准有更完整的框架——这点也是应各州的要求，以至各个州不需要通过"解构"标准来开始实施标准——《新一代科学教育标准》不会影响或限制课程和教学的选择。

教学的灵活性

学生应该在理解整个学科核心概念的基础上被评价。对于一个给定理念，有多个科学和工程实践通过预期表现呈现出来。课程和评估的开发必须朝着构建学生知识和能力以达到预期表现的方向进行。既然《新一代科学教育标准》是"表现"，就意味着在教学结束时要达到预期表现，高质量的教学会让学生通过教学参与到许多实践中。

由于《新一代科学教育标准》的连贯性，教师可以灵活地将属于同一年级的预期表现以任何顺序排列以适合各个州或地方的需求。科学的各种应用，比如医药科学、司法科学、农业科学或工程学都会很好地促进学生兴趣，同时展示出《新一代科学教育标准》及《框架》中列出的科学原理如何应用于现实世界。

背　景

2010 年，美国国家科学院、美国 Achieve 公司、美国科学促进会和美国国家科学教师协会通过两个阶段建立了《新一代科学教育标准》。第一阶段由美国国家科学院领导，该组织成立于 1863 年，是一个在科学与工程学方面向国家提供建议的非政府组织。2011 年 7 月，美国国家科学院的职能咨询分支机构美国国家研究委员会发布了《框架》。《框架》建立在对科学和科学学习的最新研究成果的基础之上，明确了所有学生在高中毕业时应掌握的科学知识，因而是具有决定性意义的第一步。

第二阶段是在《框架》的基础上制定标准。美国 Achieve 公司组织 26 个州和 41 名编者共同编写了《新一代科学教育标准》。这一标准接受了大量的国家审查和美国国家科学教师协会及各个层面的许多重要利益相关者的追加反馈，在两个公众评论期后，于 2013 年 4 月正式颁布，供各州参考采纳。

为何叫《新一代科学教育标准》

自美国州立科学教育标准指导文件发布后的 15 年内，世界发生了翻天覆地的变化。从那时起，科学、科学教育和创新驱动经济领域都有了飞速发展。美国 K–12 教育体系是一个有漏洞的科学、技术、工程和数学（STEM）人才培养渠道。鲜少有学生这样进入 STEM 专业和职业生涯的各个阶段，从相关专业的本科教育到博士生教育。我们需要有能激发和建立学生兴趣的新科学标准。

除非建立正确的期望和目标，否则现在的教育系统不能成功地为学生的大学学习、职业生涯甚至履行公民义务做好准备。虽然标准本身不是灵丹妙药，却能为当地的课程、评估和教学提供必要的基础。

实施《新一代科学教育标准》能让高中毕业生为严苛的大学学习和职业生涯做更好的准备。另外，雇主不仅能雇用到在特定领域具有较强科学基础技能的员工，还能雇用到具备批判性思维和探究式问题解决等能力的员工。

《框架》的维度

《框架》列出了为学生提供高质量科学教育所需要的三个维度。这三个维度的整合为学生提供了有科学内容的学习情境、如何获得和理解科学知识以及各个科学学科如何通过跨学科的有普通意义的概念连接起来。以下内容引自《框架》：

维度 1：实践

维度 1 描述了科学家用来调查和建立有关整个世界的模型和理论的主要的科学实践以及工程师用来设计和建造系统的一套关键的工程实践。我们用专业术语"实践"来替代诸如"技能"，以强调从事科学调查不仅需要技能，还需要进行每项实践时特定的知识。

与此相同的是术语"探究"，此词被广泛用于之前的标准文件中，在科学教育界有许多不同的含义。我们要在维度 1 中明确描述"实践"的目的，有一部分就是为了更好地阐释什么是探究科学，以及其所要求的在认知、社会和自然规律方面的实践范围。与所有以探究为基础的科学教育方式一样，我们的期望是学生将会亲身参与实践，而非仅仅是间接了解。没有亲身经历这些实践，学生就不能理解科学实践，更不能彻底理解科学知识的本质。

维度 2：跨学科概念

跨学科概念被应用在所有科学领域中。因此，它们提供了一种连接维度 3 中各个科学领域的方法。

这些跨学科概念不是本书所独有的。它们呼应了《国家科学教育标准》中许多统一的概念和过程，呼应了《科学素养的基准》中的普遍主题，同时也呼应了《大学理事会大学科学教育成功标准》中的统一概念。《框架》的结构也反映了美国国家科学教师协会的相关研究，这些研究强调了不仅需要考虑学科内容，还要讨论跨学科的思想与实践。

维度3：学科核心概念

科学知识的不断扩大使得人们不可能在12年内把所有与某门学科有关的思想都详尽地传授出来。但是鉴于在如今的信息时代，人人都能接触到大量信息，科学教育的重要任务就不再是教授"一切事实"，而是让学生拥有足够的核心知识以便他们日后能够自己掌握更多的信息。聚焦于一套有限的思想观念以及科学和工程实践的教育，应当能使学生有能力评估和选择可信赖的科学信息来源，还能使他们在12年的学习生涯之后，成为科学知识的学习者和使用者，甚至有可能成为知识的创造者。

带着这样的目的，委员会通过运用下面提及的标准制定了一套科学与工程的核心概念。尽管不是每一条核心概念都满足所有的标准，但是每个概念必须满足至少两个标准（而更好的一些则满足三个或四个标准）。

具体来说，一个K-12科学教育的核心概念应满足：

1. 具有广泛的跨科学或工程学的重要性，或是一个单一学科的关键组织原则。
2. 能为理解或调查更复杂的思想和解决问题提供重要工具。
3. 涉及学生的兴趣和生活经历，或与社会或个人相关的需要科学或技术知识解决的事宜。
4. 可随着深度和复杂程度的提高在多个年级开展教与学。即此概念能使年轻的学生充分理解，但有足够的广度和深度让学生能进行持续数年的调查研究。

在编写维度3时，我们将学科概念归类于四个主要领域：物质科学、生命科学、地球和空间科学以及工程、技术和科学的应用。同时，对于维度2，我们承认领域间有很多联系。实际上，科学家在跨学科团队的工作中越来越多地模糊了传统的学科界限。因此，在某些情况下，核心概念或核心概念的元素，出现在多个学科中（比如能量）（美国国家研究委员会，2012年，第30-31页）。

由《框架》向标准的转化

通过主要的州立学校官员和国家教育委员会主席签署的一个国家合作协议，部分州自愿成为开发《新一代科学教育标准》的主要州合伙人。这一协议包含一份承诺，各州承诺自行召集一个或数个50—150人组成的委员会，以此在整个过程中为该州提供反馈和指导意见。26个州签署了协议成为主要州合伙人。这些州在《新一代科学教育标准》的整个编写过程中向由41名科学和工程学领域的K-20教育者和专家组成的编写团队提供指导和意见。除了主要州及其委员会所做的六次审核，《新一代科学教育标准》在整个编写期间还由数百位专家进行了数次保密审查，成千上万的公众参与了两次公共审查。

《框架》是《新一代科学教育标准》编写的基础。对于主要州和编者，他们首先要考虑的就是与《框架》保持一致。《新一代科学教育标准》提供了学生在教学结束时必须完成的表现，《框架》则提供标准所阐明的不同维度的更多细节。本节简要描述了《框架》的不同组成部分如何用于开发《新一代科学教育标准》及其编写过程。

预期表现的发展

《新一代科学教育标准》的真正创新之处在于要求学生掌握实践、内容及其连接的交互。预期表现是整合三个维度的恰当方式。它为教育者提供了特殊指导并且为如何在课堂里开展科学教学定下了基调。如果应用得当，《新一代科学教育标准》将提供贯通、严谨的教学指导，引导学生使他们能在独特的情境中获得和应用科学知识，并进行科学的思考和推理。虽然这是国家标准的一个创新点，但是预期表现的理念已经在许多其他国家和国际方案中得到应用。

21世纪科学教育的愿景是期望所有的实践都被教育工作者利用起来。教育工作者和课程开发者必须在设计课程时牢记这一点。在《新一代科学教育标准》的编写过程中，有关设计预期表现的关键问题在于，如何在既定学科核心概念和跨学科概念的范围内选择实践、关于实践和学科核心概念的描述性语言之间过渡文字的选用以及学生达成期望的能力的选择。考虑到一些实践的本质，它通常不会当作独立实践应用在教学中。一般来说，"提出问题"型实践会引发学生进行调查，产生的数据可以作为证据来发展解释或论据。同样的，数学在所有的学科中都有所涵盖。模型、论据和解释都建立在证据的基础上。而证据可以是数学的。在标准中，有些特定的地方要求数学，但没有明确要求数学的地方，不应被解释为妨碍学生利用数学关系来进行其他实践。最终，《新一代科学教育标准》在预期表现方面对实践的考量达到了平衡。然而，为了确保严谨的内容得到应有的关注，如模型、论据和解释这样的实践在整个标准中得到了重点强调。

学科核心概念的应用与发展

《新一代科学教育标准》的编写是建立在《框架》划定的年级段基础上。年级段的终点提供了学科核心概念方面的学习进展。因此，学科核心概念的年级段终点被逐字纳入标准。

核心概念的最大挑战在于确保标准是一个严谨可操作的整体。《框架》提供了很多跨学科的联系，对教学资源的研发是有益的。这些联系也在开发标准时造成了诸多挑战。《新一代科学教育标准》提出了明确可行的标准，与其他标准不重复，但仍然保留这些重要的跨学科联系。标准，就其性质而言，是学生的学业成就目标，并且被写成不造成课程关联的形式。《新一代科学教育标准》的编写方式也是为了避免试图一次教一个表现或作为单一的指导导致的对教学的限制。

另一个挑战是为了确保标准是一个可管理的整体。最优先的一点是确保一致性和学习进程。这是通过几种方式来完成的。第一，删除重叠或冗余内容，并将内容调整到合适的位置。第二，利用公众反馈和来自主要利益相关者（如科学家群体和美国国家科学教师协会）的反馈做进一步删改，删去对理解每个更大的学科核心概念来说不重要的内容。教育工作者组成小组，审查与他们所负责的年级、年级段或相关学科的《新一代科学教育标准》，以确保这些内容的可教学性。如今，《新一代科学教育标准》呈现了一套基于此次审查的可教授的标准。与所有标准一样，《新一代科学教育标准》提出了所有学生应当知道的内容，并且为了确保满足学生的需求允许老师不拘泥于标准。

科学和工程实践与跨学科概念的应用与发展

尽管《框架》规定了标准中应涵盖的科学和工程实践，但是这份文件并没有规定如何在教学过程中组织这些实践。《新一代科学教育标准》中包括了一个进程矩阵，说明各个年级的学生对于每个科学和工程实践与跨学科概念的目标是如何改变的。在编写过程中对进程矩阵进行了审查和修订，以便为读者提供明确的指导。大量的时间被耗费在确保《新一代科学教育标准》的编者对科学和工程实践与跨学科概念有共同的理解。《新一代科学教育标准》编者积极鼓励各州和学区也这样做。

《新一代科学教育标准》中不包括什么

我们必须承认，《新一代科学教育标准》有一些限制是有意为之的。下面列出了一些最重要的限制：

- 《新一代科学教育标准》不意味着将科学教学局限于单个科学和工程实践。它呈现了在教学结束时学生应该能够做什么，而不是教师如何教授教材。
- 《新一代科学教育标准》已经规定了学生应当知道和具体做的最核心的内容。而标准的编写方式使得教育者和课程开发人员有较大的自由处理权。该标准不打算成为一份囊括K-12科学教育中所有可能内容的详尽清单，也不打算阻止学生适当超越标准。
- 《新一代科学教育标准》不定义科学领域的前沿工作。建立在大学和专业教职员工评论的基础上，该标准形成了前沿工作的基础。但是也应鼓励想进入STEM领域的学生追随他们的兴趣并学习额外课程。
- 虽然在《新一代科学教育标准》的编写过程中我们非常谨慎地考虑不同群体的需求，但没有一个文件可以完全呈现具有不同程度的能力和需求的学生所需的所有干预措施或支持。

《新一代科学教育标准》的结构

标准在幼儿园到五年级按照年级水平组织，初中和高中阶段则按照年级段划分。为了讨论实施《新一代科学教育标准》对初中和高中产生的影响，我们为初高中学生研发出了一套示范课程，可参见附录K。

《新一代科学教育标准》的一个真正创新之处在于整体的连贯和一致性。因此，预期表现（《新一代科学教育标准》架构的可评估部分）可以通过满足州和地区需求的任何最佳方式安排在一个年级水平内，而不会降低学习学科核心概念的一致性。

在课程、教学和评价中《新一代科学教育标准》的应用

《新一代科学教育标准》专注于在教学结束时展现熟练程度所需的表现。这种以成就而不是课程为重点的架构模式，使教育工作者、课程开发者和其他教育利益相关者能够灵活地基于当地需求确定最佳方式，帮助学生满足标准。为确保课堂内实施《新一代科学教育标准》的最佳方式，教师应该依靠优质的教学产品和自己的专业判断力，并将这些作为在课堂中实施《新一代科学教育标准》的最佳途径。《新一代科学教育标准》提供了一个机会，使医学、工程、法医学和其他适用的科学引入课堂中，将标准以一种能激发学生兴趣的方式传递出去，并且引发学生进一步追求STEM职业生涯的愿望。

将学科核心概念与实践相匹配是定义一组离散的混合标准所必需的，但这不应该成为教学材料中出现的唯一组合。事实上，高质量的教学材料和教学必须允许学生在多学科背景下单独和组合地学习与应用科学实践。实践与科学教学的关系可以说是鱼离不开水。虽然《新一代科学教育标准》将内容与单一实践相结合，但这是为了清楚地说明在该内容中可使用的实践，而不是限制教学。

课程和教学应侧重于预期表现的"捆绑"应用，为学生提供一次有情境学习的经历。学生不应该朝着完成一个独立的预期表现而努力。相反，预期表现的"捆绑"提供了更高的一致性和课时效率。这种捆绑还使学生看到科学和实践相互连接的本质。

最后，《新一代科学教育标准》的课堂评价应当反映高质量的教学。也就是说，学生应该在各种情境及科学和工程实践中演示所学知识的内容。随着学生朝着预期表现努力，课堂评价应该关注学生积累的知识和各种实践。重要的是，要记住《新一代科学教育标准》的评价应该是全面地而非片面地理解所有学科核心概念。

情 感 领 域

情感领域（涉及兴趣、经验和热情的学习领域）是科学教育的关键组成部分。正如《框架》中所指出的，现有大量的研究支撑，科学和工程领域的概念和技能的发展与诸如兴趣、参与程度、动机、持久性和自我认同等因素之间有着密切联系。关于情感教育重要性的评论贯穿整个《框架》中。例如：

- 研究指出，个人兴趣、经历和热情——这些对儿童在学校或其他环境中的科学学习是很关键的因素——可能也与其成年后的教育和职业选择相关联（第28页）。
- 对科学与工程概念的发展史、科学与工程实践者的贡献史以及这些贡献的应用史的讨论，是科学与工程课程的重要组成部分。对于许多学生来说，这些方面能赢得他们对相关领域的兴趣，并使他们建立成为积极投入和有能力的科学与工程学习者的身份认同感（第249页）。
- 学习科学不仅依赖于积累事实和概念，也依赖于发展这样一种身份认同感：将自己作为一个有能力、有学习更多东西的动力和兴趣的科学学习者（第286页）。
- 在学校学习科学会使公民有自信、有能力并愿意继续学习影响他们的生活和社会的问题，无论是科学问题还是其他问题（第286-287页）。

《新一代科学教育标准》也致力于实现这些目标。然而，《框架》和《新一代科学教育标准》的目的是不同的。《框架》规划了K-12科学教育的愿景，其提出的建议不仅包括学生所要学习的内容，还包括课程、教学、教师的职业发展和评价。

《新一代科学教育标准》的目的则更有限。它并非要取代《框架》的愿景，而是通过提供学生在其K-12年级学习经历的不同阶段能够展示的科学和工程能力的清晰陈述来支持这一愿景。当然，如果学生有课程和教学的支持，激发他们在科学和工程方面的兴趣，他们将更有可能获得这些能力。此外，那些乐于去继续他们的课程学习并坚持学习更前沿和更具挑战性课程的学生，更有可能成为具备STEM知识的公民以及有机会继续从事STEM领域的职业。然而，通过指定那些强调兴趣、动机、持久性和职业目标等特质的预期表现并不能使实现该框架愿景的可能性增加。这一决定与《框架》也是一致的，《框架》推荐在编撰标准的过程中将三个维度综合使用，而这三个维度的学习终点所划定的范围中并不包含情感目标。

《新一代科学教育标准》的附加材料

《新一代科学教育标准》附录的摘要如下所示：

附录 A　概念转变

《新一代科学教育标准》提供了一个不仅能改善科学教育，而且能提高学生成就的重要机会。《新一代科学教育标准》旨在反映基于《框架》的美国科学教育新愿景。主要州和编写团队确定了科学教育者和利益相关者需要做出的七个"概念转变"，从而能有效地使用《新一代科学教育标准》。这些分别是：

1. K-12 年级科学教育应反映科学与现实的相互连接。
2. 《新一代科学教育标准》是学生的成果，绝对不是课程。
3. 整个 12 年教学阶段的科学概念是连贯一致的。
4. 《新一代科学教育标准》更侧重于深入理解和内容运用。
5. 科学和工程被纳入 K-12 年级科学教育。
6. 《新一代科学教育标准》旨在让学生为大学学习、职业生涯和公民身份做好准备。
7. 科学标准与英语语言艺术和数学州共同核心标准相协调。

附录 B　对公共草案的回复

在此处可查阅关于《新一代科学教育标准》所有领域的公众反馈结果以及主要州和编写团队的回应。

附录 C　大学学习和职业生涯的预备

成功地制定标准的一个关键因素，是确保标准的愿景和内容让学生为大学学习和职业生涯做适当的准备。在《新一代科学教育标准》的编写过程中，为了确保大学学习和职业生涯的预备是建立在现有证据的基础上，我们发起了一个程序。该程序将继续运作，在这个过程中各州一起努力来确定普适的定义。

附录 D　"所有标准，所有学生"

在整个国家都在发生重大教育变革的历史时期，《新一代科学教育标准》诞生了。学生人口结构正在快速变化，而科学成就差距仍然存在。由于《新一代科学教育标准》对所有学生提出了高认知要求，教师必须转换教学方式，以使所有学生都能按照要求为大学学习和职业生涯做好充分的准备。

本附录强调了以理论或概念框架为基础的实施策略。它由三部分组成。首先，它讨论了《新一代科学教育标准》给那些在科学课上很少被关注的学生团体所带来的学习机会和挑战。其次，它描述了基于科研成果的在科学教室、学校、家庭和社区能有效实施《新一代科学教育标准》的策略。最后，它通过应对不断变化的人口结构、持续存在的成就差距和影响非主流学生群体的教育政策，为学生多样性提供了背景。

附录 E　学科核心概念的发展进程

《新一代科学教育标准》是基于《框架》中的年级段划分所确定的学习进程来编写的。对每个传统科学中的每个学科核心概念，提供简要的、叙述性的文字来描述其随着年级段变化而发生的进展。这些学习的进展被用于对大学学习和职业生涯预备充分性的评估，以确定学生在高中毕业之前对每个概念理解所应该达到的深度。

附录 F　科学与工程实践

《框架》确定了八个反映专业科学家和工程师做法的科学和工程实践。在预期表现中使用这些实践不仅是为了强化学生在这些实践中所获得的技能，还是为了建立学生对科学和工程本质的理解。下面列出了《框架》中的科学与工程实践：

1. 提出问题和定义问题。
2. 开发和使用模型。
3. 计划和开展研究。
4. 分析和解读数据。
5. 使用数学和计算思维。
6. 建构解释和设计解决方案。
7. 参与基于证据的论证。
8. 获取、评价和交流信息。

《框架》没有明确列出以上这些科学和工程实践的年级段范围，取而代之的是提供了学生在 12 年级结束时应该知道的内容的一个概要，以及一个每个年级相对应的预期进展。《新一代科学教育标准》在这个假定进展和 12 年级端点的基础上架构了这些科学和工程实践的年级段终点。这些科学与工程实践出现在《新一代科学教育标准》和支持性的基础框中。本附录中还提供了《新一代科学教育标准》所使用的所有特定的科学与工程实践列表。

附录 G　跨学科概念

《框架》还确定了七个跨学科概念，旨在给学生一个用于理解世界的组织架构并且帮助学生跨学科、跨年龄段地理解和连接学科核心概念。它们不是作为附加内容。下面列出了《框架》中的跨学科概念：

1. 模式。
2. 原因与结果。
3. 尺度、比例与数量。

4. 系统与系统模型。

5. 系统中的能量与物质。

6. 结构与功能。

7. 系统的稳定与变化。

与科学和工程实践一样，框架没有为跨学科概念指定年级段，而是提供了12年级结束时学生应该知道的概要，以及每个年级相对应的预期进展。为了进一步编写《新一代科学教育标准》，基于这些假定进展和12年级端点，构建了跨学科概念的年级段终点。这些跨学科概念出现在《新一代科学教育标准》和支持性的基础框中。本附录中还提供了《新一代科学教育标准》所使用的特定的所有跨学科概念列表。

附录 H　理解科学事业：科学的本质

以公众和国家的反馈，以及来自诸如美国国家科学教师协会等主要合作伙伴的反馈为基础，《新一代科学教育标准》采取了一些措施使科学的本质在预期表现中更加突出。重要的是，虽然科学的本质通过科学和工程实践在《框架》中反映出来，但是理解科学的本质不仅仅是一种实践。因此，主要州的努力方向是在科学和工程实践与跨学科概念中适当地阐明科学的本质。本附录中包括了K-12各个年级段科学本质的矩阵。

附录 I　工程设计

《新一代科学教育标准》承诺将工程设计整合到科学教育中。具体来说，是通过从K-12年级的所有层次教授科学学科时，将工程设计的重要性提升到与科学探究相同的水平。《新一代科学教育标准》为学生提供工程设计的基础并让学生更好地参与并渴望解决他们在未来几十年将面临的重大社会和环境问题。

附录 J　科学、技术、社会和环境

在20世纪80年代初，英国和美国开始将使所有学生了解科学、技术和社会之间的关系视为重要目标。在《框架》第8章中将科学和技术与社会和自然环境相联系的核心概念，与过去30年在科学教育方面所做的努力相一致。

附录 K　初高中示范课程的规划

《新一代科学教育标准》从幼儿园到五年级按照年级水平组织，在初中（6-8年级）和高中水平（9-12年级）则是按照年级段期望划分。当州和学区考虑《新一代科学教育标准》的实施时，必须仔细考虑如何将这些年级段标准组织成课程，使得学生为高等教育的成功做最好的准备。本附录概述了该过程的几个潜在方向以帮助促进这一决策过程。

附录 L　与州共同核心标准（数学）的联系

科学是一种量化学科，这意味着教育者必须确保学生的科学学习与数学学习相互一致。为了实现这种一致性，《新一代科学教育标准》编写团队与州共同核心标准（数学）编写团队合作，以确保《新一代

科学教育标准》不会超出或不符合州共同核心标准（数学）中的各个年级的标准。一切努力都是为了确保州共同核心标准（数学）和《新一代科学教育标准》之间的一致性。最重要的是，《新一代科学教育标准》总是不会以超出州共同核心标准（数学）中的各个年级的标准或与之不一致的方式来解读和实施。这也包括研发与《新一代科学教育标准》对应的教学材料和教学评价。本附录给出了关于数学和科学在K-8年级之间的关系的一些具体建议。

附录M　为了科学和技术主题中的读写能力与州共同核心标准的衔接

读写能力对于建构科学知识至关重要。为了确保州共同核心标准读写标准与《新一代科学教育标准》中列出的具体内容需求相匹配，《新一代科学教育标准》编写团队与州共同核心标准编写团队合作，识别与《新一代科学教育标准》中列出的具体内容要求相关联的关键读写能力。正如州共同核心标准所言，科学阅读需要对科学学科的规范和惯例的尊重，其中包括理解所使用的证据的性质；注重精密度和细节；生成和评估复杂论点、整合复杂信息、认真践行繁复的程序以及解释事件和概念的能力。学生还需要能够从传递信息和阐明科学概念的复杂图表和数据中获得知识。同样，撰写和口头表达信息是学生发表和捍卫科学的主张，展示他们对一个概念的理解，并传达他们所经历、想象、思考和学习的内容的关键途径。所有努力都是为了确保州共同核心标准和《新一代科学教育标准》之间的一致性。与数学标准一样，《新一代科学教育标准》应该以不会超出州共同核心标准中各个年级标准的读写能力的方式来解读和实施（这包括研发与《新一代科学教育标准》相一致的教学资源和评价）。

参考文献

NRC (National Research Council). (2012). *A framework for K-12 science education:Practices, crosscutting concepts,and core ideas.* Washington, DC:The National Academies Press. http://www.nap.edu/catalog.php?record_id=131.

如何阅读《新一代科学教育标准》

《新一代科学教育标准》与先前的科学标准有三点不同。

1. 表现。以前的标准文件列出了什么是学生应该"知道"或"理解"的。这些需要被解释成可以被评价的表现才能确定学生是否满足标准。不同的解释有时导致评价与课程和教学不相符。《新一代科学教育标准》通过提出说明学生应该能够做什么以证明他们符合标准的预期表现来避免这一困难,从而为课程、教学和评价提供相同的明确而具体的目标。

2. 基础。每个预期表现都包括美国国家研究委员会报告《框架》中的三个维度:科学和工程实践、学科核心概念和跨学科概念。

> **3-LS4 生物演化:统一性与多样性**
>
> **预期表现**
>
> 学生可以通过以下表现来展示理解:
>
> 3-LS4-1. 分析和解读化石上的数据,提供过去生物体及其居住环境的证据。[说明:数据的例子可以包括生物体化石的类型、大小和分布。化石和环境的例子可以包括在陆地上发现的海洋生物化石、在北极地区发现的热带植物化石和已灭绝的生物体化石。][评价边界:评估不包括对特定化石或现存植物和动物的鉴定。评价仅限于主要化石类型和相对年龄。]
>
> 3-LS4-2. 用证据来解释同一物种的个体之间的特征差异如何为生存、求偶和繁殖提供优势。[说明:因果关系的例子可以是:比其他植物拥有更大棘刺的植物被天敌吃掉的可能性更小,有更好伪装色的动物比其他动物可能更容易生存,因此更容易留下后代。]
>
> 3-LS4-3. 构造具有证据的论点,即在一个特定的栖息地有些生物体可以生存得很好,有些生存得较差,有些根本无法生存。[说明:证据的例子可以包括所涉及的生物体和栖息地的需求与特征。这些生物及其栖息地构成各部分互相依赖的系统。]
>
> 3-LS4-4. 论述一个解决方案的优势,该方案针对由环境变化以及其中的动植物种类可能变化而导致的问题。*[说明:环境变化的例子可能包括土地特性、水分布、温度、食物和其他生物体的变化。][评价边界:评价仅限于一个单一的环境变化。评估不包括温室效应和气候变化。]
>
> *这项预期表现通过实践或学科核心概念将传统科学内容整合到工程中。
>
> | 科学与工程实践 | 学科核心概念 | 跨学科概念 |
> |---|---|---|
> | 分析和解读数据
3–5年级的分析数据建立在K-2年级的经验和基础上,发展到介绍定量方法来搜集数据和进行多个定性观察的试验。如果可行,应采用数字化工具。 | LS2.C:生态系统的动态、运作和恢复力
•当环境的变化影响某处的物理特征、温度或资源的可用性时,一些生物体能存活和繁衍,另一些迁移到新的环境,还有一些生物体会死亡。变化后的环境,而 | 原因和结果
•因果关系经常被识别和用来解释变化。(3-LS4-2)(3-LS4-3)
尺度、比例与数量
•可观察的现象存在于极短至极长的一段时间内。(3-LS4-1)
系统与系统模型 |

3. 一致。每组预期表现都列出了与科学和工程学科内的其他概念,以及英语语言艺术/读写能力和数学的州共同核心标准的联系。

这三个独特的特性体现在标准的格式中,从"系统架构"开始。

系 统 架 构

如上图所示,每组预期表现都有一个标题。标题下面是一个包含预期表现的框。框的下部有三个基础框,从左到右列出了具体的科学和工程实践、学科核心概念和跨学科概念,结合起来形成上述的预期表现。

页面底部的注释向用户指出包含与同一年级水平其他相关学科核心概念关联的特定页面,针对高、低年级学生的相关学科核心概念的特定页面,以及与英语语言艺术/读写能力和州共同核心标准(数学)

相关联的特定页面。下面将进一步详细描述这些部分。

预期表现

预期表现是对学生应该知道和能够做的事的一个可评价陈述。美国一些州认为这些预期表现本身就是"标准",而其他州则将三个基础框的内容和链接内容含在"标准"中。编写团队在这个问题上保持中立。要点在于所有学生都应对证明他们达到的所有预期表现负责,这些表现允许用多种方式评价。

上一段中最后一句,即所有学生都应该对实现所有预期表现负责,是值得特别注意的。因为它与以前的标准文件所提倡的,尤其是学生在高中时代惯于学习一些但不是所有的科学学科课程这样的思想是相背离的。新一代科学教育标准采取的立场是:一个有科学素养的人理解并能够应用每个主要科学学科的核心概念,并且他们在科学和工程实践与跨学科概念中能够获得经验。为了确保这一点的切实可行,编写团队将包含在预期表现中的学科核心概念限制为《框架》中所列出的内容。

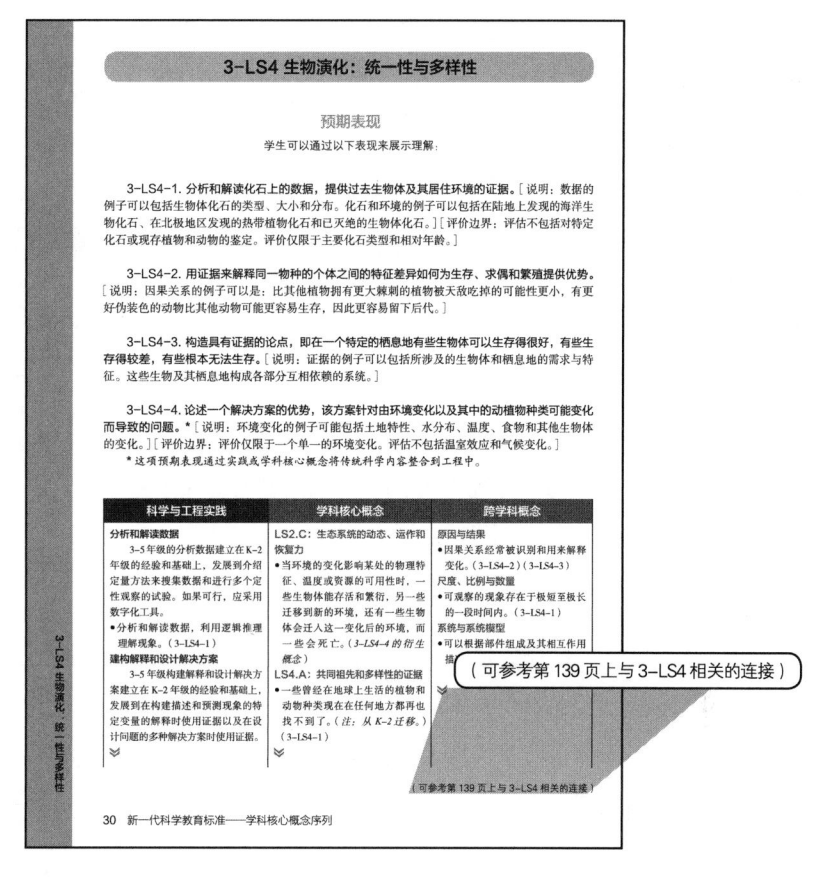

《新一代科学教育标准》编者最初试图将《框架》中所有的学科核心概念逐字纳入预期表现中,但结果过于复杂冗长,降低了读者对标准的理解。取而代之的是,预期表现是为了传达一个"大概念",它结合了三个基础框的内容。在开发的最后阶段,编者听取了主要州团队的建议后进一步限制了预期表现的数量,以确保绝大多数学生以某种合理的熟练水平可以完成这些预期表现。

一些州的标准包括某些在《新一代科学教育标准》中所没有的概念。然而,在大多数情况下,并不是这些州的所有学生都需要参加科学和工程领域的所有课程。《新一代科学教育标准》适用于所有学生,所有学生都需要熟练地达到该标准中所有的预期表现。

《新一代科学教育标准》的预期表现不应限制课程。有兴趣进一步学习科学(通过大学预修课或其他高级课程)的学生应该有这样的机会。该标准的预期表现为某些学生可能选择的科学和工程高级课程提供了基础。

此外,预期表现不是一套教学或评价任务。他们是学生在教学后应该能做什么的陈述。关于如何最好地帮助学生满足这些预期表现,决定权留给州、地区和教师。

在上面的例子中,注意预期表现如何将学生需要学习的技能和概念相结合,同时注意其中建议的方法,评估三年级学生是否具有三个基础框中指定的能力和是否理解了基础框中的内容。

如示例所示,大多预期表现后面跟着一个或两个额外的以较小字体书写的描述。其中包括提供实例或进一步说明预期的表现和限制大规模评估范围的评估边界报告。

XXIII

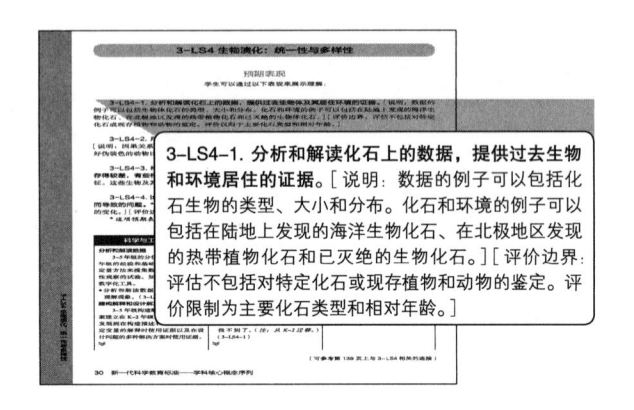

注意，其中一个学科核心概念是"从 K-2 迁移"。这意味着编写团队认为，《框架》指定的 2 年级结束的一个学科核心概念如果结合其他三年级指定概念可以更容易评估。这种转移学科核心概念适用年级的行为仅在极少数情况下发生。

另外请注意，三个基础框中的每一个都指示了这个预期表现的代码（3-LS4-1），这个代码说明构建该预期表现的具体科学和工程实践、学科核心概念和跨学科概念。因为大多数标准都有几个预期表现，代码使得看懂基础框中的信息如何用于构建每个预期表现变得很容易。

预期表现的代码来自《框架》。跟标题一样，第一个数字表示幼儿园到五年级的年级段，或指定的初中或高中。下一个字母数字代码指定了学科、核心概念和子概念。所有这些由《框架》派生的代码都显示在下表中。最后，每个代码末尾的数字表示该语句在《框架》中作为一个学科核心概念出现的顺序。

物质科学	生命科学	地球与空间科学
PS1 物质及其相互作用	LS1 从分子到生物体：结构与过程	ESS1 地球在宇宙中的位置
PS1A 物质的结构和性质	LS1A 结构与功能	ESS1A 宇宙和它的恒星
PS1B 化学反应	LS1B 生物体的生长和发育	ESS1B 地球和太阳系
PS1C 原子核过程	LS1C 生物体的物质流与能量流的组织	ESS1C 行星地球的历史
PS2 运动和稳定性：力和相互作用	LS1D 信息处理	ESS2 地球的系统
PS2A 力与运动	LS2 生态系统：相互作用、能量和动态	ESS2A 地球物质和系统
PS2B 相互作用的类型	LS2A 生态系统中的相互依存关系	ESS2B 板块构造论和大尺度系统相互作用
PS2C 物理系统的稳定性和不稳定性	LS2B 生态系统中物质循环和能量传递	ESS2C 水在地球表面过程中的作用
PS3 能量	LS2C 生态系统的动态、运作和恢复力	ESS2D 天气和气候
PS3A 能量的定义	LS2D 社会互动和群体行为	ESS2E 生物地质学
PS3B 能量守恒和能量传递	LS3 遗传：性状的继承与变异	ESS3 地球与人类活动
PS3C 能量与力的关系	LS3A 性状的继承	ESS3A 自然资源
PS3D 化学过程和日常生活中的能量	LS3B 性状的变异	ESS3B 自然灾害
PS4 波及其在信息传递技术中的应用	LS4 生物演化：统一性与多样性	ESS3C 人类对地球系统的影响
PS4A 波的特性	LS4A 共同祖先的证据	ESS3D 全球气候变化
PS4B 电磁辐射	LS4B 自然选择	
PS4C 信息技术和仪器	LS4C 适应	
	LS4D 生物多样性与人类	

基 础 框

虽然预期表现可以独立存在，但是当预期表现与其下面的基础框的内容放在一起看时，能对学生应该能做什么得到一个更一致完整的概念。基础框中的三个框包括来自《框架》用于构建这一组预期表现

XXIV

的科学和工程实践、学科核心概念和跨学科概念。

学科核心概念。 中间的橙色框包括从《框架》中获取的，关于所有学生在校 13 年期间应该理解的主要科学学科的最基本概念。《新一代科学教育标准》编写团队认为一些详尽的描述陈述会非常有帮助，因为这些陈述分析和解构了学科核心概念和子概念，使得每个学生在 2 年级、5 年级、8 年级和 12 年级结束时的理解都能达到同一个水平。虽然它们在《框架》中以段落的形式出现，但这里它们被编号以确保每个语句都被区别对待。

科学与工程实践。 左侧的蓝色框只包括用于构建预期表现的科学和工程实践。这些陈述来源于《框架》中详述的八个类别并根据这八个类别被分组，以进一步解释在每个年级段中强调的重要科学和工程实践。大多数的预期表现只强调了几个实践类别，然而，一个年级段内所有的实践都是重点。教师被鼓励在任何教学中利用多种实践，而不必受预期表现的限制，表现仅仅是用来指导评价的。

跨学科概念。 右侧的绿色框包括从《框架》的跨学科概念列表中衍生出的陈述，这些语句适用于上面框中的一个或多个预期表现。大多数的预期表现限制了跨学科概念的数量，以便集中在那些与学科核心概念有显著关联的要点上。然而，在一个年级段内所有的跨学科概念都是重点。另外，该列表不是详尽的，也不是限制教学的。考虑到科学与工程是不能割裂的，以及工程、技术和科学对社会和自然界的影响，与该标准相关的科学的本质概念也列在这个框。虽然这些不是广泛意义上的跨学科概念，但在特定科学概念的背景下教授和评估它是最合适的，因而也列在此框中。

连 接 页 面[①]

每个标准页面底部的定向脚注将读者指向相应的"连接页面"，这是为了通过显示每个标准的预期表现是如何与科学中的其他预期表现和州共同核心标准相关联的，来支持标准的统一观点。这些连接分为以下三个部分。

与本年级水平中其他学科核心概念的连接。 本节列出了将某一预期表现与此组预期表现范围之外但同属于一个年级水平的材料联系起来的学科核心概念。例如，物质科学和生命科学的预期表现都包含与光合作用相关的核心概念，可以相互关联。在连接页面上不包括作为预期表现的相同的学科核心概念中的概念（例如，HS-PS1-1 的 PS1.C），也不包括在作为预期表现的相同的主题序列排列中的概念（例如，HS.ESS2.B 的 HS-ESS1-6）。

跨年级水平学科核心概念的连接。 这一部分列出了学科核心概念，这些核心概念不是为学生在给定预期表现的情况下（通常在以前的年级水平）理解核心概念提供基础，就是以预期表现（通常在随后的年级水平）所给出的核心概念为基础做进一步的延伸。

与州共同核心标准的连接。 这部分列出了英语语言艺术/读写能力和数学州共同核心标准中可以作为给定预期表现的先决条件或与给定预期表现相关的标准。例如，要求学生使用指数符号的预期表现与相应的数学州共同核心标准匹配，以确保学生需要用于科学的数学技能尽可能在前一年被教授。斜体的预期表现表明所列出的州共同核心标准不是先决知识，但与预期表现相关。

[①] 《新一代科学教育标准》的印刷版本组织结构与在线版本不同，这是由图书出版商与许多科学教师和其他教育专家协商后做出的决定，这些格式都是经过精心挑选的。在线版本的"连接框"中列出了预期表现所连接的条目，无论连接的是学科核心概念还是州共同核心标准，并在所列条目后的括号中列出预期表现的代码。印刷版的"连接页面"采用相反的方法：它们按顺序列出预期表现的代码，并在每个列出的预期表现之后提供它们连接的条目，无论连接的是学科核心概念还是州共同核心标准。

连接《新一代科学教育标准》学科核心概念序列

关键点
K.MD.A.2: 直接比较两个物体相同的、可测量的属性，看哪个物体具有更多/更少的该种属性并描述差异。

K-ESS2 地球的系统

与幼儿园其他学科核心概念的连接
不适用

跨年级段学科核心概念的衔接
K-ESS2-1: 2.ESS2.A，3.ESS2.D，4.ESS2.A
K-ESS2-2: 4.ESS2.E，5.ESS2.A

与州共同核心标准的连接
（注：斜体字部分不一定是成功完成一个既定预期表

中物体的数量并且按照数量对这些类别进行排序。

K-ESS3 地球与人类活动

与幼儿园其他学科核心概念的连接
K-ESS3-2: K.ETS1.A
K-ESS3-3: K.ETS1.A

跨年级段学科核心概念的衔接
K-ESS3-1: 1.LS1.A，5.LS2.A，5.ESS2.A
K-ESS3-2: 2.ESS1.C，3.ESS3.B，4.ESS3.B
K-ESS3-3: 2.ETS1.B，4.ESS3.A，5.ESS3.C

与州共同核心标准的连接
（注：斜体字部分不一定是成功完成一个既定预期表

标准的替代结构

　　《新一代科学教育标准》的结构是由基于《框架》中自然科学主要领域的核心概念，加上一套对工程的预期表现组织而成。《框架》中列出了 11 个核心概念，包括 4 个生命科学领域、4 个物质科学领域和 3 个地球和空间科学领域的概念。核心概念被分为总共 39 个子概念，每个子概念都有一个清单阐述学生在二年级、五年级、八年级和十二年级结束时对此子概念应该有的理解。这些特定等级的陈述被称为学科核心概念。本卷（第 1–166 页）的"学科核心概念序列"部分完全遵循《框架》的结构。

　　在《新一代科学教育标准》开始编写前，编者们审查了《框架》中的所有学科核心概念，以消除冗余陈述，找出学科核心概念之间的自然联系，并制定适合不同年级水平的预期表现。结果是学科核心概念按主题被排序，但并不完全符合《框架》中确定的核心概念的组织方式。这个结构构成了本卷（第 167–332 页）"主题序列"部分的基础，专为那些喜欢以这种形式使用新一代科学教育标准的人准备。在"主题序列"的标准中，个体预期表现的编码结构与用于《框架》中学科核心概念的编码结构相同。由于《新一代科学教育标准》朝着高中学科核心概念的方向发展，个体预期表现可以在年级段内以任何顺序重新排列。

术语表

A	代数（连接州共同核心标准）	IF	解读函数（连接州共同核心标准）
AAAS	美国科学促进会	IRE	生态系统中的相互依存关系（主题名）
AYP	年度进展	IVT	性状的继承与变异（主题名）
BF	建立函数（连接州共同核心标准）	K	幼儿园
CC	计数和基数（连接州共同核心标准）	LEP	有限的英语水平
CC	跨学科概念	LS	生命科学
CCR	为大学和职业生涯做准备	MD	测量和数据（连接州共同核心标准）
CCSS	州共同核心标准	MEOE	生物体和生态系统中的物质与能量（主题名）
CCSSM	州共同核心标准（数学）		
CED	建立方程（连接州共同核心标准）	MP	数学实践（主题名）
CR	化学反应（主题名）	MS	初中
DCI	学科核心概念	N	数字和数量（连接州共同核心标准）
E	能量（主题名）	NAE	美国国家工程院
ED	工程设计（主题名）	NAEP	国家教育进展评估
EE	表达式和方程式（连接州共同核心标准）	NAGC	美国天才儿童协会
ELA	英语语言艺术	NBT	十进制数与运算
ELL	英语学习者	NCES	国家教育统计中心
ES	地球的系统（主题名）	NCLB	不让一个孩子掉队法案
ESEA	中小学教育法案	NF	分数及其运算（连接州共同核心标准）
ESS	地球和空间科学	NGSS	《新一代科学教育标准》
ETS	工程、技术和科学的应用	NOS	科学的本质
		NRC	美国国家研究委员会
F	函数（连接州共同核心标准）	NS	数字系统（连接州共同核心标准）
FB	基础框	NSA	自然选择和适应（主题名）
FI	力和相互作用（主题名）	NSE	自然选择和演化（主题名）
G	几何学（连接州共同核心标准）	NSF	美国国家科学基金会
GBE	年级段的终点	NSTA	美国国家科学教师协会
GDRO	生物体的生长、发育和繁殖（主题名）	OA	运算与代数思维（连接州共同核心标准）
HI	人类的影响（主题名）	PE	预期表现
HS	高中	PISA	国际学生评估项目
IC	推理和论证结论（连接州共同核心标准）	PS	物质科学
ID	解读数据（连接州共同核心标准）	Q	数量（连接州共同核心标准）
IDEA	残疾人教育法案		
IEP	个性化教育项目	R&D	研发

RI	信息文本阅读（连接州共同核心标准）	SSE	看懂表达式的结构
RL	文学作品阅读（连接州共同核心标准）	STEM	科学、技术、工程和数学
RP	比率和比例关系（连接州共同核心标准）	STS	科学、技术和社会
RST	科学和技术性学科阅读（连接州共同核心标准）	TELA	技术和工程素养评估
		TIMSS	国际数学和科学研究趋势
SEP	科学和工程实践		
SF	结构与功能（主题名）	W	波（主题名）
SFIP	结构、功能和信息加工（主题名）	W	写作（连接州共同核心标准）
SL	说和听（连接州共同核心标准）	WC	天气与气候（主题名）
SP	统计和概率（连接州共同核心标准）	WER	波和电磁辐射（主题名）
SPM	物质的结构和性质（主题名）	WHST	历史/社会学、科学、技术性学科中的写作（连接州共同核心标准）
SS	空间系统（主题名）		

目 录

附录 A　概念转变 / 1

附录 B　对公共草案的回复 / 5

附录 C　大学学习和职业生涯的预备 / 12

附录 D　"所有标准，所有学生" / 27

附录 E　学科核心概念的发展进程 / 44

附录 F　科学与工程实践 / 52

附录 G　跨学科概念 / 79

附录 H　理解科学事业：科学的本质 / 96

附录 I　工程设计 / 104

附录 J　科学、技术、社会和环境 / 110

附录 K　初高中示范课程的规划 / 115

附录 L　与州共同核心标准（数学）的联系 / 144

附录 M　为了科学和技术主题中的读写能力与州共同核心标准的衔接 / 169

附录 A
概念转变

《新一代科学教育标准》为发展科学教育和提高学生的预期表现提供了一个重要的机会。基于《K—12年级科学教育框架：实践、跨学科概念和核心概念》（以下简称《框架》），《新一代科学教育标准》试图为美国科学教育开拓一个新的视野。下面关于标准中的概念性转变展示了《新一代科学教育标准》的独特性和新颖性。

1. 通过在现实生活中的实践与经历，K—12科学教育应当反映与科学本质的关联

该《框架》的设计宗旨是帮助实现这样一种科学与工程教育愿景，即学生在学校能够积极地参与科学与工程实践，运用跨学科概念，以加深他们对这些领域核心概念的理解。（NRC，2012，P12）

《框架》呈现的愿景是新颖的，因此学生必须将三大维度联合起来。
- 科学与工程实践。
- 跨学科概念。
- 学科核心概念。

目前，大多数国家和地区的课程标准将这三大维度作为独立的实体，这导致他们在教学和评价上的分离。鉴于科学与工程学在21世纪占有的重要地位，学生需要对科学知识进行连贯的理解。科学知识是如何获得和应用的，以及它是如何通过联系一系列概念来帮助我们理解周围世界的。学生的预期表现必须包括学生知识运用的能力。因此，预期表现注重理解和运用而不是脱离文本的死记硬背。此时《框架》转而强调：

科学与工程的学习需要将知识的科学解释（内容型知识）与参与科学探究和工程设计所需的实践整合起来。因此，本《框架》试图描绘在设计K—12年级科学教育的学习经历时如何将知识和实践相互融合。（NRC，2012，P11）

2.《新一代科学教育标准》是学生预期表现而不是课程

尽管在《新一代科学教育标准》的每个预期表现中，科学与工程实践、跨学科概念及学科核心概念是共同作用的，但这些学科的交互作用却不能预先确定，即科学与工程实践、跨学

科概念与学科核心概念是如何与学科、单元、课程紧密联系的。预期表现仅仅阐明了在年级结束前或年级段内预计学生所希望知道和能够做到的。这将需要额外的工作来创建连贯的教学计划，以帮助学生达到这些标准。

正如之前所述，对于过去的科学标准，国家和地区将科学的三大维度看作独立和不同的实体，导致评估或者教学被区别对待。因此，需要强调在预期表现中某一特定科学和工程实践或跨学科概念不是限制教学，而是使评估更加明确。

在运用到建模实践的高中物理中有一个能显示两个预期表现的例子。用到模型的原因有三个：①展示和描述；②收集数据；③预测。第一种用途在学校很典型，因为模型和展示通常是一致的，然而运用模型去收集数据或预测现象则是新颖的。

> 构建模型来解释在核裂变、聚变和放射性衰变过程中核能的变化，以及决定核稳定性的核相互作用。
>
> 利用系统模型（计算机或图纸）构建分子水平的解释以预测系统的行为，其中反应和逆反应之间的动态和依赖条件的平衡决定了所存在的所有类型分子的数目。

在第一个预期表现中，模型与核过程一起被用来解释变化。一个科学的解释需要证据来支持，因此，学生就会被要求通过构建模型来收集证据去解释这些变化。另外，他们也会被要求用这些模型去解释和预测在平衡中系统的行为。同时，模型会被用于收集数据，但也将被进一步证实其有能力去预测系统的状态。在这两个案例中，学生要对内容有深刻的理解并能熟练掌握如何构建和使用这些模型。建模的实践需要全年的教学，事实上是贯穿于整个K—12年级教学实践，而不是为期一周到两周的单元教学。

3. 在《新一代科学教育标准》中科学概念需要从幼儿园到12年级连贯地建构

选择少数学科核心概念展开教学是进行连贯的科学教育的一个重要方面。在学生高中毕业前，《框架》确定了一套基本的核心概念让学生理解。

> 要对关于世界的科学解释形成透彻的理解，学生需要有数年而不是几个星期或几个月的时间，来持续地接触和发展基本概念，以及体会那些概念的相互联系……这一理论上的发展已经在学习进程的观点中得以概念化……如果掌握一个科学学科的某个核心概念是教育的最终目标，那么精心设计的学习进程则为达到该目标提供了一张可以采用的路线图。这样的进程不仅描述了学生对概念的理解是如何日趋成熟的，也描述了学生取得进步所需的教学支撑和经验。（NRC，2012，P26）

以下两个关键点需要着重理解：

- 重点和连贯必须放在首位。这就意味着对于教师和课程设计者来说每年都不能有重复的概念。相反，每个年级的学习进程要越来越让学生有机会学习更多复杂的内容，直到他们在高中毕业前对科学教育有一个全面的理解。历史上，科学教育是作为一套脱节和孤立的事实教授给学生的。《框架》和《新一代科学教育标准》为整个科学素养培养提供了一个更加连贯的学习进程，其教学方式更加具体，关注学生已经掌握的知识内容及在接下来的学习中将要掌握的内容。
- 《新一代科学教育标准》的学习进程自动默认之前的内容已经被学生所掌握。在任何年级或年龄段选择省略一些内容都将会影响学生对核心概念的理解，并且在接下来的学习中给教师带来额外的职责。

4.《新一代科学教育标准》中不仅关注对内容的深入理解，也关注对内容运用的深入理解

《框架》中确定了一套在学生高中毕业前应掌握的学科核心概念，《新一代科学教育标准》在此方面做了着重阐述。重要的是，对于教师、课程及评测开发者而言，应关注的是核心概念而不是与之相关的事实。事实和细节是重要的证据，但不是唯一的教学重点。《框架》声明：

> 这些核心概念能够提供一个获取新知识的组织结构。理解这些核心概念并进行科学与工程实践有助于学生在今后——高中、大学及大学以后的阶段——发展更广阔的理解和更深水平的科学与工程研究。围绕核心概念组织内容，其基本原理之一来源于对任何领域的专家和新手进行的比较研究。专家了解其领域的核心原则和理论结构，并利用它们来理解新知识或处理新问题。相反，新手倾向于持有不连贯的甚至相互矛盾的知识片段，将它们作为孤立的事实，并艰难地寻找一种途径来组织和整合它们。于是，就形成了这样一个假定：通过科学与工程实践帮助学生学习核心概念，将使他们变得不那么像新手而更像专家。（NRC，2012，P25）

5. 从幼儿园到12年级，在《新一代科学教育标准》中整合科学和工程

将技术和工程整合到科学课程标准中的思想并不新颖，在1989年的《全体美国人的科学》、1993年和2008年的《科学素养的基准》及1996年的《国家科学教育标准》中都包含科学与技术的内容。

早年的努力仍没有使工程、技术与科学内容在现今科学课程、评测及科学教师职前教育中被同等程度地关注。《新一代科学教育标准》中完全不同的观点是：通过在所有年级、所有领域的课堂教学中把工程设计与科学探究视为同等重要，并且在每类主题情境中，与其他学科一样给出工程和技术的核心概念，将工程和技术有机地整合到科学教育体系和结构中。

之所以在《框架》中着重强调工程和技术，主要有两个方面的原因：一方面是从理想的角度，另一方面是从实际的角度。

从理想的角度来看，《框架》中指出世界上主要的挑战需要通过科学与工程解决，例如，清洁能源的效率、预防和治疗疾病、维持食物供给和水源清洁及解决由于全球环境变化使社会面临的问题。这些重要的挑战将会促进许多学生继续或主动学习科学和工程。

从实际角度来看，工程和技术给学生提供了通过运用正在发展的科学知识解决实际问题的过程，深化他们对科学的理解。这两个角度通过将工程和技术有机地整合到科学教育体系和结构中产生强大的思想，使教师能够教会学生在日常生活中运用他们学到的知识。

6.《新一代科学教育标准》为将要升入大学、就业和成为公民的学生设计

毋庸置疑，科学和科学教育已成为当今所有美国人生活的中心。因为以往的世界从没有像现在这样复杂，这种复杂性使得科学知识对于理解整个世界至关重要。当人们需要理解当前事件、选择和使用技术或在卫生保健问题上做出非正式决策的时候，理解科学是关键所在。同时，科学也是美国持续创新、引领和创造未来工作的中心。对于所有学生而言，无论他们的未来教育和职业路径是怎样的，都必须在从幼儿园到12年级阶段进行牢固而坚实的科学教育，为将要升入大学、就业和成为公民做好准备。

7.《新一代科学教育标准》要与州共同核心标准（英语语言艺术和数学）相对应

《新一代科学教育标准》的发布正是州共同核心标准（英语语言艺术和数学，CCSS）实施之际，这对科学教育至关重要。首先，这使科学成为儿童综合教育的一部分成为可能，也使《新一代科学教育标准》在内容和要求上呈现出与CCSS相互对照的特点。这三套标准以有意义和实质性的方式交织在一起，使所有学生都能得到公平学习的机会。

有关CCSS和《新一代科学教育标准》实施和运用的一些重要工作已在进行中。斯坦福大学最近发表了13篇关于在CCSS和《新一代科学教育标准》领域语言和读写能力的论文（斯坦福大学，2012）。

参考文献

AAAS. (American Association for the Advancement of Science) (1989). *Science for all Americans.* New York: Oxford University Press.

AAAS. (1993, 2008). *Benchmarks for science literacy.* New York: Oxford University Press.

NRC (National Research Council). (1996). *National science education standards.* Washington, DC: National Academy Press.

NRC. (2012). *A framework for K-12 science education: Practices, crosscutting concepts, and core ideas.* Washington, D.C.: The National Academies Press.

Stanford University. (2012). Understanding language. Available at: http://ell.stanford.edu/papers.

附录 B
对公共草案的回复

执行纲要

《新一代科学教育标准》的研发经历了几轮审查，以确保所有的教育工作者和利益相关者都有机会提供反馈。《新一代科学教育标准》的第一份公共草案在网上发布的时间是 2012 年 5 月 11 日—6 月 1 日，第二份公共草案在网上发布的时间是 2013 年 1 月 8—29 日。在每个公共审查期，草案都收到超过 10000 份个人意见，还有主要州审查团队、学校和学区讨论组及科学社团的意见。随后，拟写这份草案的团队通过这些反馈对标准的草案进行实质性修改。

总的来说，《新一代科学教育标准》的两份公共草案收到的反馈都很积极。几乎所有的评审者都很喜欢《框架》阐述的教学愿景、《新一代科学教育标准》中三大维度的整合及其本身的结构体系。大多数评审者对预期表现（PEs）评分很高，但有些人也会提出一些具体问题及改进意见。以下是一些关于如何改进第一份公共草案的意见。

- 担心有太多的材料。
- 建议包含一些其他的主题。
- 缺乏语言清晰度。
- 对工程和技术是如何被包含与应用的担心。
- 对每个预期表现中指定的一个实践所起到的作用表示困惑。
- 在融入跨学科概念上缺乏指导。
- 与其他标准和其他学科的联系缺乏特殊性。
- 担心标准的组织性。
- 担心实施标准的支持力。

基于这些反馈，在第一份和第二份草案之间做了以下改变：
- 基于反馈，95% 的预期表现运用更具体一致的语言重新编写。
- 经过一个名为"大学学习和职业生涯的准备"的审查后，一些内容被删除。
- 小学阶段的一些内容在各年级间做了相应的调整和转变。
- 工程被融入传统的科学学科中。
- 预期表现中增加了更多数学上的预期。
- 草拟了关于初中和高中的课程模型。
- 在整个文件中，"科学的本质"这一概念一直被高度重视。

- 实践模型被修订。
- 在跨学科概念中增加了新的一章来描述其意图和作用。
- 用新的一章草拟关于对多元化学生群体平等地实施《新一代科学教育标准》。
- 添加了词汇的索引。
- 根据主题和学科核心概念安排预期表现使标准更加灵活。
- 该网站有了更多的灵活性，允许用户关闭弹出的说明框。

关于第二份公共草案的反馈表明，做出的改变已经解决了一些问题，对剩余问题担心人数的比例大大减少。剩余问题包括：

- 仍担心有太多的材料。
- 建议再少量包含一些其他的主题。
- 缺乏语言清晰度。
- 对包含和应用工程与技术的担心。
- 对每个预期表现中指定的一个实践所起到的作用表示困惑。
- 担心实施标准的支持力。
- 对编码/预期表现的命名困惑。

基于反馈，在《新一代科学教育标准》的第二份公共草案和最终草案之间做了以下改变：

- 75%的预期表现编写得更加简洁、一致、具体。
- 对《框架》中每个学科核心概念的集中审查，使得33%的预期表现和相关的学科核心概念被删减，同时保持整个年级段学科核心概念的进程。
- 分离ETS1：在每个年级段加入工程设计的预期表现，补充传统科学学科中已经加入工程设计的预期表现。
- 将包含一些基本问题的"故事线"加入每个年级段的开始，来描述预期表现的背景和逻辑依据。
- 在"所有标准，所有学生"的附录中加入了一些关于《新一代科学教育标准》与多元学生群体的插图。
- 预期表现的名称从小写字母改成了数字，从而避免对学科核心概念名称的困惑；如MS-LS1-a变成了MS-LS1-1。

引　言

《新一代科学教育标准》的研发经历了几轮审查，以确保所有的教育工作者和利益相关者都有机会提供反馈。《新一代科学教育标准》的第一份公共草案在网上发布的时间是2012年5月11日—6月1日。第二份公共草案在网上发布的时间是2013年1月8—29日。在每个公共审查期都收到超过10000份的个人意见，还有主要州审查团队、学校和学区讨论组及科学社团的建议。

公共草案的反馈被修订整理总结成可分类的数据表以便州和创作团队参考。在反馈不清楚或自相矛盾处，主导州团队就会另做讨论。起草者利用反馈及"大学学习和职业生涯的准备"的审查进行草案标准的实质性修订。经过第一次公共评审和随后的州评审，95%的预期表现被重新编写。经过第二次公共草案的评审，75%的预期表现更加清晰一致。

总的来说，《新一代科学教育标准》的两份公共草案收到的反馈都很积极。几乎所有的评审者都很喜欢《框架》阐述的教学愿景和《新一代科学教育标准》中三大维度的整合：科学与工程实践、跨学科概念和学科核心概念。《新一代科学教育标准》的结构获得极高赞誉，包括在预期表现中展示了语言和观点来源的基础框。说明、评价边界及与其他标准和州共同核心标准的关联也都受到公众的广泛认可。尽管这些因素被认可，但是一些评论者认为，关于文中的措辞和与基础框的关联还需完善。

第一份草案虽然得到了积极的反馈，但仍有些具体问题遭到批评。以下是一些关于如何改进第一份公共草案的意见。

- 担心有太多的材料。
- 建议包含一些其他的主题。
- 缺乏语言清晰度。
- 对工程和技术是如何被包含与应用的担心。
- 对每个预期表现中指定的一个实践所起到的作用表示困惑。
- 在融入跨学科概念上缺乏指导。
- 与其他标准和其他学科的联系缺乏特殊性。
- 担心标准的组织性。
- 担心实施标准的支持力。

基于这次反馈，主导州对标准进行中期审核，在第一份和第二份公共草案之间标准进行了很大的改动。关于第二份公共草案的反馈表明，做出的改变已经解决了一些问题，对剩余问题担心人数的比例已经大大减少。剩余问题包括：

- 仍担心有太多的材料。
- 建议再少量包含一些其他的主题。
- 缺乏语言清晰度。
- 对包含和应用工程与技术的担心。
- 对每个预期表现中指定的一个实践所起到的作用表示困惑。
- 担心实施标准的支持力。

经过对反馈的全面审查，以下是关于上述所提及问题如何被解决的代表性实例。

1. 太多的材料

《框架》和《新一代科学教育标准》制定了一小套核心概念，这些核心概念在各年级阶段是相互贯通的。两份公共草案的大多数评审者认为，熟练掌握标准为学生进入下一年级的学习做充分准备。他们也注意到，实际的课堂时间阻碍了许多学生对标准中技能和知识的深度学习。

第一份公共草案中的一些主题，如核过程，被认为超纲。而这些主题对于准备继续学习科学、技术、工程和数学（STEM）的学生却是至关重要的。同样，小学阶段的一些主题被认为可能在更高或更低的年级阶段更合适。

为了解决这些问题，对标准进行了大量的审查，确保所有所学内容对21世纪高中之后的学生的成功都是必要而充分的。基于反馈，在K—5标准中一些预期表现在各年级水平间进行了调整。

2012年6月，大学和社区大学教师会见了劳动力后援专家，进一步审查了所有的标准。结合他们的反馈与第一份公共草案的评论，删除了许多预期表现并对许多学科领域更加重视。此外，经过高等教育教师跨学科团队和主导州在9月的审查，对学科核心概念中指定的内容进行了进一步删减。

2013年1月的草案反馈表明，之前对内容的删减并没有充分的教学时间使学生熟练掌握所有的实践、核心概念和跨学科概念。因此，对于预期表现和相关的学科核心概念中超出每个核心概念重点的内容又被删除了。例如，HS.LS2.B的重点是在生长过程中细胞分裂和分化的影响，因此，学科核心概念中要求描述细胞分裂的细节从标准的预期表现中被删除。《新一代科学教育标准》的创作团队的教师对预期表现进行了有效审查，确保预期范围在实际一学年中是实用的。大多数情况下，若时间允许，被删除的预期表现的终点可以用作教学拓展的起点。

此外，对每个预期表现中所涉及的实践和核心概念的搭配的改变是为了适合每个年级水平的所有学生。撰写者确保了所有K—12年级预期表现能够在现实时间内实现。同一年级水平中，具体的预期表现所要求的知识和技能并不是相互独立的，要结合学生之前所学的知识和技能。例如，在高中的物理科学课上，不知道质量守恒定律就不能学习化学反应，这些技能必须和初中所学的知识联系起来。

2. 对包含/删除某些主题的建议

认识到《新一代科学教育标准》草案中对所有学生预期掌握的内容过大，两份公共草案中的许多评论者也对特定领域的内容剔除表示担忧。因为起草者被要求设计一套忠实于《框架》的标准，许多担忧也随着《框架》的发展过程而产生。第一份草案反馈的主要主题包括：要求在案例中加入更多的海洋科学背景知识、加入计算机科学概念，以及"科学的本质"概念需要更加明确。

《框架》和《新一代科学教育标准》重要的一点就是关注随着时间推移的更小的一套核心概念。由于实际课堂教学的时间及不能超出《框架》范围的限制，所以《新一代科学教育标准》的起草者不能在标准中加入新的核心概念。但是，他们可以加入更多的背景知识和案例来说明海洋科学、计算机科学的潜在联系。此外，由于与科学本质的联系在标准中已有体现，所以起草者在第二份草案中就阐述得更加明晰并在基础框中适当表述。这次增添得到了大多数评审者的积极回应。

在第一份和第二份草案中，许多评审者对在《新一代科学教育标准》中没有包含高中选修课程的具体内容表示担忧，包括热动力学、化学计量学、溶液化学和氮循环。这些反馈对《新一代科学教育标准》的编创目的产生了误解。不同于现在的许多国家标准，《新一代科学教育标准》指定了所有学生所需的内容和技能并且不打算取代高中课程标准。《新一代科学教育标准》希望所指定的知识和技能能够为学生在其所选择领域取得成功打下基础，并且这些内容可以通过更高水平的科学课程完善并深入学习。

关于所删除或增加的内容的主要考虑，是其在科学教育中与大学学习和职业生涯准备的联系。正如所述，一支庞大的高等教育教师团队特地评审了 5 月发布的草案，来确定高中毕业生所理解的内容对他们进行之后高等教育和训练的成功是否有帮助。在每个学科（地球/空间、生物学/生命、化学、物理学）中，结果并不支持增加额外内容。在某些情况下，像化学计量学，关于为什么化学家要做化学计量的概念性理解已经在标准中出现。团队想要通过"说明"部分使数学实践更加清晰明确而不是孤立的预期表现，去要求学生都进行从克到克的计算。

在两份草案中间，一小部分评审者认为"演化"不需要加入标准，但《框架》中明确将演化作为理解所有自然科学的基础。因此，"演化"被列入《新一代科学教育标准》。

对于第一份公共草案的反馈，一些评论家认为"探究"已经从标准中删除了，且较少强调喜悦和激情对于学生学习的重要性，认为这需要在标准文件中明确出来。

其实，"探究"的概念和实践没有从《新一代科学教育标准》中删除，相反，它现在已经在每个预期表现的八个实践中进行了详细的说明。

此外，许多评审者要求针对多元学生群体给予更多的指导。对公平和多样化问题的深入讨论已经被计划加入标准。一份草案版本被加入《新一代科学教育标准》的第二份公共草案，配有几张图的拓展版本被加入最终版本。每个预期表现和相关的例子被审核是为了适合所有学生群体及与学生的兴趣相关。起草者致力于创造一份能够帮助鼓励所有学生从事和享受科学教育学习的文件。

两份草案的一些评审者要求标准详细说明中间知识对帮助学生取得最终成就是有必要的。然而，《新一代科学教育标准》是一套目标，它们是为了达到教学结果的预期，而非课程。许多不同的方法和例子可以用来帮助学生理解学科核心概念、科学与工程实践。起草者不需要指定任何课程或限制任何教学。所以，《新一代科学教育标准》超出了标准，指定了中间知识和教学步骤。例如，MS-LS3-1 作为学生成果，包含基因突变作用的一般知识，《新一代科学教育标准》中没有哪个部分指明定义基因的学习成果，而是阐明学生要熟练掌握 MS-LS3-1，要通过课程和教学引入基因的概念。

3. 语言清晰

第一份公共草案的许多评审者认为预期表现的语言表达不清楚，而且对于使用者的语言不够友好——不同的用户对同一语言有着不同的解释。对教学、评估、课程发展就需要更多的案例和指导。在反馈中尤其强调描述实践时要清晰，反馈暗示了存在对某些实践含义和范围的困惑——特别是关于"开发和使用模型"。

在标准的早期草案中，起草者故意没有使用一致的语言，以便提供几种不同的写作风格作为典范。基于第一份公共草案和主导州的反馈，对不同的写作风格进行了评估，并选择了评价最高的写作风格作为所有标准的写作风格。所有的预期表现曾因需要清晰的语言表达而被仔细地审查。尽管增加了一些例子，起草者都会谨慎地使用语言，这一般能够避免指定课程且确保预期表现可以通过多种方式来实现。若要帮助阐明每个实践的意义，就会在《新一代科学教育标准》的草案中加入单独的一章。

在评审第二份公共草案时，对语言清晰度担忧的人数比例大大降低。尽管一些担忧依然存在，预期表现的语言选择了评分最高的语言，并将其用来编写其他部分的预期表现。这使得语言更加清晰一致，与《框架》更加紧密关联。

4. 列入工程和技术

2015年5月，《新一代科学教育标准》草案中首次列入工程实践和核心概念，随之出现大量的评论。大多数评审者给予了积极的回应。而有些人则认为工程不应该加入科学标准中，因为传统的学科已经陈列了所有内容，而且教师在这门学科中接受的培训不足，而另一些人要求把附加的工程内容放入《新一代科学教育标准》中。在那些赞同加入工程的人中，许多人担心单独的工程预期表现，尤其是在初中和高中，会导致教学与科学内容的分离或导致工程内容的遗漏。

基于主导州的方向，起草者在2013年1月的草案中将工程设计（EST1）的核心概念综合到了其他学科中。例如，一些预期表现从物质科学核心概念及工程设计核心概念方面阐明成果。这次一体化导致预期表现总数减少。在2013年1月的草案中，通过两种不同的方式来查看这些相同的一体化预期成果：列在传统学科内和单独的工程设计标准中。

对于2013年草案中工程一体化的反馈是复杂的。评审者积极称赞这种一体化能帮助保证工程设计核心概念会纳入科学教学，但是也批评工程设计核心概念总是不明确。反馈表明，一体化并不是非常成功。

因此，起草者重新引入了一小套单独的预期表现针对每个年级段中ETS1的核心概念，确保《框架》中的工程设计核心概念可以被清晰地呈现。此外，一些成功综合的学科核心概念依然存在于其他学科标准中。

除了核心概念一体化，《框架》中核心概念："工程、技术和科学的应用"都包含在《新一代科学教育标准》草案的其他两大维度中。工程实践被纳入每个年级水平的预期表现。由于它们跨学科的属性，正如跨学科概念一样，EST2（工程、技术、科学和社会间的关联）的核心概念被整合到了整个标准中。对《新一代科学教育标准》中包含工程的详细讨论可以在附录I和附录J中找到。

5. 在每个预期表现中限定一个实践

尽管《新一代科学教育标准》草案因为在标准中结合实践的做法被广泛称赞，第一次和第二次公共草案的许多评审者认为在每个预期表现中限定一个实践太过于约束并且会被认为是限制教学。

回应

基于主导州的方向，起草者修改了前言文件，更加详细地解释了预期表现的本质：限定学生的预期成果而非教学。每个学科、每个学年在教学中都要用到实践来帮助学生学习。

值得注意的是，科学与工程实践不是教学策略——它们是绩效指标也是重要的学习目标。同样，《框架》和《新一代科学教育标准》确保了这些实践不是后来添加的东西。内容和实践结合提供了学习情境，尽管实践本身是活动而内容本身是记忆。通过综合，科学开始有意义并且使学生能够学会应用。

国家标准一向都是把实践和核心概念看作两个不同的实体。然而，通过科学教育研究者的观察表明，将这两大维度分离的结果是使得教学分离或实践根本不会被运用到教学中。

6. 实现支持需要

几乎每个评审者都在公共草案中指出，在《框架》和《新一代科学教育标准》中提出的愿景可能需要额外的专业发展和教育系统的大规模变化，以确保所有的学生满足所有的标准。例如，有人指出在许多学校，科学目前并没有在 K—3 年级被教授，许多高年级的学生没有上化学、物理和地球科学的课程。为了帮助他们完全理解《新一代科学教育标准》的愿景，评审者要求课堂教学的图示需要三个维度的整合以及包含工程实践和概念。许多评审者也认为，实际上标准的实现直到与提出的评估保持一致才有可能。

回应

《新一代科学教育标准》的作者承认当前教育实践和《框架》设想之间的差异。许多组织，包括美国国家科学教师协会，目前正在规划教师的项目和支持国家采纳和实施标准。国家研究委员会正在研究评估《框架》中科学教育预期的方法。最终，使用和开发评估的决定将取决于各个选择采用《新一代科学教育标准》的州。

附录 C
大学学习和职业生涯的预备

引 言

　　为确保国家长期的经济安全、应对当前和未来工作性质和数量的转移、并使社会具有流动性，高等教育在目前来看是至关重要的。然而，令人震惊的是，美国曾在工业化国家中，高中毕业率和有 2 年或者 4 年学位的成人比例排名第一，如今已经排到了第 22 位。而 25—34 岁人群中有 2 年或 4 年学位的成人比例排名第 14 位（OECD，2012a，P26）。在《国家在危机中》发表三十周年之际，一些关键指标指出我们的国家正处于比以往任何时候更加危急的时刻（Kirwan，2013）。

- 10 年以后的美国，60% 的工作将会需要某种形式的中学后教育（乔治敦大学中心有关教育和职业的讨论，2013）。
- 美国劳务部指出，由于技术工人的缺乏，自 2011 年 2 月以来，许多公司每个月都会开放超过 300 万的工作岗位（Woellert，2012）。同样，来自美国国家科学基金会的报道指出，目前有 200 万—300 万涉及科学、技术、工程和数学领域（STEM）的工作岗位空缺。
- 在 STEM 领域，工人的需求可能依然会增长。美国商务部表示在过去的 10 年中，STEM 工作岗位增长的数量比非 STEM 工作岗位的增长数量高出 3 倍，并且增长极有可能继续且加快（Langdon 等人，2011）。

　　高等教育能够使学生有更多机会获得一份体面且报酬高的工作。刚刚高中毕业没有大学文凭的毕业生失业率超过 30%，而刚刚毕业的大学生的失业率低于 6%（Shierholtz 等人，2012）。就报酬而言，相比于只有高中文凭的学生，有着本科文凭的学生更有可能在他的一生中获得百万资产。在这些数据背后隐藏着一个更令人不安的残酷现实：出生在低收入家庭的孩子获得高等学位的概率要小于 8%。经济合作与发展组织（OECD）指出，在美国低教育程度家庭的孩子相比于其他发达国家的孩子来说更难爬上更高的教育阶梯（OECD，2012a，P102）。一个人的出生并不能决定一个人的命运，这样的美国梦正在悄悄流逝。

　　在过去的 10 年中，人们基本上达成一个共识，即拥有一个较强的科学学科背景是为学生能够在高等教育和职业中取得成功而做的有效准备。最好的科学教育似乎是基于严格的内容与实践相整合的教育，这些实践都是科学家和工程师在日常工作中用到的，包括数学的应用。在更大的背景下来看，或许达成这一共识的主要推动力是在我们当前的世界观中，教育优先的范式正在转变，这也是信息化和全球经济一体化带来的直接结果。为了保持世界竞争力，国家迫于压力需要大幅度增加能将知识应用到新的前沿领域的学生数量——他们能够发现新知识、解决挑战性问题，以及进行发明创新（NSF，2012）。除了经济的需要，根植于获取和应用知识的教育为的是让学生在瞬息万变的工作岗位中增加他们的选择，因为很少有学生会在其工作生涯中一直从事同一份工作。总的来说，大多数人能够理解当前新的现实是需要科学和工程的。因为对科学和工程的熟练掌握需要时间，学生就必须从幼儿园到高中的教育阶段开始经历和了解科学和工程是如何在工作场所进行的。

科学家和工程师总是习惯在他们的工作中综合内容和实践，但是对于科学教学来说并非如此。美国国家科学院前院长布鲁斯·阿尔伯特声称："学生通常只是被告知一些科学知识和要求记住的事实而不是学习如何科学地思考。"（Alberts，2009）传统的教学强调讲授、记笔记、阅读、评价和测试记忆，很少有机会进行深入的学习和研究（NRC，2007）。当有实验活动时，通常都会有类似食谱样的参考书或确切的参考经验。研究表明，大多数实验室活动不能很好地与其他课堂教学相结合，而且很少有学生与老师之间的分析和讨论，从而使得学生很难将所学的科学内容与科学实践过程联系起来（NRC，2005）。这与我们现实世界的科学和工程工作形成了鲜明对比，在那里，新的知识和创新是最有价值的。世界的需求和价值观的转变要求K—12年级的科学教育应经历一个巨大的转变，从注重知识本身转向将知识付诸实践，这个转变本身需要严格的相一致的跳跃。为了迎接这一挑战，《新一代科学教育标准》通过将概念和实践关联的方法创建了每项预期表现，并使它们连续一致地贯穿于K—12年级，从而确保达到《新一代科学教育标准》的学生能为后续的2年或4年大学生涯的成功做好准备。

发展《新一代科学教育标准》的第一步就是开发《框架》。国家研究委员会（NRC）领导并与美国科学促进会（AAAS）、美国国家科学教师协会（NSTA）、Achieve公司共同完成这一任务。《框架》的目的是描述一个连贯的科学教育愿景，通过：①将学习看作一个发展过程；②专注于为数有限的核心概念，以进行深层学习（适用于科学和工程的跨学科概念及每个学科的重要概念）；③强调科学和工程学习需要将内容知识和参与科学探究和工程设计所需的实践整合起来（NRC，2012a，P10—P11）。通过聚焦于一套严格的核心概念，《新一代科学教育标准》保持了《框架》完整的愿景，即在每个年级段（K—2年级、3—5年级、6—8年级、9—12年级）明确地表示出这些核心概念，且与真实世界中的科学与工程实践相关联。为此，本附录进行如下回顾和综述。

严谨的科学内容的重要性

对于《框架》制定者而言，首先面临的挑战就是确定所有学生需要知道的，以及为那些将会成为科学家、工程师、专家和技术人员打基础的核心概念（NRC，2012a）。并不是所有的内容都值得学习。一些科学概念值得重点教学是因为它们有解释或预测的能力，或者能够提供一个《框架》来促进和应用新的知识。因此，国家研究委员会召集了科学社区的成员，让他们进行一个严谨的、为期2年不断迭代的研究，在重要机构、杰出科学家、数学家、工程师、科学教育家及公众的不同评论意见的基础上制定和完善相关文件。由此产生的《框架》不仅阐述了科学领域主要学科的核心概念（生命、物理、地球和空间科学），也阐述了适用于科学和工程大多数领域的跨学科概念。基于学习是不断发展的过程这一理念，发展《框架》的自然和认知科学家进一步清楚地说明了在每个年级段结束之前学生需要知道的内容。重要的是，《框架》包含了工程的核心概念和重要实践，这种做法为大多数 K—12 年级学生打开了一扇之前没有的、提高兴趣和增加就业机会的窗。

一旦《框架》完成，《新一代科学教育标准》写作团队就会运用这些内容去设置《新一代科学教育标准》的预期表现。经过 2 年的发展过程，一大批专家审查员（包括主要的科学、工程和数学协会）、26 个州及一些其他州组成的州立团队和大众多次审查了学科核心概念、相关的学习进程及学生的预期表现。此外，在两个不同的场合召集高等教育职员和商业代表去评估标准的内容对于所有学生大学和职业准备是否是必需和充分的。全面和彻底的审查过程应确保《新一代科学教育标准》强调的预期能够使所有学生在高阶科学课程的学习和高等教育阶段取得成功。

《框架》和《新一代科学教育标准》反映出当前对 K—12 年级科学教育需要更加深入和严谨的思考。例如，大学委员会对定义大学和工作准备有着丰富的经验，他们认为"为了让学生准备接受大学科学教育，他必须对科学学科有一个整体的理解（地球和空间科学、生命科学、物理科学和工程学）并了解这些内容有哪些科学实践"（College Board，2010，P3）。

《框架》中所列的内容与大学委员会《大学成功标准》（2009 年）所提及的内容是一致的，该标准定义了为成为一名大学生和 21 世纪求职者所需要发展和掌握的知识和技能。这帮助学生成功地过渡到预科（AP）和大学水平的课程。大学委员会的标准像《框架》一样，基于：①强调整体统一的概念，这些概念不仅贯穿于科学学科，而且经常运用于数学和技术等其他领域；②像《框架》一样，以每个科学学科的核心概念为基础（College Board，2009）。对于那些继续在高等教育中进行科学课程学习的学生来说，核心内容起着关键作用。由于基于《框架》中的内容，《新一代科学教育标准》为学生顺利学习高阶科学课程打下了坚实的基础。

关于核心内容，ACT[①] 采取了和大学委员会不同但相似的立场。ACT 评估假定"学生一直在进行科学核心课程的学习（在高中有 3 年或更多的科学课程），能够为他们从事大学水平的工作做准备，并且认为学生在参加 ACT 选拔之前已经完成了生物、物理科学或地球科学课程的学习"（ACT，2011，P20）。根据他们的可用数据，ACT 建立了一个案例，该案例显示在 3 年高中的科学课程中进行科学实践，学生能更好地为高等教育做准备。ACT 的总结是："高等教育的预期清楚地表明科学的过程和探究技能及对基础（非高级）科学主题的掌握是至关重要的"（ACT，2011，P9）。然而，尽管 ACT 和大学委员会都主张对内容进行筛选，但 ACT 走得更远，他们正在研究高级内容的学习并不能成为高等教育成功的质量预测因素。ACT 继续声明，"在新一代科学教育标准中包含很多高阶科学主题将会和现有的实证研究证据相冲突"（ACT，2011，P9）。来自高等教育的报告说明牢牢地掌握核心的基本概念比泛泛地掌握很多高阶主题

---

① ACT: American College Testing，即美国大学入学考试。

重要得多。因此，基于2—4年大学学院和ACT研究的反馈，一些之前在《框架》和《新一代科学教育标准》先前草案中出现的内容被删除了。

ACT并不是唯一主张对内容进行更进一步限制的。最近一项研究调查了大学生在基础科学课程中的表现和这些大学生在高中阶段学习科学内容数量的关系，研究结果显示：那些在高中进行过为期1个月或更多的至少一个主题深入研究的学生与那些没有进行过深入研究的学生相比，前者在大学科学课程中能获得更高的分数。那些在高中对所有主题泛泛了解的学生在化学或物理课程中没有优势，甚至在生物学中占劣势（Schwartz等人，2009，P1）。其他的研究支持限制内容，但是没有给标准或政策开发人员一些关于哪些内容应该被删除的建议。事实上，除了ACT数据，很少有实证研究能够证明高中科学和高等教育之间学习内容的排列组合。由于在这一领域实际经验的匮乏，最富有成效的途径或许就是让高等教育教师与高中教师共同合作使内容预期相匹配。

从国际视角来看，在为学生准备K—12年级教育的过程中，科学内容是很重要的。基于对10个国家和地区的科学教育基准的比较研究，包括加拿大（安大略省）、中国台湾省（台北市）、英国、芬兰、中国香港特别行政区、匈牙利、爱尔兰、日本、新加坡和韩国，Achieve公司发现：与美国典型的州相比，这些国家和地区在小学和中学低年级更关注物质科学的内容（Achieve，2010，P59）。然而，内容的呈现却与美国不同。10个国家和地区的标准中有7个呈现出综合的科学内容（内容来自主要学科），从小学到10年级每年如此，并且允许学生在高中阶段进行专业化学习（Achieve，2010，P42）。这些国家和地区清楚地认识到最小数量的科学知识对学生具备科学素养是十分必要的。要求所有学生在学习专业学科课程之前，从小学到10年级期间学习综合的科学内容，这与美国大多数州目前的教育结构有很大的不同。重要的是，这样的综合课程也说明了利用学生兴趣的可能性。学生可以选择追求高中之后的课程学习，为高等教育和职业（如健康领域的入门级职位）做充分的准备。新加坡已经采取了这种很有优势的方法。数学专家菲利普·达罗（Phillip Daro）观察到新加坡的教育制度，在向卡内基的数学和科学教育委员会提出建议时，提出该制度已显示出设计多个大学入学的方法且仍然服务更多学生人群的特殊兴趣的可能性（Carnegie Corporation of New York，2009，P25）。

学生需要能够理解世界和解决以前没有遇到的问题，即新情况、新现象和新信息。为了达到这种熟练的水平，学生需要对关键科学概念有坚实的理解，以及拥有在学科间关联这些概念的能力。最后，在下一节中，学生需要通过对科学与工程实践、核心学科概念和跨学科概念的不断探索，能够将知识灵活熟练地在各种学科中应用和交流。

科学与工程实践的重要性

实证数据及相关研究直接显示出支持学生参与并熟练掌握科学与工程的实践，并对此负责。国家研究委员会已发表的大量研究表明，学生需要在学习科学内容的同时进行科学与工程的实践。

在此前没有一个文件像《框架》这样描述所有八个科学与工程的实践，并清晰地作为一个整体。支持这种做法的文献包括《将科学带入学校》《准备、出发、科学》和《美国实验室报告》[①]。来自《将科学带入学校》的发现表明当学生积极参与科学实践时，学习会更有效率。林和伊斯（Linn & Hsi，2000）（引自《美国实验室报告》）发现有效的整合经验、实践和内容能使学生对科学更加精通，更重要的是更有兴趣。

精简大量的科学内容，以基本的关键概念为目标，是建构《框架》的第一个但不是唯一的挑战。在识别和描述科学与工科实践的特征时，开发者不得不面对这样一个常见的课堂教学现象："科学的方法"通常被表征为一个固定的线性步骤告知学生，并以一种形式化或脚本化的方式供学生使用。

> 这种方法往往掩盖或歪曲了探究的过程，因为它们是由科学家实施的。实践过程，如对模型和理论内涵的仔细推理、提出可研究的问题和假设、系统分析和整合数据作为证据来评估主张、在科学界交流和评判观点，都是探究的重要部分。然而，当学生在一个脱离情境的探索中，通过被教授已经设计好的形式化的过程获得一个特定的研究结果时，他们往往错过了真正的科学探究。此外，如果学生以一种有意义的方式参与其中，这些高层次的推理和解决问题的方法需要对给定的科学主题的内容有一个合理且深入的熟悉程度。有关内容和过程的争议与当前有关科学本质的观点并不一致。科学被认为是一个基础的社会事业，它旨在通过发展植根于证据、有解释和预测能力的理论和模型来促进人们认识的进步。在实践中，这意味着内容和方法是深深地交织在一起的。（NRC，2012b，P127）

以往，大学委员会比较重视内容在科学评测上的高阶地位，但如今，越来越多地重视科学家常规性使用的实践技能。这就相当于："科学的核心是建立证据的线索，并利用这些证据来发展和提炼可测试的解释、并对自然现象做出预测。标准文件必须体现科学的这一目标，即专注于培养所有学生的与建立可测试、以证据为基础的解释和预测相关的必备能力"（大学委员会，2010，P4）。新的大学预修生物课程的测试和较新的《大学成功标准》反映了广泛运用科学实践的新观点。重新设计的大学预修课程和《大学成功标准》中确立的预期表现都需要实践和内容包含在情境中。研究促使大学委员会做出这些决定，而国家研究委员会用这两个项目作为发展《框架》的基础。大学委员会和《新一代科学教育标准》如今都重视理解甚于记忆，因为人们发现更高的理解力对学习表现有积极的影响（Tai等人，2005，2006）。大学委员会强调："为了让学生在进入大学时对科学有所准备，他（她）必须做到以下几点：①大体掌握一些科学学科的知识（地球和空间科学、生命科学、物质科学和工程学），以及与这些学科内容相适应的科学实践；②对科学的本质和科学认识论，科学论述及科学、技术、社会的整合有深刻的认识；③有与科学实践相关的元认知和自我效能"（大学委员会，2010，P3）。这一规定和基

[①] 《将科学带入学校》：*Taking Science to School*，由美国国家研究委员会于2007年发布。
《准备、出发、科学》：*Ready, Set, Science*，由美国国家研究委员会于2008年发布。
《美国实验室报告》：*America's Lab Report*，由美国国家研究委员会于2006年发布。

础的研究无疑使得科学实践成为对准备入学的学生一个至关重要的考察方面。

ACT有关整合科学实践的证据来源于常年对高中毕业生准备高等教育中科学课程的数据进行的收集和分析。ACT每3年就会进行1次全国范围内国家课程的问卷调查，用于比较高等教育的执教者希望学生达到的最初水平和实际上初高中老师教授的结果，并使用所得结果更新教师知识和ACT评测的内容。最近的两份调查显示，高校老师极其注重方法和探究技能的使用（即《新一代科学教育标准》中的科学与工程实践），并且重视这些能力程度等同于重视内容。ACT如此注释："高等教育预期清楚地表明，科学领域的方法、探究能力与对基础的科学主题的理解具有相同的重要性"（ACT，2011，P9）。ACT也在他们的大学就业服务中运用从大学生的实际表现中得出的经验数据来创设ACT的大学入门基准。在能达到ACT测试或ACT指南中基准的学生在入门级的生物课程中有约50%的概率获得B等级或更好（ACT，2013）。

虽然考虑到科学领域有有关大学学习和职业的准备，ACT承认学生在高中阶段有必要系统地学习严谨的科学课程，但基于问卷调查的结果，它仍然倡导学习应与实践结合。值得一提的是，ACT的试题相对于内容而言更注重技巧的运用。ACT的委员会申明（2011）："ACT测试主要测量学生在研究自然科学时所需要的解释、分析、评价、推理和解决问题等方面的能力。测试假定学生在高中学习了三年或三年以上的核心科学课程，这些课程能为大学水平的学习提供准备，并且以在他们参加ACT考试之前完成生物课、物理课或地理课的学习为前提"（P20）[①]。ACT中的运用技术评估也对这些技能进行评价，它依据经验断定与仅仅拥有内容知识相比，懂得这些技能的知识和使用方法能对学生的职业选择起到更好的准备作用。

大卫·科尼（David Cordy）在他的著作《大学知识》（2005）里面赞同大学委员会和ACT的相关论述，即实践在学生准备大学级别的科学课程时起着至关重要的作用。他指出，学生在实施有意义的研究、使用实践技能导致高质量研究方面的能力可以作为为大学或求职做准备的指标，成功的学生要做到以下几点：

- 形成研究问题并为其制订计划。
- 通过研究来支持并发展自己的观点。
- 对工作所需要的外界支持和批准提出明确要求。

科学与工程实践确实在高等教育中得到更高的关注。例如，近期有学者认为："学术界对工程教育的观念正在转变。人们认为工程教育不仅需要学生掌握传统的工程基础原理，如机械学、力学、数学、技术，而且需要培养学生在现实生活中运用所学知识的能力。这不仅要求学生要具备创造、合作和设计等方面的能力，而且需要在全球化合作、交流、管理、经济和道德方面拥有技能。进一步来说，技术方面日新月异的变化在未来的几十年是势不可当的。这就要求如今我们培养的未来的工程师要成为终身学习者，并学会发展出适应性专门知识"（Hatano和Inagaki，1986；Pellegrino，2006；Redish和Smith，2008，P2）。

大学预修课程、美国科学促进会的出版物《愿景与改变》及《给未来内科医生的科学基础》发现交叉科学实践与《框架》是一致的。例如，建模的重要性出现在生命科学的文档中，

[①] 此页码为英文《框架》的页码，全书同。——译者注。

同样也被雷迪什和史密斯作为实例应用在有关工程技能发展的工作中。建模还被写入州共同核心标准（数学）和《框架》。

如前所述，使科学向更广泛的学生普及是一个至关重要的问题。越来越多的证据表明学生参与实践有助于缩小成绩差距（Barton 等人，2008；Brotman 和 Moore，2008；Enfield 等人，2008；Lee 等人，2005；P2007）。一项研究发现，当探究被用到教学中，性别、种族或经济上处于不利地位等各组之间的绩效无显著差异，而传统课堂教学的学生组别之间的绩效则存在显著差异（Wilson 等人，2010）。另外，李和同伴发现，尽管当运用探究式教学时学生成绩整体提高，但那些非主流或拥有更少特权的学生相对于主流的拥有更多特权的学生，能有更高的提升（Lee 等人，2006）。

从国际视角看，学科知识和工程实践被看作与熟练的读写能力一样重要。来自国际经济合作与发展组织的国际学生评估项目（PISA）的《科学素养评估框架（2012）》指出，有科学素养的人具备科学地解释现象、评价和设计科学探究，以及科学地解释数据和证据参加论述和争论的能力。值得注意的是，日本是一个在 PISA 和 TIMSS 中学生成绩都超越美国的国家，课堂活动模式与美国课堂十分不同。日本学生在解决问题时会贡献自己的观点，并批判性地讨论解决问题的替代方法。这样的学习环境经常包含一些公共、社会行为的推理和对话，以及跨学科的学习（Linn，2000；Stigler 和 Hiebert，1999）。

在教育范围的另一面，科尔斯（Coles）通过对英国来自各个部门的工作人员和从事高等教育的人群访问调查的方式对科学教育的知识内容和技能的必要性进行了研究。他发现，招聘者和高等教育专业人士在哪些科学技能能够使一个人更加适合一个部门的问题上有着更多的共同点而非特殊之处，并指出：雇主和高等教育导师观点共同部分的数量是雇主认为的特殊部分数量的两倍，也是高等教育导师认为的特殊部分数量的两倍。杨和格兰费马德（Young & Glanfield，1998）支持这一发现，并说明："在信息技术的影响下，不同的职业领域所需要的技能正在融合和抽象化，而不是单一的在某一个领域的技能"（P7）。

2—4 年毕业的大学生以确保就业和在工作上取得成功作为他们的目标。聆听雇主寻求怎样的求职者非常重要，因为雇主寻求的技能是学生从幼儿园到高等教育期间所获得的。一些最近的报告指出在准备工作过程中的缺陷。一项专门研究提出对雇主来说重要但在应聘者中却难以找到的五项品质，其排列顺序为：沟通能力、积极的态度、适应变化能力、团队合作技能、战略思维和分析（Millennial Branding 和 Experience Inc.，2012）。另一项研究要求雇主评估应聘者技能/质量的重要性。与之前那份针对雇主的研究结果一致，该项研究中五大排名靠前的能力是：在团队中工作，与机构内部和外部人员的沟通能力，进行决策和解决问题的能力，获取和处理信息的能力，计划、组织和优化工作的能力（大学和雇主协会，2012）。还有一项研究表明，雇主对于那些在工作环境中比较具有创新性能力的毕业生更加青睐，这也反映了国家对持续竞争能力的关注（美国高等学校协会，2013）。当学生能参与到基于《框架》中提及、《新一代科学教育标准》的预期表现中规定的科学与工程实践和核心内容的项目时，这些重要的技能都可以获得。

数学的重要性

《框架》认为数学逻辑思维是一项特别的实践。"数学是科学、工程与技术的基石，即量化和测量事件和过程的能力，它使得科学在拓展人们认知上如此强大。此外，由于计算机性能快速增长，现代科学更加依赖数学建模技术、远程成像技术、数据挖掘技术和概率计算技术等，这些在10年前是不可想象的。"（Achieve，2010，P53）

在对科学教育的实践和学科内容整合的补充研究中，有关数学教育的研究建议数学教学不应只强调核心概念，更要强调对探究、相关性、多层次视角的熟练掌握。（纽约卡耐基公司，2009）

从国际的视角看，在针对国家的研究中，科学教育标准中缺乏明确的数学被认为是一个缺陷（Achieve，2010）。在对PISA表现得最好的国家评论中，评论者发现数学整合是数学标准和课程文件的组成部分，而非科学标准。重要的是，数学与科学的联系对学生来说并不明显。科学标准中结合数学的方法可以使对学生定量思维习惯培养的容易程度不同。因此，在《新一代科学教育标准》的开发中，采取了明确的方式帮助学生在这两个互相支持的领域中取得一致。事实上，《新一代科学教育标准》为其中的每条标准都明确了相关的州共同核心标准中的数学标准。

除了在实践中包含数学运算之外，还有证据表明，数学还是大学科学课程成功的一个重要预测因素。虽然只有很少的关于大学和职业准备的精确边界的科学依据，但是已经有数据表明，在大学课程中的成功或四年大学学位的成功与数学存在直接的联系。精通数学是从高中的准备阶段通往大学成功过程中的重要因素。现在，随着代数2对大学本科学位势头的倾斜，数学能力在高中时达到一个极高的水平是继续在大学前进势头的一个关键指标（Adelman，2006，P.xix）。

亚斯德和泰（Asdler & Tai，2007）发现，多年的数学能力预示着在大学中所有理科课程的成功。此外，他们还发现在高中有更高阶的数学能力是一个"顶梁柱"，支撑着大学科学课程的成功。科尼（Conley）发现，在校大学生和准备求职的毕业生需要在数学方面有牢固的基础，且需要有在其他学科中运用数学的能力。此外，他还在对大学教师的调查中发现与高中科学成绩相比，数学成绩被认为能更好地预测大学科学课程成绩。除了能在高等教育中获得成功，在有准备的大学数学和完成大学学业之间有很强的相关性。那些在数学上需要补救的学生被认为存在学术失败和留级的风险，且需要他们在高等教育阶段坚持不懈（Ali和Jenkins，2002，P11）。《州共同核心标准》和《新一代科学教育标准》的结合为所有学生提供了在数学和科学方面深入研究的机会。《新一代科学教育标准》着重描述了在《州共同核心标准》中展现出的有关数学能力的新期望。

国内外专家了解到，数学运算能力是理解和传达科学思想的关键。在数学家和教育家索尔·加芬克尔（Sol Garfunkel）有关未来的美国学生的对话中说道："众所周知，他们将来将面临很多领域的工作并需要掌握现在和未来的技术。除了技能熟练，他们还需要创造力、独立性、想象力和解决问题的能力。换句话说，学生会越来越多地需要对数学的理解和认识各种工具的能力，数学能力为实现自己的职业目标提供了帮助。"（Garfunkel，2009）

很容易看出为什么数学是并将持续成为成功的质量指标。如果高等教育中有科学课程的先决条件的话，它通常会是数学。那些准备高等教育的学生将能证明数学及其学科知识技能和科学之间的有效转换。《新一代科学教育标准》也将积极地采纳与实施，开发出数学与科学整合的实例将至关重要的。

实践和核心概念的整合

无论是严格的内容还是科学与工程实践都不足以在高等教育体系和职业生涯中获得成功。相反，正是实践与核心内容的联系提升着学生的学习能力，如《框架》所强调的："学习是知识与实践的结合，而不是将内容和过程的学习目标分离"（P254）。其他研究支持了国家研究委员会的断言，即读写能力也能对科学学习成绩起到重要预测作用（Conley，2005；Redish 和 Smith，2008；von Secker，2002；Wilson 等人，2010），这也清晰地表明学生应该把它用在高质量、严谨的学习情境中。

一个经常被人们忽视的方面是结合需求的实践会对书本的严谨性造成很大的影响。如果学生的预期表现基本上依赖死记硬背，如让学生"描述""识别""回忆""定义""陈述"或"承认"，即使是最苛刻的书本也是苍白无力的。同样我们需要记住，对数学应用表现方面的要求能提升学生的等级。

堪萨斯的前科学教育标准的学习成果（堪萨斯州从 2013 年 6 月开始将《新一代科学教育标准》作为其新的国家科学教育标准）与《新一代科学教育标准》相关预期表现的对比结果是一个非常具有启发性的例证。

2007 年堪萨斯科学教育标准，8—11 年级，化学，HS.2A.2.2	《新一代科学教育标准》物理标准，9—12 年级，HS-PS1-1
学生依据原子序数的增加理解元素周期表，这张表根据组、周期和子类别组织物理和化学趋势	基于原子最外层能级电子的模式，用元素周期表作为模型来预测元素的相对性质

上面两个标准都可以说明元素周期表的组织方式，很明显与 2007 年堪萨斯标准中的事实描述相比，《新一代科学教育标准》通过调用更本质的阐述提高了严谨的级别。

另一个可以找到的例子是堪萨斯的前生物学标准：

2007 年堪萨斯科学教育标准，8—11 年级，生物学，HS.3.3.4	《新一代科学教育标准》生命科学，9—12 年级，hs-ls3-3
学生了解生物体在种群内和种群之间有着巨大的差异。演变在物竞天择中发生	用统计学与概率论的概念去解释一个种群中性状表达的变异与分布

要求学生运用数学概念解释性状变异，《新一代科学教育标准》所做的是增强学生预期表现的严谨性。实践与内容的结合对确保学生深层次的学习有着推动作用。研究人员发现，在科

学课堂上开展基于项目学习的学生在设计公平实验、运用证据判定主张、产生解释等方面比对照组有更好的成绩。他们还展示出在团队工作中更好的合作与协商精神，在监控和评估工作方面有更好的效果（Kolodner 等人，2003）。此外，冯·塞克（von Secker，2002）发现了当教师运用面向探究的实践时，学生会对内容有更好的掌握。2011 年，国家教育进展评估（NAEP）在科学方面的调查结果证实了内容与实践的结合会对内容的学习产生积极影响。在 8 年级教师问卷调查中，教师通过对四个选项的选择报告他们的学生在科学教育中从事动手活动或调查研究的频率，这四个选项是："从来没有或几乎没有""1 个月 1—2 次""1 个星期 1—2 次""每天或几乎每天"。那些每天或几乎每天参与实践项目的学生的平均得分高于那些没有实践项目或较少有实践项目的学生（NCES，2011，P10）。此外，在成绩高于 75% 的高成就 8 年级学生中，据他们老师的报告，77% 的学生能有 1 周 1 次或更多参与动手活动的机会（NCES，2011，P11）。

关于对整合实践和内容的价值进行的研究相当引人注目：高等教育的准备应该根植于学生在严谨的内容情境中使用科学和实践的能力。在缺失内容的情况下使用实践技能类似于要求学生学习步骤就是所谓的科学方法。这虽然在准备工作中不会导致什么结果，但有可能会导致学生继续与科学脱节，以及在追求自我兴趣或研究现实问题的能力有所缺失。在有内容情境的情况下结合实践，学生将能够综合运用科学与工程实践、跨学科概念和学科核心概念以理解周围世界并去解决以前没有遇到的问题，能够进行自主计划、监督和评估，并采用有效和可靠的研究策略。

在《新一代科学教育标准》发布之前，美国大多数州的标准几乎都没有明确的整合探究和内容。这种整合科学方法技能和领域特定知识还是经常在教室里被遗忘。很多标准、课程文件、教科书都把探究的部分与科学实践部分分离开，研究表明，许多教师是遵循了那些把科学实践和概念内容相分离的教学资源（NRC，2007）。通常，当学生通过实验室实验从事科学与工程实践时，这些实验经历将课堂教学的流程和与清晰的、与内容知识相联系的学习目标相分离（NRC，2005）。平衡和整合探究和内容的标准可以加强学生的学习能力并能使他们为以后的学习和事业做更好的准备。大量的研究表明，标准的设立对课程、教学和评估有着巨大的影响（Berland 和 McNeill，2010；Krajcik 等人，2008；NRC，2007），这个标准的重要性在于它需要特定指出我们希望学生能学到什么，包括他们可以通过实践来展示其对核心概念的认知和理解。

结 论

经济和教育的统计数据表明，在科学、工程和技术的进步和创新推动下的全球信息经济中，美国没有培养足够多成功的学生。研究结果表明，我们目前的科学教育体系是无效的，因为其视科学为知识基础，而不是一种思维方式。学生在高等教育体系中获得的成功很少，因此缺乏资格获得有收入的就业机会，包括国家对工作需求量最大的 STEM 领域。他们实际上是在封闭中产阶级的机会。然而，在本附录中引用的研究表明，有一个更具生产力的遵循科学教育的路径，该路径会将重要的核心内容与科学家及工程师处理其工作的实践连接起来。这个转变需要我们控制内容的数量和种类，我们会优先考虑重要的概念，因为它们在解释现象、预测结果、在许多领域显示广泛运用性方面很有效，并且我们使用与核心内容相连接的实践贯穿所有年级。

《框架》明确了要求学生认知的内容，以具备科学素养，并有足够的基础进一步学习，并且这一内容被认为适应了在大学和职业下的成功需求。该《框架》还介绍了实践：描述了科学和工程的工作，并解释了他们在小学、初中和高中的课堂上是什么样子的。

再次重申，在新一代科学教育标准的发展过程中，各州仍专注于《框架》中提到的愿景，坚守严谨的核心内容及科学与工程实践的基石，并与数学链接。为了保证忠实于这一愿景，26个州的高等教育职员和商务人才被召集在一起，根据实践和内容方面的审查标准。这些团队证实新一代科学教育标准的设计和开发是由最好的现有证据引导的，确保符合标准的学生在2—4年大学的入门级的科学课程、技术培训项目后成功拥有知识和技能。证据表明，这可以通过促进深入理解一套核心概念和跨学科概念的方法来更好完成，该方法还在整个科学探究的实践过程中将认知的理解与应用整合在一起。

基准已经成为改进系统的一个核心概念。许多国家都将新加坡视为典范。新加坡的教育体系被公认为"世界级"，但这是一个相对近期的事情。根据获得高中文凭和本科以上学历的学生所占比例，美国花费了很长时间，但仍让出了领导地位。新加坡则从一个拥有大量文盲的贫穷国家成为一个在教育和主要通信枢纽方面的模范，且在消费电子产品、医药、金融服务、信息技术方面成了领先者。新加坡的改变归因于其示范性的项目，确保大多数学生都受教育，以充分利用不断增长的机会就职于STEM领域。由于规模、范围和复杂性的差异，很难想象在美国全面实施新加坡的这一体系。然而，美国的许多教育是由各个州控制的，因此，他们可以各自分别通过新加坡的模式来得到益处。

值得注意的是，作为教育政策转变的一部分，"在2004年，政府提出'少教，多自主学习'，即进一步远离死记硬背和重复作业，开始聚焦更深层次的概念性理解及基于问题的教学"（CIEB, 2012）。教学已转向包括科学实践的积极参与（CIEB, 2012）。这一立场当然与《框架》和《新一代科学教育标准》产生共鸣。

最后，当谈到开发标准时，严谨的内容是学生在高等教育和职业方面成功准备就绪的一个重要指标，但仅有它是不够的。熟练掌握科学与工程实践，也是准备就绪的一个指标，但在缺乏严谨的内容时，它依然是不够的。最后，研究表明，与严谨内容相结合的科学与工程实践最利于学生高等教育和职业成功的准备。我们需要更多研究来调整高中和高等教育的期望、课程路径和灵活的选择，以吸引学生的兴趣，使学生为高等教育和职业发展机会做好准备。

参考文献

ABET. (2009). *ABET criteria for evaluating engineering programs.* Baltimore, MD.
Achieve. (2010). *International science benchmarking report: Taking the lead in science education: Forging next-generation science standards.* Washington, DC.
ACT. (2011). Science for college and careers: A resource for developers of the next generation science standards. Unpublished manuscript, commissioned by Achieve.

ACT. (2013). What are ACT's college readiness benchmarks? Available at: http://www.act.org/research/policymakers/pdf/benchmarks.pdf.

Adams, C. (2012, December 12). K-12, higher ed. unite to align learning in Minnesota. *Education Week*. Available at: http://www.edweek.org/ew/a rticlesl201 2/1 2/1 2/14minn.h32. html?r=1637415706.

Alberts, B. (2009). Redefining science education. *Science 23*. Available at: http://www.sci-ips.com/pdf/reflections/Reflections_29.pdfthttp://www.sciencemag.org/content/323/591 3/437.full.

American Association for the Advancement of Science. (2011). *Vision and change in undergraduate biology education.* Washington, D.C.

American Association of Universities. (2011). AAU undergraduate *STEM initiative*. Available at: http://www.aau.edu/policy/article. aspx?id=12588.

American Society of Plant Biologists. (2012). *Core concepts and learning objectives in undergraduate plant biology.* Available at: http://my.aspb.org/blogpost/722549/152613/Core-Concepts-and-Learning-Objectives-in-Undergraduate-Plant-Biology?hhSearchTerms=core+and+concepts&terms=.

Association of American Colleges and Universities. (2013). *lt takes more than a major: Employer priorities for college learning and student success.* Washington, DC: Hart Research Associates.

Association of American Medical Colleges and Howard Hughes Medical Institute. (2009). Scientific Foundations for Future Physicians. Washington, D.C.

Association of Public and Land Grant Universities. (2013). *Science and Mathematics Teacher imperative.* Available at: http://www.aplu. org/page.aspx?pid=584.

Barton, A. C., Tan, E., and Rivet, A. (2008). Creating hybrid spaces for engaging school science among urban middle school girls. *American Educational Research Journal* 45(1):68-103.

Berland, L. K., and McNeill, K. 1. (2010). A learning progression for scientific argumentation: Understanding student work and designing supportive instructional contexts. *Science Education* 94(1):765-793.

Brotman, J. S., and Moore, F. M. (2008). Girls and science: A review of four themes in the science education literature. *Journal of Research in Science Teaching* 45(9):971-1,002.

Carnegie Corporation of New York. (2009). *The opportunity equation: Transforming mathematics and science education for citizenship and the global economy.*

Carnevale, A. P., Smith, N., and Melton, M. (2011). STEM. Washington, DC: Georgetown University Center on Education and the Workforce. Available at: http://cew.georgetown.edu/stem.

Carnevale, A. P., Rose, S. J., and Hanson, A. R. (2012). *Certificates: Gateway to gainful employment and college degrees.* Georgetown University Center on Education and the Workforce. Available at: http://www9.georgetown.edu/grad/gppi/hp/cew/pdfs/Certificates. FullReport.061812.pdf.

CIEB (Center on International Education Benchmarking). (2012). *Singapore Overview.* Available at: http://www.ncee.org/programs-affiliates/center-on-international-education-benchmarking/top-performing-countries/singapore-overview.

Coles, M. (1998). Science for employment and higher education. *International Journal of Science Education* 20:5,609-5,621.

College Board. (2009). *Science: College Board standards for college success.*

College Board. (2010). *College readiness in science.* Unpublished manuscript, commissioned by Achieve.

Common Core State Standards for English Language Arts & Literacy in History/Social Studies, Science, and Technical Subjects, Appendix A: Research Supporting Key Elements of the Standards, Glossary of Key Terms. Available at: http://www.corestandards.org/assets/Appendix_A.pdf.

Conley, D. T. (2005). College know/edge: *What it really takes for students to succeed and what we can do to get them ready.* San Francisco, CA: Jossey-Bass Education Series.

Conley, D. T. (2010). *College and career ready: Helping all students succeed beyond high school.* San Francisco, CA: Jossey-Bass Education Series.

Enfield, M., Smith, E. L., and Grueber, D. J. (2008). "A sketch is like a sentence": Curriculum structures that support teaching epistemic practices of science. *Science Education* 92(4):608-630.

Garfunkel, S. (2009). *Math to work.* Prepared for the Carnegie-IAS Commission on Mathematics and Science Education. Available at:OpportunityEquation.org/go/garfunkel.

Georgetown University Center on Education and the Workforce. (2013). Recovery: Job growth and education requirements through 2020. Georgetown University Center on Education and the Workforce. PowerPoint. June 26, 2013. Available at: http://www.slideshare.net/CEWGeorgetown/projections2020-powerpoint-final.

Kansas State Department of Education. (2007). Kansas Science Education Standards.

Kirwan, W. E. (2013, April). *Upgrade America 2013.* Speech presented at the Business Coalition for Student Achievement, Washington, D.C.

Kolodner, J. L., Camp, P. J., Crismond, D., Fasse, B., Gray, J., and Holbrook, J. (2003). Problem-based learning meets case-based reasoning in the middle-school science classroom: Putting learning by design into practice. *Journal of the Learning Sciences* 12(4):495-547.

Krajcik, J., McNeill, K. L., and Reiser, B. J. (2008). Learning-goals-driven design model: Curriculum materials that align with national standards and incorporate project-based pedagogy. *Science Education* 92(1):1-32.

Langdon, D., McKittrick, G., Beede D., Khan, B., and Doms, M. (2011, July). STEM: Good jobs now and for the future. Department of Commerce, Economics and Statistics Administration. Available at: http://www.esa.doc.gov/Reports/stem-good-jobs-now-and-future.

Lee, O., Deaktor, R. A., Hart, J. E., Cuevars, P., and Enders, C. (2005). An instructional intervention's impact on the science and literacy achievement of culturally and linguistically diverse elementary students. *Journal of Research in Science Teaching* 42(8):857-887.

Lee, O., Buxton, C., Lewis, S., and LeRoy, K. (2006). Science inquiry and student diversity: Enhanced abilities and continuing difficulties after an instructional intervention. *Journal of Research in Science Teaching* 607-636.

Linn, M. C. (2000). Designing the knowledge integration environment. *International Journal of Science Education* 22(8):781-796.

Linn, M. C., and Hsi, S. (2000). *Computers, teachers, peers.* Mahwah, NJ: Lawrence Erlbaum.

Millennial Branding and Experience Inc. (2012). Student Employment Gap Study. Available at: http://millennialbranding.com/2012/05/ millennial-branding-student-employment-gap-study.

National Association of Colleges and Employers. (2012). *Job outlook 2012.*

National Association of State Directors of Career Technical Education Consortium. Plans of study. Available at: http://www.careertech.org/career-clusters/resources/plans.html.

NCES (National Center for Education Statistics). (2011). *The nation's report card: Science 2011* (NCES 2012-465). Washington, DC: National Center for Education Statistics, Institute of Education Sciences, U.S. Department of Education.

NRC (National Research Counal). (2002). *Learning and understanding: Improving advanced study of mathematics and science in U.S. high schools.* Washington, DC: The National Academies Press.

NRC. (2004). *The engineer of 2020: Visions of engineering in the new century.* Washington, D.C.: The National Academies Press.

NRC. (2005). *America's lab report: Investigations in high school science.* Washington, D.C.: The National

Academies Press.

NRC. (2007). *Taking science to school: Learning and teaching science in grades K-8.* Washington, DC: The National Academies Press.

NRC. (2009). *A new biology for the 21st century.* Washington, DC: The National Academies Press.

NRC. (2012a). *A framework for K-12 science education: Practices, crosscutting concepts, and core ideas.* Washington, DC: The National Academies Press.

NRC. (2012b). *Education for life and work: Developing transferable knowledge and skills in the 21st century.* Washington, DC: The National Academies Press.

NSF (National Science Foundation). (2012). *Overview.* Science and engineering indicators. Available at: http://www.nsf.gov/statistics/seind12/cO/cOi.htm.

OECD (Organisation for Economic Co-operation and Development). (2012a). Education at a glance 2012: OECD indicators, OECD Publishing. Available at: http://dx.doi.org/10.1787/eag-2012-en.

OECD. (2012b). Programme for International Student Assessment 2015 Scientific Literacy Assessment Framework.

Page, S. (2007). The difference: How the power of diversity creates better groups, firms, schools, and societies. Woodstock, England: Princeton University Press.

President's Council of Advisors on Science and Technology. (2012). *Engage to excel: Producing one million additional college graduates with degrees in science, technology, engineering, and mathematics.* Washington, D.C.: Office of Science, Technology, and Policy.

Redish, E. F., and Smith, K. A. (2008). Looking beyond content: Skill development for engineers. *Journal of Engineering Education* 97:295-307.

Sadler, P. M., and Tai, R. H. (2007). The two high-school pillars supporting college science. *Science* 317:457-458.

Schwartz, M. S., Sadler, P. M., Sonnert, G., and Tai, R. H. (2009). Depth vs breadth: How content coverage in high school science courses relates to later success in college science coursework. *Science Education* 93:798-826. doi: 10.1002/sce.20328.

Sharp, P. A., Cooney, C. L., Kastner, M. A., Lees, J., Sasisekharan, R., Yaffe, M. B., Bhatia, S., Jacks, T. E., Lauffenburger, D. A., Langer, R., Hammond, P. T., and Sur, M. (2011, January). *The third revolution: The convergence of the life sciences, physical sciences, and engineering.* White paper from MIT's Washington Office.

Sharp, P. A., and Langer, R. (2011). Promoting convergence in biomedical science. *Science* 333:527.

Shierholz, H., Sabadish, N., and Wething, H. (2012, May 3). The class of 2012: Labor market for young graduates remains grim. *Economic Policy Institute.* Available at: http://www.epi.org/publication/bp340-labor-market-young-graduates.

Stigler, J. W., and Hiebert, J. (1999). *The teaching gap: Best ideas from the world's teachers for improving education in the classroom.* New York: The Free Press.

Tai, R. H., Sadler, P. M., and Loehr, J. F. (2005). Factors influencing success in introductory college chemistry. *Journal of Research in Science Teaching* 42(9):987-1012.

Tai, R, H., Liu, C. Q., Maltese, A. V., and Fan, X. (2006). Planning early for careers in science. *Science* 312(5777):1143-1144.

von Secker, C. (2002). Effects of inquiry-based teacher practices on science excellence and equity. *Journal of Educational Research* 95(3):151-160.

The William and Flora Hewlett Foundation. (2010). *Education pro-gram strategic plan.* Available at: http://www.

hewlett.org/uploads/documents/Education_Strategic_Plan_2010.pdf.

Wilson, C., Taylor, J., Kowalski, S., and Carlson, J. (2010). The Relative effects and equity of inquiry-based and commonplace science teaching on students' knowledge, reasoning, and argumentation. *Journal of Research in Science Teaching* 47(3):276-301.

Woellert, L. (2012, July 25). Companies say 3 million unfilled positions in skill crisis: Jobs. Bloomberg. Available at: http://www.bloomberg. com/news/2012-07-25/companies-say-3-million-unfilled-positions-in-skill-crisis-jobs.html.

Wood, W. B. (2009). Revising the AP biology curriculum. *Science* 325:1627-1628.

Young, M., and Glanfield, K. (1998). Science in post-compulsory education: towards a framework for a curriculum of the future. *Studies in Science Education* 32:1-20.

附录 D
"所有标准，所有学生"

《新一代科学教育标准》诞生在教育在国家层面发生重大变化的历史时期。一方面，当教师看到学生的多元性在稳步增加时，全国学生的人口统计状况正在发生迅速变化。然而，科学和其他关键学术指标的成就差距在人口学子群中持续存在。另一方面，由《新一代科学教育标准》及涉及语言艺术、读写能力和数学的州共同核心标准（CCSS）引发的新标准浪潮使得国家的积极性正在显露。由于这些新标准有较高的认知要求，教师必须进行教学转换，使所有学生能为大学学习和职业生涯做好准备。

《新一代科学教育标准》建立在国家研究委员会近年来众多研究报告基础上，包括《把科学带入学校》（2007）、写给实践者的姊妹篇《准备，出发，科学》（2008）、《非正式环境中的科学学习》（2009），以及最重要的《框架》（2012）。这些报告一致强调当给学生提供公平的学习机会时，任何不同背景的学生都能够参与到在科学课堂和非正式学习环境中的科学实践和认知建构的过程中。

本附录有七个不同学生群体的研究案例，解释了在课堂上教师可以做什么以确保《新一代科学教育标准》可供所有学生使用，正如标题所言：所有标准，所有学生。成功应用科学与工程实践（构建解释、参与基于证据的论证）以及理解跨学科概念（模式、结构和功能）是如何超越一系列学科核心概念的（物质的结构和性质、地球物质和系统）需要所有学生的认知预期都有所增长。以往，这样的联系通常只针对"高级""天才"或"荣誉"学生。《新一代科学教育标准》旨在为所有学生，包括能够和应该超过《新一代科学教育标准》预期表现的学生提供一个基础。同时，《新一代科学教育标准》清楚地表明，这些增加的期望适用于那些传统上非常努力，甚至努力掌握上一代低认知要求标准的学生。本附录和案例研究的目标是证明《新一代科学教育标准》能扩展到所有学生。

在本附录和案例研究中，术语"主流"和"非主流"群体用于描述学生的多元性（Gutiérrez 和 Rogoff，2003）。主流群体不是指数量上占多数，而是指社会声望高和拥有制度化的特权群体。因为学生多元性在全国的校园里都有所增加，这样的情况更加常见。即使主流群体是少数，其学术背景的特权仍然存在。相比之下，教育系统对非主流群体有传统性的忽视。因此，"非主流"一词强调了对教育系统满足国家日益多元化的学生群体的学习需要的行动的呼吁。

本附录强调了以理论或概念《框架》为基础的实施战略的实用性和通用性。它由三部分组成：首先，对于传统科学课堂里有所忽视的学生群体，它讨论了《新一代科学教育标准》为他们提供的学习机会和挑战；其次，它描述了在课堂、学校、家庭和社区中实施《新一代科学教育标准》的有效战略；最后，通过解决不断变化的人口统计学、持续的成就差距和影响非主流学生群体的教育政策，为学生的多元性提供适宜的学习情境。

七个案例研究（可通过 www.nextgenscience.org 访问）说明了非主流学生群体在参与《新一代科学教育标准》时的科学教学和学习。下面是有助于理解这些案例研究目标的一些提醒。第一，案例研究不是用来规定科学教学的，而是用来说明对于不同学生群体的有效实施策略的例子或原型的。鉴于各种教育体制下学生的多元化非常广泛，教师和学校实施《新一代科学教育标准》时应满足当地特定学生群体的学习需求。第二，每个案例研究强调一个确定的群体（经济上处于不利地位的学生、英语学习者）。然而，在现实中，学生可以属于多种类型的群体（来自经济上处于不利背景的种族和少数族裔的英语学习者）。第三，由于每个群体中的学生之间存在很大差异，必须避免基于群体标注的"贴标签"。例如，英语学习者组成一个群体，而该群体在种族背景、母语和英语的熟练水平、社会经济地位、移民史、以前学校的质量、家长教育背景等方面存在差异。

在确定学生多样性时，依据 2001 年"不让一个孩子掉队法案"（NCLB）和中小学教育法的第 1111（b）(2)(C)(v) 节，案例研究中确定了四个责任群体：

- 经济困难学生。
- 来自主要种族和族裔的学生。
- 残障学生。
- 英语水平有限的学生。

此外，通过增加三个群体来扩展学生的多元性：

- 女孩。
- 替代教育项目的学生。
- 有天赋的学生。

七个案例研究中的每个都包括与本章并行的三个部分。每个案例研究都从一个科学教学的图景开始，说明与《新一代科学教育标准》和州共同核心标准有关的学习机会和有效教学策略的使用。该图景重点强调教师可以做什么以成功地让学生参与到《新一代科学教育标准》的学习中。然后，每个案例研究都针对关注的学生群体的有效教学策略提供了简要的研究综述。每个案例研究都结束于所针对学生群体的统计资料、科学学业成就和教育政策。研究的资讯在很大程度上依赖广泛解决学生多样性的政府报告，包括中小学教育法、美国人口普查、国家教育统计中心（包括教育进步的国家评估）和共同核心的数据。这些资讯也来自涉及特定学生群体的政府报告，如在替代教育项目中的学生或有天赋的学生。

案例研究由《新一代科学教育标准》多元化和公平性团队的成员撰写，专门针对特定的学生群体。在研究工作中，许多成员在他们自己的科学教学中试点《新一代科学教育标准》。案例研究代表不同年级的科学学科：

- 经济困难学生——9 年级化学。
- 来自主要种族和族裔的学生——8 年级生命科学。

- 残障学生——6年级空间科学。
- 英语水平有限的学生——2年级地球科学。
- 女孩——3年级工程。
- 替代教育项目中的学生——10年级和11年级化学。
- 有天赋的学生——4年级生命科学。

总的来说，本附录和七个研究案例以下述几种方式做出贡献。第一，他们专注于学生多元性和公平性的问题，特别是《新一代科学教育标准》向所有学生尤其是非主流学生群体提供学习机会和挑战。第二，它们的目的在于教育政策，因为通过《新一代科学教育标准》和州共同核心标准，他们将促成新兴的国家举措。第三，它们的目的在于课堂实践，因为案例研究由《新一代科学教育标准》多元性和公平性团队的成员撰写，他们自己就是与不同学生群体合作的教师。第四，他们强调在有关七种学生群体在科学教育中的多元性和公平性的研究综述中的主要发现。这一点是值得注意的，因为每个学生群体的研究都倾向独立于其他学生。第五，对于每个学生群体，案例研究提供了人口学资料、科学成就和教育政策方面的背景研究。

《新一代科学教育标准》：非主流学生群体的学习机会和需求

《新一代科学教育标准》通过将科学与工程学实践同贯穿K—12年级的学科核心理念和跨学科概念相结合，提供了严谨的科学教育标准的清晰愿景。此外，《新一代科学教育标准》与英语语言艺术、读写能力及数学的州共同核心标准建立了关联。对于传统上在科学教育中存在不足的学生群体，《新一代科学教育标准》提供了学习机会和挑战。下面将讨论主要的考虑因素，而不是列出一大堆机会和挑战。此外，针对经济处于不利地位的学生、种族或少数族裔的学生、残障学生、英语学习者、女孩、替代教育项目中的学生，以及有天赋的学生的7个案例研究中阐述了学习机会和挑战。

1. 《新一代科学教育标准》与州共同核心标准（英语语言艺术和数学）

《新一代科学教育标准》在学校课程之间建立联系。例如，学生理解跨学科概念中的"模式"，不仅跨越科学领域的各门学科，而且跨越语言、数学、社会等其他主要学科。同样，跨学科概念中的"因果关系"可用于解释地球科学中的现象，也可用于检查文学中的人物个性或情节发展。因此，学生通过在学校课程中重复和对比的经验掌握跨学科概念。

对课堂论述的要求和规范在所有科学学科之间，甚至在所有主要领域是共享的。图附录D-1中突出显示了英语语言艺术、读写能力、数学州共同核心标准和《新一代科学教育标准》在学科实践方面的融合。例如，学生应该通过参与基于证据的论证；建构解释；获取、评估和交流信息；并通过三个主要领域内容丰富的文本来建立知识基础。这种趋同特别有利于来自非主流群体的学生，因为在包括科学的一些科目中，往往缺乏指导这些学生发展读写能力和计算能力的教学时间。

数学

M1. 了解问题的意义，坚持解决问题
M6. 关注精确度
M7. 寻找和利用结构
M8. 在反复的推理中寻找并表达规律

科学

S1. 提出问题和定义问题
S3. 计划和开展研究
S4. 分析和解读数据

S2. 开发和使用模型
M4. 用数学建模

S5. 使用数学和计算思维

E2. 通过内容丰富的文本建立一个强大的知识基础

E5. 基于证据阅读、写作和表达
M2. 抽象地和定量地推理
M3 和 E4. 建构可行的论据和评论他人的推理
S7. 参与基于证据的论证

S6. 建构解释，设计解决方案
S8. 获取、评估和交流信息
E3. 根据任务和目的清晰有效地获取、综合和报告研究结果

M5. 策略性使用适当的工具
E6. 策略性和可行性地使用技术和数字媒体

E1. 展示能独立地阅读复杂文本、写作和谈论它们

E7. 通过阅读、听力和写作来了解其他观点和文化

英语语言艺术

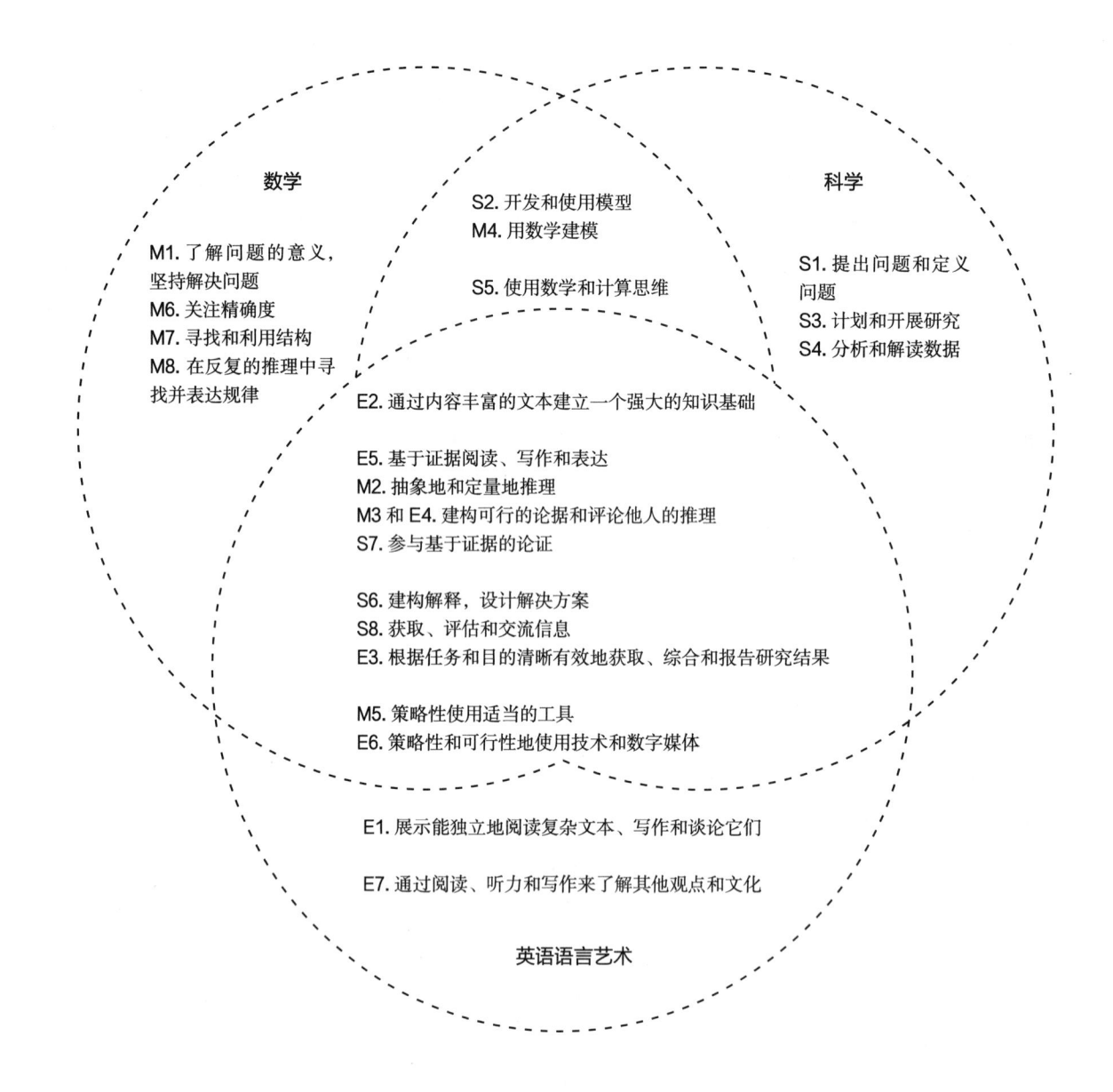

附录 D- 图 1　数学 CCSS（实践）、英语语言艺术、读写能力 CCSS（学生描述）和《框架》（科学和工程实践）中发现的关系和趋同

注：每个短语前面的字母和数字表示内容标准指定的学科和代码。《框架》被用于指导《新一代科学教育标准》的发展。

来源：我们感谢蒂娜·卓（Tina Cheuk）将图附录 D-1 作为斯坦福大学理解语言计划的一部分（ell.stanford.edu）。

主题领域的整合加强了所有学生的科学学习，特别是传统上被忽视的学生。在当前由阅读和数学主导的政策环境中，科学往往不被重视。这起因于低绩效学校（包括但不限于英语学习者和识字发展有限的学校）的学生基本识字和计算能力的迫切需求。因此，跨学科领域教学时间的分配和利用将使这些学生受益。此外，学科核心概念、实践和跨学科概念的融合提供了多个切入点，以建立和加深学生的理解。

当英语学习者参与《新一代科学教育标准》同时参与《州共同核心标准》的语言、读写

和数学的学习时，将出现新的举措，以确定学习者的语言需求和学习机会。例如，理解语言倡议（ell.stanford.edu）旨在提高教育者对语言在《州共同核心标准》和《新一代科学教育标准》中的关键作用的认识。其长期目标是帮助教育者理解：如果不特别关注每个学科领域固有的语言要求，就不可能实现新的标准。该倡议旨在通过引起教学实践关键方面的注意，并通过在州和地方一级提倡必要的政策支持来改善英语学习者的学术成果。

2. 包括工程

将工程学与科学一起纳入《新一代科学教育标准》对非主流学生群体有重大影响。

首先，从认识论的角度看，《新一代科学教育标准》重新诠释了认识论和科学史的传统观点。如《全体美国人的科学》指出：

> 本章建议重点关注西方文化中的科学、数学和技术的发展，而不是关于这种发展是如何从早期的埃及、中国、希腊和阿拉伯文化中汲取的。这本书中涉及的科学在很大程度上是在过去500年中发生在欧洲的思想传统的一部分——这是当今来自不同文化人群的贡献。（AAAS，1989，P136）

当时，虽然《全体美国人的科学》的目标是有远见的，但是在西方科学方面，对科学的定义忽略了其他文化的历史贡献，这使其提出了一个有限或扭曲的科学观点。《新一代科学教育标准》通过强调工程，承认历史上其他文化的贡献。它（重新）定义了科学的认识论或什么是科学，反过来，也定义或者说确定了学校科学课程。

其次，从教学的角度看，工程学有潜力包容那些在科学课堂上被边缘化的、不认为科学与他们的生活或未来相关的学生。通过解决当地工程情境中的问题（园艺、改善空气质量、清洁社区中的水污染），学生获得科学知识、认识到科学与他们的生活和未来相关、并通过与社会相关和有变化的方式参与科学实践（Rodriguez 和 Berryman，2002）。

最后，从全球角度看，工程在K—12年级水平上提供了"创新"和"创造力"的机会。工程领域的创新至关重要，工程活动（机器人和发明竞赛）可能激发学生对科学、技术、工程、数学或未来职业进行研究的兴趣（NSF，2010）。虽然目前很少有在大学阶段之前接触工程学的情况（NAE 和 NRC，2009），但是《新一代科学教育标准》在大学之前揭示工程学不再是罕见的，而是必然的。这个机会对传统上没有认识到科学与他们的生活或未来相关的学生及来自全世界的多种语言和文化的学生特别重要。

3. 专注于实践

人们描述学生参与科学活动的方式随着时间的推移而演变。传统上，诸如"动手"和"用心"之类的术语用于描述学生如何参与科学活动。之后，《国家科学教育标准》（NRC，1996，2000）强调"科学探究"作为科学教学和学习的核心，通过这些学生"发展对科学概念的认知、理解，以及理解科学家如何研究自然世界"（P23）。在《新一代科学教育标准》中，"基于探究的科学"通过明确定义的一套八个科学与工程实践得到改进和深化，这对非主流学生群体有重大影响（Lee等人，2013，Quinn等人，2012）。

参与任何科学与工程实践都涉及科学感知和语言使用（附录D-图1）。学生通过参与这些科学实践过程，使他们对世界的理解从朴素概念转向更为科学的概念。这些实践也是语言密集型的，要求学生参加课堂中的科学论述。学生在开发模型和构建解释时必须阅读、写作和进行可视化的表达。当他们提出自己的想法或与他人进行合理的辩论时，他们发言、倾听以改进想法和达成共识。

这些科学与工程实践为他们的语言学习提供了丰富的机会和需求，同时支持所有学生，特别是英语学习者、语言处理困难的学生、识字发展有限的学生及只会说社会或地区变体英语（非标准英语）的学生。提供适当的支持时，这些学生能够通过他们新兴的语言学习科学，通过理解和执行复杂的语言功能（参与基于证据的论证、构建解释、开发模型）来使用不完美的英语。通过参与这样的实践，使学生对科学的理解和使用语言的熟练程度（通过语言做更多事情的能力）同时发展。

4. 跨学科概念

跨学科概念是所有科学学科中首要的科学主题。这些主题为新的学科核心概念提供了情境，使学生能够"培养对科学和工程的累积、一致和可用的理解"（NRC，2012，P83）。因此，跨学科概念在工程与物质科学、生命科学、地球与空间科学之间搭建桥梁，且增长了K—12年级阶段各个学科之间的严谨性。尽管在《全体美国人的科学》中使用"共同主题"，在《国家科学教育标准》中使用"统一的概念和过程"，《新一代科学教育标准》使用"跨学科概念"，将其作为科学学习的三个维度之一放在前列。

跨学科概念提供了将学科核心思想概念化的框架。通过这种做法，学生认为科学学习不是记忆孤立或不连贯的事实，而是综合和相互关联的概念。这是对科学的基本理解，通常被暗示为学生在"天才""荣誉"或"高级"计划中的背景知识。通过《新一代科学教育标准》，跨学科概念的明确教学使大多数来自非主流群体的拥有较少特权的学生，能在跨越科学学科的大概念之间建立联系。这可能会为那些没有机会接触这些的学生带来公平的竞争环境。

有效策略的实施

为使《新一代科学教育标准》适用于所有学生，有效策略的实施可以充分利用学习机会，同时了解《新一代科学教育标准》对非主流学生群体的要求，如上一节所述。不幸的是，现有的研究文献并没有根据《新一代科学教育标准》中预想的对科学与工程实践、跨学科概念和学科核心概念的掌握，来设计学生的预期表现。此外，对非主流学生群体的研究也是孤立的。例如，关于种族或少数族裔的研究、对英语学习者的研究、对残障学生的研究及对性别的研究都包括明显的传统研究（对于科学课堂中非主流群体的有效策略，参见2013年《理论实践》中的特殊论题；关于课堂策略和政策问题的讨论，参见李和巴克斯顿 2010 年的研究文献）。

在这些不同的研究领域似乎有一个共同的主题。李和巴克斯顿（2010）在描述非主流学生群体的"公平学习机会"时强调了以下主题：①重视和尊重所有学生从自身背景（家庭或社区）带来的经验；②用学科知识阐述学生的背景知识（文化或语言知识）；③提供足够的学校资源来支持学生学习。

首先，要珍惜和尊重所有学生从自身背景中获得的经验，重要的是使多元化显而易见。在这一过程中，家庭/社区与课堂/学校之间存在联系和分离。有影响力的教师了解不同学生群体间的分离是如何变化的，以及如何利用它们之间的联系。这些教师在不同学生的背景知识和经验与科学知识和实践之间搭建起了桥梁。

其次，为了用学科知识阐述学生的背景知识，重要的是利用"知识基金"（González 等人，2005）。知识基金是基于文化的理解和随着时间的推移在家庭和邻里环境中发展起来的能力，且家庭和社区中包含的社会和智力资源可以作为学术学习的资源。有影响力的教师能通过提问引发学生与科学课题相关的知识基金。他们还以有学术意义和文化相关的方式使用文化产品和社区资源。

最后，学校资源是学校组织教学和学习环境的基本要素。支持学生学习的学校资源包括物质资源、人力资源（或资本）和社会资源（或资本）。学校资源可能会对传统上缺乏科学教育的非主流学生的学习机会产生更大的影响。在非主流学生居住的学校和教室，资源往往很少，迫使为一些领域（阅读和数学）分配有限的资源，而不是其他领域（科学和其他无须测试的学科）。

以下，这些主题被描述为与课堂策略、家庭和社区关系及学校资源相关，所有这些都可以使非主流学生群体参与《新一代科学教育标准》。

1. 有效的课堂策略

下面总结了研究文献中针对每个非主流群体的有效课堂策略的主要特点。各个领域的研究作为一个独立的知识体系发展，策略的描述是为每个群体单独提供的。然而，值得注意的是，虽然某些策略对于特定群体来说是独一无二的（使用英语学习者的母语、适用于残障学生的调节或修改），但其他策略广泛适用于所有学生（多种表达模式）。这七个案例研究中都有更详细的描述，包括中小学教育法（ESEA）中定义的四个责任群体和另外三个群体。虽然《新一代科学教育标准》提倡的有效科学教学以现有的研究文献为基础，但同时也将激发出新的研究方向，以实现标准对所有学生提出的愿景。

经济困难学生。支持经济困难学生的策略包括：①将科学教育与学生"地位"意识中的物质、历史和社会文化层面联系起来；②应用学生的知识基金和文化实践；③利用基于项目的学习作为与科学联系的一种方式；④为科学教学提供学校资源和资金。

主要种族和族裔的学生。对于来自主要种族和族裔的学生，有效的策略分为以下几类：①文化相关的教学法；②社区参与和社会行动主义；③多重表达和多模式经验；④学校支持系统，包括角色模型及有类似种族或族裔背景的导师。

残障学生。残障学生拥有个性化教育计划（IEP），这一计划具体到每个人，要求教师必须提供支持学生在正规课堂中的学习调节和修改。根据定义，"调节"可以让学生围绕他们与同龄人相同的表现预期克服或解决残障问题，而"修改"通常会改变特定学生的课程或预期表现。普通教育教师在课堂上广泛使用两种调节和修改的方法：差异化教学和通用教学设计。

英语水平有限的学生。研究文献指出教师可以支持英语学习者的科学和语言学习的五个方面：①所有学生的读写能力策略；②英语学习者的语言支持策略；③与英语学习者交流的策略；④家庭语言支持；⑤家庭文化联系。

女孩。研究文献指出，学校可以对女孩与科学与工程的成就、信心和亲和力造成积极影响的三个主要领域：①提高女孩科学成就和继续学习科学意图的教学策略；②通过促进科学中成功女性的形象，提高女孩的成就感和对科学的信心；③课堂和学校的组织结构使女孩在科学上受益（课后俱乐部、夏令营和导师计划）。

替代教育项目的学生。研究文献重点关注全校范围内促进出勤率和高中毕业率的办法。综合考虑的具体因素与辍学前与学校的疏离程度相对应。公立的替代学校采取以下策略来抵制这些因素，增强学生的参与度：①结构化的课外机会；②家庭延伸；③生活技能训练；④安全的学习环境；⑤个性化学术的支持。

有天赋的学生。这些学生可能具有兴趣强烈、学习速度快、动机和承诺、好奇心和有技巧的提问等特点。教师可以采用有效的差异化策略，在四个方面促进有天赋的学生学习科学：①快节奏；②挑战水平（包括内容差异化）；③自我发展机会；④分组策略。

2. 家庭和社区与学校科学学习的联系

虽然长期以来，建立家庭与学校联系对于非主流学生群体的学业成功至关重要一直是社会的共识，但实际上这一点很少被有效地实施。家长和家庭成员都希望孩子既保持文化和语言实践的传统，又要充分参与主流的学校文化，这两者互相拉锯。学校面临的挑战是学校科学实践与非主流学生群体的家庭、社区实践之间在感知上的分离。传统上，有关家校联系的研究着眼于非主流学生群体的家庭和家庭环境如何达到主流群体的期望和实践。与占主导地位的同行相比，结果被解释为学生家庭和家庭环境的赤字。相比之下，最近的研究已经确定了非主流学生群体的家庭和家庭环境中的资源和优势（Calabrese Barton 等人，2004）。学生将科学课堂的"知识基金"从他们家庭和社区的知识资源中提取出来，可以作为学术学习的资源，教师应该明白并找到激活这一先前知识的方法（González 等人，2005）。无论学校是否认识到，科学学习都建立在发生于日常生活情境中的任务和活动上。

通过《新一代科学教育标准》，学生可以通过将学校科学与他们在家庭和社区情境下的校外经验相联系，参与到科学与工程实践、跨学科概念和学科核心概念的学习中去。建立家庭/社区与学校科学之间联系的几种方法包括：①鼓励家长担任科学学习的合作伙伴，增加家长进入子女科学课堂的机会；②让学生界定问题，并在他们的社区项目中设计解决方案（通常是工程）；③在非正式环境中关注科学学习。

家长参与学校科学。应该为支持和鼓励家长为促进科学课堂中非主流学生群体的积极参与做出努力。兄弟姐妹和同龄人可以作为学术成就的榜样。没有科学学术背景的家长，通过对学业成功和高等教育抱有很高的期望，仍然可以成为儿童科学教育的合作伙伴。教师可以与家长建立伙伴关系、促进对话、征求家庭作业的帮助和要求他们出席学校科学活动。

为了促进家长参与学校科学活动，学校可以发挥作用来满足家长对学校的需求并消除障碍。学校可能需要单独邀请支持水平低的家庭进行与科学有关的实地考察，确保适应他们特定的顾虑（育儿、翻译、交通）以便父母能够参加。教师可以留家庭作业，邀请孩子和家长共同参与和共同完成任务（观察月相变化，记录日常家庭用水量）。与科学内容相关的非评估性调查可以产生能连接家庭和学校的课堂讨论。家庭作业可以鼓励亲子对话，增加家长和学生的兴趣，并为科学学习征求家庭语言的支持。

非主流背景的父母在认为学校反映其价值观时感到很高兴，反过来，这些家长最有可能与学校合作。例如，一个专注于非裔美国人成就的科学营的父母参与度很高，因为它的目标突出了与非裔美国人的身份和文化相关的问题（Simpson 和 Parsons，2008）。教师也可以通过将校内和暑期学校的课题与家庭和社区重要的价值相关联来提高家长的参与度。

学生在社区环境中参与学校科学学习。涉及社区的策略强调了将学校科学课程与学生的生活及其所在社区联系起来的重要性。通过这些联系，传统上与科学疏远的学生认识到科学与他们的生活和未来相关，从而加深对他们科学概念的理解，并考虑从事科学事业。

社区环境中的科学学习可能采取不同的方法。

首先，正规和非正规教育专家都强调了学生所在的社区与科学之间的联系。有效的方法包括进行户外探索（鸟类调查、天气日志）和分析当地的自然资源（附近的地形地貌、土壤组成等）。

其次，科学教育的社区环境利用社区资源和"知识基金"，使科学在不同学生群体中更具文化、语言和社会相关性（González 等人，2005）。例如，在学生调查学校附近一条河流的污染时，教师可以招募社区成员来协助高年级的课程，从而获得社区资源。通过把街区和社区带入科学课堂，学生就会发现，科学不仅适用于课堂上的事件，而且扩展到他们在家中体验到的东西及他们在社区观察到的东西。

最后，"基于地方"的科学教育与文化相关的教育学是一致的（Ladson-Billings，1995）。通过社会活动，学生发展出对社会不平等、特别是社区中存在的不平等现象的批判意识。当年轻人发现科学教育让他们被授权和有改革能力时，他们可能会更加投入并进一步调查他们正在学习什么，而不是抵制学习科学。因此，我们应该重新调整学校科学的概念，使学生的生活经验和身份发挥更重要的作用。

非正式环境中的科学学习。非正式环境中的科学学习（博物馆、自然中心、动物园等）有可能扩大非主流群体学生对科学和工程的参与度。非正式的环境也可能包括传统上被学校系统承认的非正式机构的学习机会（社区花园、林地、露营地）。然而，非正式机构在接触和服务非主流群体方面时面临挑战，具体反映在低考勤模式。虽然关于如何构建科学学习机会以更好地为非正式环境中的非主流群体服务的研究很少，但两个有希望的见解和做法是显而易见的（NRC，2009）。

一是应该考虑到特定文化团体和社区的兴趣和关注点，制定和实施科学学习的非正式环境。项目目标应由教育工作者和被服务的社区和文化团体相互决定。制定有助于学习者以个人有意义的方式识别科学的策略也很重要。熟悉和安全的社区接触对于吸引家庭进行科学探索和对话，甚至在更基础的层面帮助非主流团体将博物馆视为家庭活动的有价值目的地，都至关重要。

二是环境应该以明确的方式制定出参与者的文化习俗，包括日常用语、语言实践和文化体验。如在有设计的博物馆环境中，通过双语或多语言标签可以访问特定的内容，并促进参与者之间的对话和建构认识。发展对等网络对于促进非主流群体的持续参与可能尤为重要。为家庭提供设计的空间应考虑大家庭的考察。不同文化团体的成员可以在制定和执行计划方面发挥关键作用，如担任设计师、顾问、一线教育者和评估人员。

3. 为了科学教学的学校资源

支持学生学习的学校资源通常分为三类（Gamoran 等人，2003；Penuel 等人，2009）。第一，物质资源包括教学时间、专业发展及教师之间的协作。物质资源还包括学校人员的课程材料、设备、用品及与教学和学习有关的其他用途支出。第二，人力资本包括可能成为组织中可用资源库存的一部分的个人知识、技能和专长。在学校，人力资本涉及教师的知识，包括内容知识、教学法知识、教育教学知识及校长领导力。第三，社会资本涉及群体或组织中的个体之间的关系，包括信任、合作、共同价值观、共同责任感、义务感和集体决策等规范。

学校资源可能对非主流群体学生的学习机会产生更大的影响。这是因为主流群体的学生更有可能获得其他的学习支持，如学校的设备更好，家中的物质资源更丰富和受过良好教育的家长。相比之下，非主流群体学生的学业成绩更依赖学校环境的质量，但这些学生不太可能获得高质量的学习环境。因此，资源不公是一个中心问题。《新一代科学教育标准》为重新统筹学校资源配置和利用提供了机遇和挑战。

物质资源。比起同样被认为是基本技能的语言和数学学科，科学学科的教学时间（物质资源形式的一种）要少得多。特别是由于发展基础读写能力和算术的紧迫性，低绩效学校的科学教学往往受到限制和严格的管理。此外，根据问责制政策的要求，学校将时间和精力投入到考核语言和数学，为科学留下的时间很有限。

《新一代科学教育标准》利用与英语语言艺术、读写能力和州共同核心标准（数学）的协同作用，三个主题领域的标准共同转变，以聚焦于跨越 K—12 年级的一致性建立的核心概念和实践。《新一代科学教育标准》中的科学和工程实践（参与基于证据的论证）与州共同核心标准的英语语言艺术和数学有共同点（附录 D-图 1）。此外，州共同核心标准中的读写能力需要来自包括科学在内的各个领域的强大内容知识、信息文本和跨主题的复杂文本。以类似的方式，《新一代科学教育标准》与州共同核心标准链接起来。这种协同作用有助于有效地利用英语语言、数学和科学的教学时间。

人力资本。虽然所有学生都应该有高素质的教师，但服务非主流群体学生的学校需要最有效的教师来使学生克服成就差距（Marx 和 Harris，2006 年）。《新一代科学教育标准》要求具有学科核心概念、科学与工程实践及跨学科概念知识的科学教师。对于非主流群体学生，当其参与《新一代科学教育标准》的学习时，教师还应该能够将科学与学生的家庭及社区经验联系起来。对于非主流群体学生更集中的城市或低绩效学校，这样的期望对教师的职前和职后发展提出了机遇和挑战。

《新一代科学教育标准》是建立在跨年级学习进程的连续性上的。对于高度流动性或短暂性的学生意味着机遇和挑战。一方面，全国范围实施《新一代科学教育标准》可以为这些学生在国家、地区和学校之间提供一致的标准。另一方面，这种假设可能会阻碍新移民学生追赶的能力，因为他们无法从多年的共同经验中获得借鉴。同样，由于无家可归或其他流动性原因而错过学校的学生可能很难填补理解的空白。

社会资本。城市或低绩效学校的条件不利于以信任、合作和高度期待的方式共同建设社会资源。城市设施建设面临的挑战包括过度拥挤、管理问题及与学生家庭贫困状况有关的情绪问题。

《新一代科学教育标准》加强了不同专业教师和传统合作形式以外学科领域合作的需要。科学教师需要与特殊教育教师和英语语言学习者的教师合作，以促进学生对科学的深入了解。此外，科学、数学和英语语言教师需要共同努力，以解决这些学科领域间意义重大的机会和需求。最后，合作需要整个学校人员，包括教师、行政人员、辅导员等一起投入其中。学校人员利用和发展社会资本是所有学生、特别是非主流群体学生有效实施《新一代科学教育标准》的关键。

背 景

要让所有学生参与《新一代科学教育标准》学习，重要的是要了解影响不同学生群体学习的背景。本节简要介绍影响非主流群体学生的学生人口统计学资料、科学成就和教育政策。在经济上处于不利地位的学生、种族或少数族裔学生、残障学生、英语学习者、女孩、替代教育项目的学生及有天赋的学生方面，上述七个案例研究中都提供了更多细节。

1. 学生人口统计学资料

美国的学生群体越来越多样化。

经济上处于不利地位的学生。美国人口调查局的美国社区调查报告总结了贫困数据（美国人口普查局，2012年）。总体来说，美国21.6%的儿童生活贫困，是2001年开始贫困调查以来最高的贫困率。黑人的贫困率为38.2%、西班牙裔贫困率为32.3%、白人为17.0%、亚洲人为13.0%。根据《共同核心数据》的报告，48%的学生在2010—2011年有资格获得免费或降价午餐。与郊区、城镇和农村相比，更多的贫困学生生活在城市。

主要种族或少数族裔学生。美国学生人数越来越多，种族和少数族裔学生也越来越多。根据2010年的美国人口普查，美国36%的人口为种族和少数族裔，其中包括16%的西班牙裔、13%的黑人、5%的亚洲人和1%的美洲印第安人或阿拉斯加人（2012年美国人口普查局）。

2010年，19岁以下学龄人口中，45%是少数族裔。据预测，2022年将成为少数族裔在学龄人口占比的转折点。

残障学生。根据《残障人教育法》（IDEA），接受特殊教育服务的儿童和青少年（3—21岁）人数在1980—2005年由410万人增长到670万人。从教育统计的角度看，从入学人数的10%上升到14%［国家教育统计中心（NCES），2011］。到2009年，这一数字下降到650万人，占比13%。

英语水平有限的学生。超过1/5的学生（21%）在家中使用非英语语言，英语水平有限（LEP）的学生（联邦定义）比1993年的5%增加了一倍以上，2007年达到11%。这11%的LEP学生不包括那些由于年龄较小而英语水平有限，但现在被认为精通英语的学生。

替代教育项目的学生。报告学生在替代教育中的人口统计学是困难的，因为全国的定义存在很大的不一致性。专门针对辍学预防的公立学校的学生中，很大一部分是经济上处于不利地位的学生、种族和少数族裔及英语学习者（NCES，2012）。

有天赋的学生。报告有天赋的学生的人口统计学很难，因为在定义、评估和确定这些学生方面存在广泛的不一致性。全国有资格的天才儿童协会（NAGC，2012）将资优定义为"在一个或多个领域表现出优异的天资或能力的人"，并估计这一定义描述了K—12年级所有学生中的约300万人，占比6%。

关于学生多元性提出几点注意事项。

首先，每个人口分组不是一个同质或单一的群体，群体成员之间存在很大差异。例如，残障类别包括具体的学习障碍、言语和语言障碍、其他健康障碍、智力障碍、情绪障碍、发育迟缓、自闭症、多发性运动障碍、听力障碍、视力障碍、矫形障碍、聋哑和创伤性脑伤害。这些类别可归类为认知、情感和身体运动障碍。群体成员之间的这种差异性提醒精细化是可以避免的。

其次，非主流学生群体之间存在较大的重叠性。例如，大多数英语学习者是种族或少数族裔。此外，60%的经济上处于不利地位的学生，包括住在城市里的大量种族或少数族裔和英语水平有限的学生（NCES，2012）。因此，这些学生在实现学业成功方面面临着多重挑战。

最后，具体的学生群体在教育计划中的有代表性的数量过多或过少。例如，女性在工程和物理学方面的代表性不足（NSF，2012）。种族或少数族裔学生，经济上处于不利地位的学生、英语水平有限的学生在有天赋的学生计划中有代表性的数量过少，而在特殊教育计划中则占比过高（Harry和Klingner，2006）。

2. 科学成就

虽然美国的学生群体变得越来越多样化，但人口分组中仍然存在科学成就的差距。国际和国家科学评估结果表明，需要采取双管齐下的方法来提高学生科学成就。成绩差距必须在学生的人口学小组之间消除，同时，所有学生的科学成就都应该提高。在《准备下一代STEM创新者》的报告中，国家科学委员会指出："在美国，提升低绩效、有风险群体的成就，同时为未来的创新者提高成就的上限，这应该是可能的，甚至是至关重要的。"（NSF，2010，P16）

根据国际数学和科学学习趋势评测（TIMSS）和国际学生评估项目（PISA）的测量，美国学生在国际科学成就的比较中没有有利的排名。尽管自1995年实施新行政管理后，美国4年级和8年级学生的TIMSS科学成绩于2007年首次呈现出积极的趋势，但15岁学生的PISA测试结果并没有证实TIMSS指出的趋势。在以有意义的方式应用科学（运用科学证据、识别科学问题和解释科学现象等）这一PISA测试内容上，美国学生的排名在国际排名的后半部分，在实施行政管理的2000—2009年，这一成绩并没有显著改善。

在国家一级，国家教育进展评估（NAEP）为美国学生的科学表现提供了数据。仅就最近的NAEP科学评估，即1996年、2000年、2005年、2009年和2011年的评估而言，4年级、8年级和12年级学生的人口学小组中的成就差距依然存在。评估结果按家庭收入水平（根据国家学校午餐计划）、种族或族裔、残障学生、英语水平有限的学生、性别和学校类型（公立或私立）的分类进行报告。值得注意的是，这些人口学小组代表了中小学教育法（ESEA）中定义的问责制组织。

NAEP中科学的框架涉及3个领域（物理科学、生命科学和地球与空间科学）和4项科学实践（确定科学原理、使用科学原理、使用科学探究和使用技术设计）。与《新一代科学教育标准》有关的2个发展值得注意。一是，2009年NAEP科学评估包括交互式计算机和实践任务，以衡量学生能否推理复杂的问题和将科学应用于现实生活中。这种方法可以为评估《新一代科学教育标准》的科学与工程实践铺平道路。二是，首个NAEP技术和工程素养评估（TELA）目前正在开发中。计划于2014年进行的初步评估将是一个针对即时特定问题或主题的较小规模的评估，该方法可用于《新一代科学教育标准》的工程评估。

对科学成就差距的明确理解应考虑到如何衡量和报告这些差距在某些方法上的局限性。科学成就通常通过对国家和国际学生样本进行标准化测试来衡量。这些措施的优点在于它们可以访问允许使用强大统计分析的大型数据库，但这些措施也有局限性。

首先，标准化测试仅提供人口变量与科学成就相关的总体情况。例如，"西班牙裔"可能被视为种族或种族的单一类别，掩盖了墨西哥美国人、波多黎各人和古巴美国人之间潜在的重要性能差异。同样地，残障学生群体是通用的，指通常有个性化学习项目的学生，包括学习障碍（LD）或情感障碍（ED）。因此，成就数据通常集中在非常不同的运动障碍中。这种过度概括阻碍了对成就差距的更加细微的理解，从而限制旨在减少这些差距的教育干预措施的潜在有效性。

其次，标准化测试有可能加强某些人口群体的积极和消极的刻板印象（Rodriguez, 1998）。例如，亚裔美国学生在数学和科学方面表现优异的"少数族裔"模式，很可能得到亚洲种族种类的广泛测试数据的支持。然而，这样的结果掩盖了这一群体的巨大差距，例如，东南亚难民，他们的家庭或社区的读写能力有限。如果教师假定他们"自然地"学习科学和数学非常容易，那么这些学生的需求不太可能以平等的方式被满足。相比之下，高素质的西班牙裔美国学生或非裔美国学生可能会被低估或处于不利地位，他们的老师或辅导员可能会低估他们的成绩并降低对他们学术成功的期望。

最后，标准化测试不分析或报告人口统计变量之间的相互作用。例如，由于种族/少数族裔学生在免费或降价午餐计划中有代表性的数量不成比例，种族/族裔与社会经济地位之间的科学成就差距是混乱的。类似地，种族/族裔和性别之间的科学成就差距也是混乱的。

3. 教育政策

2001年通过的"NCLB法案"（重新授权的ESEA）迎来了高风险测试和问责制政策的新时代。地区和学校每年要实现足够高的成就水平，被称为年度进展（AYP）。教育法案（NCLB）背后的理论认为，国家、地区和学校将分配资源以最有利于实现年度进展。关于资源和做法的决定主要取决于国家评估的考试成绩。

尽管教育法案常与问责制相关联，但教育法案的第二个属性也是关注的焦点。欧洲经济委员会规定，每个国家的报告按照人口学小组分列。对年度进展的分类报告导致了潜在的理想结果：①每个群体都被公开监督，以检查其成就和进展情况；②资源分配给这些群体，以加强他们达到年度进展的可能性；③如果在接受法案第一章资助的学校中这些群体不符合年度进展，则通过补充教育服务（辅导）和转入另一所公立学校的权利，为学生提供额外的学术帮助。学校、地区和各州不能掩盖历史表现不佳的人口群体，因为ESEA强制各州公开监督这些群体并对其表现负责。然而，不利的一面在于，对高风险测试的关注并不一定会改善教学。事实上，逐渐强调测试可能会降低学术上严格的学习机会，这些学习机会往往缺少某些人口学群体的学生。同样，为了充分满足这些学生的需要，唤起了更多的对学校失败的公众关注，这很难确保这些学生会接受更有吸引力、更具智慧的挑战，更多的文化或社会相关的教学。

虽然ESEA要求报告阅读、数学还有科学的年度进展，但在科学方面，ESEA只要求在2007—2008年，每个州对3—5年级、6—9年级和10—12年级的科学评估进行至少一次管理和报告。然而，由各州决定是否在国家责任制度或年度进展报告中纳入高风险科学测试。虽然科学责任政策对所有学生都有影响，但对于传统上在教育系统中服务不足的学生群体来说，影响要大得多。除了适用于所有学生的联邦和州政策，具体政策将适用于特定的学生群体。根据ESEA：

- 法案第一章是最大的联合资助教育计划，旨在"提高弱势群体的学业成就"，以满足"我们国家最贫困学校中低成就儿童的教育需求"，包括英语水平有限儿童、移民儿童、运动障碍儿童、印第安儿童、被忽视或未成年子女及需要阅读帮助的幼儿。
- 第一章H部分指出，辍学预防法旨在"通过提供赠款来预防辍学、再入学和提高学业成绩水平。①挑战所有儿童达到最高的学术潜力；②确保所有学生有充分而持续的机会，通过在学校辍学预防和再入学项目中有效的学校课程获得最高的学术潜力"。
- 第三章涉及"英语水平有限学生和移民学生的语言教学"。
- 第七章是专门为"印第安人、夏威夷原住民和阿拉斯加原住民教育"设计的。
- 第九章防止联邦资助的教育计划中出现性别歧视。第九章指出，"美国任何一个人不得以性别为依据，在任何接受联邦财政援助的教育方案或活动中被拒绝参与、被剥夺权利或受到歧视"（公法 No.92318，86 Stat.235）。
- 第九章A部分，9101条（22）提供了天才学生和有天赋的学生的联邦定义和联邦研究经费："天才学生和有天赋的学生这一术语用来描述学生、儿童或青少年，有充分的证据证明他们在诸如智力、创意、艺术或领导能力，或特定学术领域等方面有取得高成就的能力，以及他们需要学校给予通常不提供的服务或活动来充分发挥这些能力。"
- 《残障人教育法》（IDEA）是确保运动障碍儿童服务的法律。

结论和意义

《新一代科学教育标准》提供了科学教学和学习的愿景，为所有学生，特别是在科学课堂中传统上未被充分代表的学生群体提供学习机会和需求。此外，《新一代科学教育标准》与英语语言艺术和数学的《州共同核心标准》联系起来。全国学生人口统计学变得越来越多样化，使得新标准也不断变化，而科学成就差距在人口分组之间仍然存在。

《新一代科学教育标准》的学术严谨性和期望对于许多科学教师来说不如惯有的或传统教学实践那么熟悉，这就需要科学教学进行转变，这些转变与英语语言艺术和州共同核心标准数学的教学转变是一致的（见附录 D-图 1）。科学教师需要采取有效的策略来囊括所有学生，无论种族、族裔、文化、语言、社会经济水平和性别背景。虽然让学生参与《新一代科学教育标准》的有效课堂策略是从现有的研究文献中得出的，但《新一代科学教育标准》也将激发新的研究议题。例如，未来的研究可能会确定非主流学生群体在参与《新一代科学教育标准》时，建立学校科学与家庭/社区之间联系的方法。还可能会探讨如何按照物质资源、人力资本和社会资本与《新一代科学教育标准》的关系来分配和利用学校资源以支持学生学习。

对于所有学生，包括非主流学生群体的有效实施，需要教育支持系统的转变。支持系统的关键组成部分包括教师准备和专业发展、主要支持和领导力、公共－私营－社区伙伴关系、需要社区利益相关者进行大量协调的正式和非正式的课堂体验、技术能力、网络基础设施、网络学习机会、数字资源、在线学习社区和虚拟实验室。随着《新一代科学教育标准》实施时间的推移，教育体系的这些组成部分也将发生变化。

参考文献

AAAS (American Association for the Advancement of Science). (1989). *Science for all Americans.* New York: Oxford University Press.

Calabrese Barton, A., Drake, C., Perez, J. G., St. Louis, K., and George, M. (2004). Ecologies of parental engagement in urban education. *Educational Researcher* 33:3-12.

Gamoran, A., Anderson, C. W., Quiroz, P. A., Secada, W. G., Williams, T., and Ashmann, S. (2003). *Transforming teaching in math and science: How schools and districts can support change.* New York: Teachers College Press.

Gonzalez, N., Moll, L. C., and Amanti, C. (2005). *Funds of knowledge: Theorizing practices in households, communities, and classrooms.* Mahwah, NJ: Lawrence Erlbaum Associates.

Gutierrez, K., and Rogoff, B. (2003). Cultural ways of learning: Individual traits or repertoires of practice. *Educational Researcher* 32:19-25.

Harry, B., and Klingner, J. K. (2006). *Why are so many minority students in special education?: Understanding race and disability in schools.* New York: Teachers College Press.

Ladson-Billings, G. (1995). Toward a theory of culturally relevant pedagogy. *American Educational Research Journal* 32:465-491.

Lee, O., and Buxton, C. A. (2010). Diversity and equity in science education: *Theory, research, and practice.* New York: Teachers College Press.

Lee, O., Quinn, H., and Valdes, G. (2013). Science and language for English language learners: Language demands and opportunities in relation to Next Generation Science Standards. *Educational Researcher* 42:223-233.

Marx, R. W., and Harris, C. J. (2006). No Child Left Behind and science education: Opportunities, challenges, and risks. The Elementary School Journal 106:467-477.

NAE and NRC (National Academy of Engineering and National Research Council). (2009). *Engineering in K-12 education: Understanding the status and improving the prospects.* L. Katehi, G. Pearson, and M. Feder (Eds.). Washington, DC: The National Academies Press.

NAGC (National Association for Gifted Children). (2010). Redefining giftedness for a new century: Shifting the paradigm. Available at: http://www.nagc.org/uploadedFiles/About_NAGC/Redefining%20 Giftedness%20 for%20a%20New%20Century.pdf.

NCES (National Center for Education Statistics). (2011). *The condition of education 2011* (NCES 2011-033). Washington, DC: U.S. Department of Education, Institute of Education Sciences.

NCES. (2012). *The condition of education 2012* (NCES 2012-045). Washington, DC: U.S. Department of Education, Institute of Education Sciences.

NRC (National Research Council). (1996). *National science education standards.* Washington, DC: National Academy Press.

NRC. (2000). *Inquiry and the National Science Education Standards: A guide for teaching and learning.* Washington, DC: National Academy Press.

NRC. (2007). *Taking science to school: Learning and teaching science in grades K-8.* Washington, DC: The National Academies Press.

NRC. (2008). *Ready, set, SCIENCE!: Putting research to work in K-8 science classrooms.* Washington, DC: The National Academies Press.

NRC. (2009). *Learning science in informal environments: People, places. and pursuits.* Washington, DC: The National Academies Press.

NRC. (2012). *A framework for K-12 science education: Practices, cross-cutting themes, and core ideas.* Washington, DC: The National Academies Press.

NSF (National Science Foundation). (2010). *Preparing the next generation of STEM innovators: Identifying and developing our nation's human capital.* Washington, DC: NSF.

NSF. (2012). *Science and engineering indicators 2012: A broad base of quantitative information on the U.S. and international science and engineering enterprise.* Washington, DC: NSF.

Penuel, W., Riel, M., Krause, A., and Frank, K. (2009). Analyzing teachers' professional interactions in a school as social capital: A social network approach. *Teachers College Record* 111(1):124-163.

Quinn, H., Lee, O., and Valdes, G. (2012). *Language demands and opportunities in relation to Next Generation Science Standards for English language learners: What teachers need to know.* Stanford, CA: Stanford University, Understanding Language Initiative at Stanford University. Available at: ell.stanford.edu.

Rodriguez, A. (1998). Busting open the meritocracy myth: Rethinking equity and student achievement in science education. *Journal of Women and Minorities in Science and Engineering* 4:195-216.

Rodriguez, A. J., and Berryman, C. (2002). Using sociotransformative constructivism to teach for understanding in diverse classrooms: A beginning teacher's journey. *American Educational Research Journal* 39:1017-1045.

Simpson, J. S., and Parsons, E. (2008). African American perspectives and informal science educational experiences. *Science Education* 93:293-321.

Special issue on diversity and equity in science education. (2013). *Theory into Practice* 52(1).

U.S. Census Bureau. (2012). *Statistical abstract of the United States, 2012.* Washington, DC: Government Printing Office. Available at: http://www.census.gov/compendia/statab/cats/education.html.

附录 E

学科核心概念的发展进程

根据《框架》的愿景,《新一代科学教育标准》旨在提高 K—12 年级科学教育的一致性。《框架》中的以下摘录更详细地解释了该方法。

第一,《框架》建立在学习是一个发展进程的概念之上。其设计旨在帮助孩子从他们对周遭事物的好奇心及对世界如何运作的初始概念开始,持续地建构和完善他们的知识和能力。目的是使他们更加科学和连贯地认识自然科学与工程、了解探索科学与工程的途径及科学与工程结论的运用方式。

第二,《框架》着眼于有限的科学与工程核心概念,有些是跨学科的,有些是某个学科内的。委员会做出这样的选择是为了避免覆盖大量浅显的主题,从而让教师和学生有更多的时间更深入地探索每个概念。减少学生所需掌握的琐碎内容,是为了给学生更多的时间去参与科学研究和辩论,从而实现对核心概念深入的理解。界定各个年级段需要学习的与每条核心概念有关的内容,也有助于阐明哪些是最值得花时间学习的,避免学习不以概念为基础的衍生内容。

第三,《框架》强调科学与工程的学习需要将科学解释型知识(内容知识)与参与科学探究和工程设计所需的实践整合起来。因此,本《框架》试图描绘在设计 K—12 年级科学教育的学习经验时如何将知识和实践相互融合。(NRC,2012)

学科核心概念发展进程

《框架》描述了年级段终点学科核心概念的发展进程。《新一代科学教育标准》附录的这一部分对发展进程进行了汇总,阐述每个年级段内发生的学习内容。学科核心概念中的一些子概念有很大程度的重叠。读者会注意到,这些概念之间并不总是有明确划分的,所以一些进阶会在不止一个子概念中分布。这些图表的目的是简要描述 K—12 年级期间每个学科核心概念在每个年级段的内容。这些发展进程仅供参考,在《框架》中可以看到全部内容。此外,《新一代科学教育标准》展示了三个方面的整合。本文绝对不会将学科核心概念与其他两个维度分离。

参考文献

NRC (National Research Council). (2012). *A framework for K-12 science education: Practices, crosscutting concepts, and core ideas.* Washington, DC: The National Academies Press.

物质科学的发展进程
学生思维复杂程度的递增

	K—2 年级	3—5 年级	6—8 年级	9—12 年级
PS1.A 物质的结构和性质 （包括 PS1.G 原子核过程）	存在着不同种类的物质，有各种可观察到的性质。不同的性质适合不同的用途。各种各样的物体都可以由一组小部件组建而成	物质通过被细分为很小而不可见的粒子存在，尽管如此，物质仍然存在。对各种性质的测量可以用来识别特定材料	物质由原子和分子组成的事实可用于解释物质的性质、物质的多样性、物质状态、相变和物质守恒	原子水平上的原子内结构模型和电荷之间的相互作用可用于解释物质的结构和相互作用，包括化学反应和原子核反应。周期表的重复模式反映了外层电子状态的模式。稳定分子的能量比组成分子的单个原子的能量之和小；两者能量差是分开这个分子所需的最少能量
PS1.B 化学反应	加热或冷却可能会引起物质的变化。这些变化有的是可逆的，有的是不可逆的	当多种物质被混合形成具有不同性质的新物质时，化学反应发生了。但不管发生了什么反应和性质怎样变化，物质的总质量不发生改变	在一个化学过程中，组成反应物的原子重新组合成不同的分子，各种原子的数量守恒，一些化学反应释放能量，其他则存储能量	化学过程可以从分子碰撞原子重新排列成新分子，以及能量变化的角度来理解
PS2.A 力与运动 PS2.B 相互作用的类型	推力和拉力可以有不同的大小和方向，可以改变物体的运动速度或方向，也可以使它开始或停止运动	不平衡力施加在物体上会改变物体的运动。运动的模式可以用来预测未来的运动。一些力的作用需要物体相互接触；一些力的作用不需要物体相互接触。地球引力对地球表面附近物体的作用将物体拉向地球的中心	一个物体的质量越大，使物体运动发生相同的改变就需要更大的力 隔着一定距离施加的力可以用力场来解释，并通过相应的力和对物体的影响获得场的分布	牛顿第二定律（F=ma）和动量守恒预测了宏观物体运动的改变 通过传播能量的场，以及根据相互作用物体的位置、性质及它们之间的距离，解释了隔着距离作用的力。这些力可用于描述电场和磁场之间的关系
PS2.C 物理系统的稳定性和不稳定性	无	无	无	无
PS3.A 能量的定义 PS3.B 能量守恒和能量传递	无 【内容见 PS3.D】	运动的物体具有能量。一个物体运动得越快，它拥有的能量就越多。能量可以通过运动的物体或声、光、电流从一处传递到另一处。能量可以从一种形式转化为另一种	动能可以与各种形式的势能区别开来。通过物理或化学相互作用能够追踪每种类型的能量变化。一个系统的温度和系统总能量之间的关系取决于其中物质的类型、状态和物质的量	一个系统中的总能量是守恒的。可以根据与粒子（物体）的运动或结构相关的能量来描述和预测系统内和系统间的能量传递 -------- 系统趋向稳定状态
PS3.C 能量与力的关系	推力或拉力越大，它们使物体产生的运动越快，相撞时发生的形变越大	当物体相撞，作用力传递能量从而改变物体的运动状态	两个物体在发生相互作用时，会相互施加作用力，使能量在彼此之间传递	力场中包含的能量取决于场中物体的排列方式

（续表）

	K—2 年级	3—5 年级	6—8 年级	9—12 年级
PS3.D 化学过程和日常生活中的能量	阳光温暖地球的表面	能量可以通过转化存贮的能量来"生产""使用"或"释放"。后来被当作燃料或食物的植物通过化学过程捕获了太阳能	阳光被植物捕获并用于产生糖分子的反应，可以通过燃烧这些分子释放能量来逆转这一过程	光合作用是生物捕获太阳辐射的主要手段。能量不会消失，但它会转化为较难利用的形式
PS4.A 波的性质	声音可以使物体振动，振动的物体也可以产生声音	波是一种常见的运动模式，如扰动水面而产生的水波。相同类型的波在振幅和波长上可以是不同的。波可使物体运动	一个简单波具有特定的波长、频率和振幅，呈现重复的模式。机械波的传递需要介质。这种模型可以解释许多现象，包括声音和光。波能传递能量	波长和频率通过波的传播速度相关联，而波速取决于波的类型和其通过的介质。波可以传输信息和能量
PS4.B 电磁辐射	只有被光照亮时，物体才可见	当物体表面反射的光进入人眼时，物体就可以被看见 -------------------------------- 模式可以编码、发送、接收和解码信息	波的构造用于模拟光和物体的相互作用	电磁波模型和光子模型解释了电磁辐射的特征，并描述了电磁辐射的常见应用
PS4.C 信息技术与仪器	人们用各种仪器接收和发送信息		波可用来传输数字化信息。数字化信息由1和0组成	由于数字化，我们可以存储和运送大量信息

（续表）

生命科学的发展进程
学生思维复杂程度的递增

	K—2 年级	3—5 年级	6—8 年级	9—12 年级
LS1.A 结构与功能	所有的生物体都有用来完成日常功能的外表部分	生物体都有内部和外部结构，为其生长、生存、行为和繁殖承担各种功能	所有的生物都由细胞组成。在生物体中，细胞协同工作形成能够完成特定身体功能的组织和器官	生物体中由专门细胞组成的多个系统帮助生物体执行生命的基本功能。任何一个系统都是由许多部分组成的。反馈机制能将一个生命系统的内环境维持在一个特定限度内，并能调节其行为
LS1.B 生物体的生长和发育	父母和后代自身都会通过一些行为来帮助后代存活	繁殖对于各种生物都是必不可少的。生物体拥有独特和多样的生命周期	动物采取一些行为以增大繁殖机会。一个生物体的成长受基因和环境因素的影响	生物体内细胞的生长和分裂是通过特定细胞类型的有丝分裂和分化进行的
LS1.C 生物体的物质流与能量流的组织	动物从植物或其他动物处获取它们需要的能量。植物需要水和光	食物向动物提供它们身体修复、生长、取暖和运动所需要的物质和能量。植物主要从空气和水中获得它们生长所需的物质，并且依靠阳光加工物质和获取能量。阳光是植物的主要生长条件	植物通过光合作用借助来自光的能量制造糖。在生物体内，食物要经历一系列化学反应，在反应过程中，食物被分解，并重新排列成新的分子且释放能量	通过光合作用产生的碳氢化合物主链用于制备可以组装成蛋白质或DNA的氨基酸和其他分子。通过细胞呼吸，物质和能量流过生物体的不同组织水平，因为元素被重组以形成不同的产物和传递能量
LS1.D 信息处理	动物感知和交流信息，并且会通过有助于它们生长和生存的行为来对这些输入做出响应	不同感受器专门接收特定类型的信息。动物能够利用它们的感知和记忆来指导行为	每个感受器对不同的输入做出响应，将它们作为信号沿着神经细胞传递到脑。这些信号在脑中被加工，产生即时行为或形成记忆	无
LS2.A 生态系统中的相互依存关系	植物的生长依赖水和光，并依靠动物来授粉或传播它们的种子	几乎任何一种动物的食物都可以追溯到植物。生物体在食物网中相关联。在食物网中，一些动物以植物为食，另一些动物以吃植物的动物为食。而分解者将一些物质还原到土壤中	生物体和种群都依赖与环境中的其他生物及非生物因子的互动。任何一种因素都可能限制其生长。竞争、捕食和互利共生的相互作用在不同生态系统中不同，但模式是相通的	生态系统具有由生物和非生物因素产生的承载力。资源可用性和生物种群之间的基本约束影响到任何生态系统中种群的丰度

（续表）

	K—2年级	3—5年级	6—8年级	9—12年级
LS2.B 生态系统中的物质循环和能量传递	【内容见LS1.C和ESS3.A】	物质在空气、土壤及存活的和死亡的生物体间循环	在生态系统中，组成生物的原子在生态系统的生物与非生物部分间反复循环。食物网模拟生产者、消费者和分解者在一个生态系统中的交互	光合作用和细胞呼吸为生命过程提供了大部分能量。在食物网的较低层级上消费的物质中只有一小部分向上传递，导致食物网较高级别的生物体较少。在生态系统中的每个环节，元素都以不同的方式组合起来，物质和能量都是守恒的。光合作用和细胞呼吸是碳循环的重要组成部分
LS2.C 生态系统的动态、运作和恢复力	无	当环境变化，一些生物体存活和繁衍，一些生物体迁移到新的栖息地，而一些会迁入这一变化后的环境，而一些会死亡	生态系统的特征可以随时间变化。对生态系统任何部分的破坏都会导致所有种群的变化。一个生态系统生物多样性的完整性通常用来衡量其健康程度	如果一个生态系统受到生物或物理扰动，包括人类活动引起的，它也许能多多少少恢复到原来的状态，而不是变成一个非常不同的生态系统，这取决于生态系统内复杂的相互作用
LS2.D 社会互动和群体行为	无	成为群体的一分子，有助于动物获取食物、自我保护和应对变化	无	在群体中生活可以增加个体与它们的亲属的生存机会，从而生物演化出了群体行为
LS3.A 性状的继承	幼小的生物体与他们的亲代非常相像，但并不完全相同，也与同种类的其他生物体相似	不同生物体的外观和功能不同，因为它们继承了不同的遗传信息；环境也会影响生物体的性状发展	基因主管着特定蛋白质的合成，继而影响个体的性状	DNA上携带着形成物种特征的指令。一个生物体内的所有细胞拥有相同的遗传基因，但细胞所表达的基因却不同
LS3.B 性状的变异			在有性生殖中，父母各自贡献了后代所获得的基因的一半，导致亲代和子代间的差异。突变也可以改变遗传信息。有些改变对生物体是有益的，有些是有害的，有些则是中性的	群体中性状的变异和分布取决于基因和环境因素。基因变异可以是由环境因素、DNA复制错误或减数分裂期间染色体部分交换造成的突变引起的
LS4.A 共同祖先和多样性的证据	无	有些生物体与曾生活在地球上的生物体类似。化石为生活在很久以前的生物种类及它们生活环境的性质提供了证据	化石记载了贯串整个地球生命史的许多生命形式的存在、多样性、灭绝和变化，以及其生存环境。生物之间化石记录和解剖学上的相似性比较能推断进化后代	可以通过比较不同生物体的DNA序列、氨基酸序列及解剖学和胚胎学证据来推断产生多条现存生物的进化分支

(续表)

	K—2 年级	3—5 年级	6—8 年级	9—12 年级
LS4.B 自然选择	无	同一物种个体间的特征差异,为生存、求偶和繁殖提供了优势	自然选择和人工选择均来使一些个体在生存和繁殖方面具有优势的某些性状,导致种群中某些性状占主导地位	自然选择仅在群体中生物体的遗传信息和性状存在差异的情况下发生。对生存产生积极影响的性状更容易被遗传,从而在种群中更为常见
LS4.C 适应	无	特定生物体只能在特定环境下生存 -------------------- 生物种群生活在各种各样的栖息地,栖息地的变化会影响生活在那里的生物	随着时间的推移,物种可以随着环境条件的变化而变化,通过适应自然选择而代代相传。那些有利于在新环境中生存和繁殖的性状变得更加普遍	进化主要来自物种中个体的遗传变异、资源的竞争及能更好地生存和繁殖的生物体继续繁衍。适应意味着种群中性状的分布及物种的扩张、出现或灭绝可能会在环境变化时发生改变
LS4.D 生物多样性与人类	地球上的任何区域都生活着许多不同种类的生物		生物多样性的变化可以影响人类的资源及人类所依赖的生态系统	生物多样性由于新物种的形成而增加,由于物种灭绝而减少。人类依赖生物多样性,但也对生物多样性产生不利影响。维持生物多样性对于支持地球上的生命至关重要

地球和空间科学的发展进程
学生思维复杂程度的递增 →

	K—2年级	3—5年级	6—8年级	9—12年级
ESS1.A 宇宙和它的恒星	太阳、月亮和从地球上能看到的恒星，其运动模式都能够被观察、描述和预测	恒星的尺寸及其与地球的距离各不相同，可以用相对亮度来描述	太阳系是银河系的一部分，银河系是数十亿星系中的一个	恒星的光谱被用来鉴定其特征、过程和生命周期。太阳活动通过核反应创造了元素。技术的发展提供了天文数据，这为大爆炸理论提供了实证
ESS1.B 地球和太阳系		地球的轨道、旋转及月球围绕地球的轨道创造了可观察的模式	太阳系包括许多被引力束缚在一起的星体。太阳系模型解释和预测了日食、月相和季节	开普勒定律描述了星体公转运动的普遍特征。天文观测和空间探测器提供了解释太阳系组成的证据。地球倾角和公转的变化造成了诸如冰河世纪的气候变化
ESS1.C 行星地球历史	地球上有些事件发生得非常迅速，有些则非常缓慢	地球的某些特征可以用来给曾发生在陆地上的事件排序	岩层和化石记录可以用来作为证据，帮助组织地球历史上的主要历史事件发生的相对顺序	岩石记录了板块运动、其他地质学过程，以及太阳系中其他天体运动的结果，能证明地球早期历史和主要地质构造的相对年龄
ESS2.A 地球物质和系统	风和水可以改变陆地的形状	地球的四个主要系统相互作用。降水帮助塑造陆地的形状，还影响一个区域内生物的种类。水、冰、风、生物和重力将岩石、土壤和沉积物破碎成较小的颗粒并使它们四处迁移	在地球各系统内外均有能量流动和物质循环，包括太阳和地球内部能量源。地质板块就是这些进程的结果之一	反馈作用广泛存在于地球各系统中
ESS2.B 板块构造论和大尺度系统相互作用	地图显示事物的位置。任何地区陆地和水体的形状和种类都可以被绘成地图	地球的物理特征有一定的模式，地震和火山喷发也是一样的。地图可以用来定位这些特征和判断地质事件的模式	板块构造论是解释地球表面岩石运动和地质历史的统一理论。地图是用来展示板块运动的证据	辐射在地球内部衰减。继而造成了地幔内的热量传导
ESS2.C 水在地球表面的作用	水在地球的不同地方可能以不同形式被发现	地球上的大部分水在海洋中，很多淡水以冰山或地下水的形式存在	水在陆地、海洋和大气中循环，受阳光和重力驱动。海水密度的变化促使洋流互相联系。水的运动引起风化和侵蚀，改变了地貌特征	水独特的化学和物理性质极大地影响了地球的动态过程
ESS2.D 天气和气候	天气是特定区域特定时间的阳光、风、雪或雨、温度的组合。人们记录天气随着时间推移的模式	气候描述了不同规模和变化的典型天气条件的模型。历史上的天气模型可供分析	包括海洋在内的复杂相互作用决定了当地的天气模式且影响了气候	太阳辐射的作用及其与大气、海洋和陆地的相互作用是全球气候系统的基础。全球气候模式用于预测未来变化，包括受人类行为和自然因素影响的变化

（续表）

	K—2 年级	3—5 年级	6—8 年级	9—12 年级
ESS2.E 生物地质学	植物和动物能改变它们的生活环境 ------ 生物需要水、空气和陆地上的资源。它们趋向于生活在具备它们所需条件的地方。人类在做每件事时都要用到自然资源	生物可以影响它们生存环境的物理特征	【内容参见 LS4.A 和 LS4.D】	地球的生物圈与其他系统之间的相互作用，使地球的表面和生存于此的生命持续地协同演化
ESS3.A 自然资源		人类使用的能源和燃料来自自然资源，其使用会影响环境。有些资源过段时间还可再生，而有些资源则不可再生	人类依赖地球的陆地、海洋、大气圈和生物圈，以从中获取各种丰富资源。其中，许多资源是有限的或不可再生的。由于过去的地质过程，资源在全球范围内分布并不均匀	资源的可获得性引导了人类社会的发展，使用自然资源与成本、风险和收益息息相关
ESS3.B 自然灾害	在一个特定的地区，某些类型的恶劣天气比其他类型的恶劣天气更容易出现。天气预报让人们为应对极端天气做好准备	多种灾害起因于自然过程。人类无法消除自然灾害，但可以采取措施减弱它们的影响	通过绘制一个地区的自然灾害历史和理解相关的地质作用，可以预测一些自然灾害	自然灾害和其他地质事件在当地、区域和全球范围内塑造了人类历史的过程
ESS3.C 人类对地球系统的影响	人类的行为可以影响环境，但人类可以做出选择来降低这些影响	社会活动主要对陆地、海洋、大气甚至外太空产生影响。社会活动也可以保护地球资源和环境	虽然环境的变化可以对不同的生物产生不同的影响，但人类活动已经改变甚至损害了生物圈。可以设计活动和技术来减少人们对地球的影响	人类社会的可持续性和支撑着人类社会的生物多样性的可持续性要求人类对自然资源实施负责任的管理，包括开发技术
ESS3.D 全球气候变化	无	无	人类活动影响全球变暖。减少全球变暖影响的决定取决于人类对气候科学、工程能力和社会动态的了解	尽管有关全球气候系统的发现还在不断涌现，用于预测变化的全球气候模式也不断得到改进

附录 F
科学与工程实践

《框架》为制定《新一代科学教育标准》提供了蓝图。该框架表达了科学教育的愿景，要求学生在科学与工程实践、学科核心概念和跨学科概念的三大维度关系中学习。《框架》确定了少数学科核心概念，从幼儿园到 12 年级，所有学生都应该越来越深入地学习。《框架》所表达的关键是让学生在科学与工程实践的背景下学习这些学科核心概念。将科学与工程实践和学科核心概念整合的重要性描述如下：

> 与《框架》一致的标准和表现预期必须考虑到：要让学生完全理解科学与工程概念，必须让他们参与探究实践及使这些概念得以形成和完善的讨论。如果不能为学生提供有具体内容的情境，学生就不能在实践中学习或展示其能力。（NRC，2012，P218）

《框架》规定，每个预期表现必须结合科学或工程的相关实践，以及适于指定年级学生的学科核心概念和跨学科概念。该准则也许是《新一代科学教育标准》区别于以前标准文件的最重要的方式。未来，科学评估不会将学生对核心概念的理解与其使用科学与工程实践的能力分开。这两个层面的学习将一起评估，表明学生不仅"知道"科学概念，而且学生能通过科学探究的实践来运用他们的理解探究自然世界，并能通过工程设计实践来解决有意义的问题。《框架》使用"实践"一词，而不是"科学过程"或"探究"技能，具体原因是：

> 我们用"实践"代替如"技能"这样的词，是为了强调科学研究不仅需要技能，也离不开实践涉及的具体知识。（NRC，2012，P30）

《框架》确定所有学生学习所必需的 8 项科学与工程实践，并详细描述如下：
- 提出问题和定义问题。
- 开发和使用模型。
- 计划和开展研究。
- 分析和解读数据。
- 使用数学和计算思维。
- 建构解释和设计解决方案。

- 参与基于证据的论证。
- 获取、评价和交流信息。

基本原理

《框架》的第三章逐条阐述 8 项科学与工程实践，并且表述了其重要性的理由如下：

> 参与科学实践有助于学生理解科学知识是怎样建立的；这样的直接参与能让学生体会到研究、建模和解释世界的众多方法。参与工程实践同样帮助学生理解工程师的工作，以及工程与科学之间的关系。参与这些实践还能帮助学生形成对科学与工程中的学科概念及跨学科概念的理解；此外，实践还能使学生的知识更富有意义、更深地将知识嵌入他们的世界观。
>
> 科学与工程实践还能激发学生的好奇心，抓住他们的兴趣，并激励他们持续学习；这有助于他们认识到科学家和工程师的工作是一种创造性的努力——这种努力深刻影响了他们生活的世界。学生也许还会认识到，科学与工程为解决当今社会面临的许多主要挑战做出了贡献，如开发足够的能源、预防和治疗疾病、持续供应新鲜的水和食物及应对气候变化等。
>
> 任何教育，如果着重关注科学劳动的详细成果（科学事实）而没有发展对于这些事实如何建立的理解，或忽视科学在世界上的许多重要应用，就会歪曲科学并将工程的重要性边缘化。（NRC，2012，PP42—43）

综上所述，《框架》第三章得出 8 项实践是基于对专业科学家和工程师工作的分析。建议《新一代科学教育标准》的用户仔细阅读本章，为科学与工程的本质及这两个密切相关领域的联系提供有价值的见解。《新一代科学教育标准》附录的这部分意图仅在于描述这 8 个实践中学生可以做什么。其目的是让读者更好地了解预期表现。其中包括的"实践矩阵另表"列出了每个年级段（K—2、3—5、6—8、9—12）的每个实践中包含的具体能力。

指导原则

标准的发展过程提供了对科学与工程实践的见解。这些见解被分为以下指导原则。

学生应参加每个年级段所有的 8 项实践。 所有 8 项实践在一定程度上可供幼儿使用，学生使用实践的能力随着时间的推移而增长。然而，《新一代科学教育标准》只能确定学生在每个年级段结束时（K—2、3—5、6—8、9—12）期望获得的能力。课程开发人员和教师确定通过实践提高学生能力的策略。

实践在复杂性和成熟度上都会随着年级发展有所增长。《框架》建议：学生使用每种实践的能力在成长和进行科学学习时都会取得进展。例如，"计划和开展研究"的做法从幼儿园开始，学生在指导下识别被调查的现象，以及如何观察、测量和记录结果。在高中阶段，学生应该能够自己做调查。学生应该能够规划和执行的调查性质也随着学生成长而增加，包括要研究的问题的复杂性；确定需要什么样的调查来回答不同类型的问题的能力；是否需要控制变量，如果是，最重要的是控制什么；而在高中阶段，如何考虑测量误差。从幼儿园到 12 年级，本章表格中列出的 8 项实践中的每个都有发展。根据制定《新一代科学教育标准》的经验和审稿人收到的反馈，这些发展来源于《框架》第三章。

每种实践都能反映科学与工程。8 种实践中每个都可用于科学探究与工程设计。确定实践性质的最佳方法是询问活动的目标。目标是回答问题吗？如果是这样，学生就进行科学探究。目标是定义和解决问题吗？如果是这样，学生就进行工程实践。《框架》的图 3-2 对科学家和工程师如何使用这些做法进行了并列比较。本章简要总结一下学生使用每种科学与工程实践时"看起来"应该做什么。

实践展示的是学生预期做什么而不是教学方法或课程。《框架》提供指导意见，例如，科学家团队如何开始进行科学调查，从而导致工程问题的解决。《新一代科学教育标准》避免这样的建议，因为目标是描述学生应该能够做什么，而不是如何教授他们。例如，建议《新一代科学教育标准》推荐某些教学策略，如使用生物仿真－应用生物特征来解决工程设计问题。尽管利用生物仿真的教学单元似乎与鼓励整合核心概念和实践的《框架》精神保持一致，但比起评估，仿生学及类似教学方法与课程和教学指导更为密切。因此，决定不将生物仿真纳入《新一代科学教育标准》。

8 项实践并不是孤立的，它们相互联系。如 Bell 等人所述（2012 年），8 种实践并不独立，相反，它们倾向于顺序展开，甚至重叠。如"提问"的做法可能导致"建模"或"计划和开展研究"的做法，从而导致"分析和解读数据"。"数学和计算思维"的实践可能包括"分析和解读数据"的某些方面。正如学生进行每个实践都很重要一样，他们看到 8 项实践之间的联系也很重要。

预期表现集中于一些但不是所有与实践相关的能力。《框架》确定了每种实践的一些功能或构成。本节中描述的实践矩阵将每个联系的组成部分列为每个年级段中的项目符号列表。随着预期表现的发展，显而易见的是，预期每项表现都能反映给定实践的所有组成部分。针对每个预期表现，确定最适合的做法。

实践活动是语言密集性的，要求学生参与课堂中的科学讨论。这种做法为语言学习提供了丰富的机会和需求，同时推动所有学生的科学学习（Lee 等人，待发表）。英语学习者、语言障碍的学生、读写能力有限的学生，以及通常被称为"非标准英语"的英语社会或区域的学生将从科学学习中获得语言密集的科学和工程实践。在适当支持下，这些学生能够通过新兴语言学习科学，并使用不太完美的英语理解和执行复杂的语言功能（如参与基于证据的论证、提供解释、开发模型）。此外，通过参与这种做法，他们同时加强对科学和语言能力的理解。

在下面的页面中，简要描述了 8 种实践中的每一种。每个描述会有一个表格，说明学生在每个年级段结束时要掌握的实践的组成部分。所有 8 个表都包含实践矩阵。在《新一代科学教育标准》的发展过程中，为了反映对实践与学科核心概念联系的更好理解，实践矩阵被修改多次。

实践1：提出问题和定义问题

关于阅读到的文字、观察到的现象的特征及他们从模型或科学研究中得到的结论，每个年级的学生都应该能够互相提问。对工程而言，学生应该通过提出问题来明确要解决的问题，并引发关于解决方案的限制和要求的想法。（NRC，2012，P56）

实践1：提出问题和定义问题

K—2年级	3—5年级	6—8年级	9—12年级
K—2年级的提出问题和定义问题建立在先前经验基础之上，且发展到简单的、可以被测试的描述性问题 ●通过观察提问，找到更多关于自然世界和人工世界的问题 ●提出和/或定义能通过调查解答的问题 ●定义一个能够通过开发新的或改进的物件或工具解决的简单问题	3—5年级的提出问题和定义问题建立在K—2年级的经验基础上，并发展到指定的定性关系。 ●提出关于如果一个变量变化会出现什么的问题 ●识别科学性的（可测试的）和非科学性的（不可测试的）问题 ●提出基于如因果关系上的模式并可以调查和预测合理结果的问题 ●通过先前知识描述被解决的问题 ●定义一个能够通过开发物件、工具、过程或系统解决的简单问题，包括一些有关成功的标准和对物质、时间或成本的限制	6—8年级的提出问题和定义问题建立在K—5年级的经验基础上，发展到指出变量间的关系、阐明论证和模型 ●提出问题 ○来自对现象、模型或无预期结果的仔细观察，以澄清和/或寻找更多信息 ○以识别和澄清一个论证的证据 ○确定自变量和因变量之间的关系及模型中的关系 ○描述和/或改善一个模型、一种解释或一个工程学问题 ○需要充分和适当的实证来回答 ○探究可以在教室里、户外及博物馆或其他有可用资源的公共场所，并在适当的情况下基于观察和科学原理建立一个假设 ○挑战论证的前提或数据集的解读 ●确定一个设计问题，这个问题可以通过开发一个物体、工具、过程或系统来解决，并涉及多项要求与约束，包括可能限制方案可行性的科学知识	9—12年级的提出问题和定义问题建立在K—8年级的经验基础上，发展到通过使用模型和仿真来建构、提炼和评估可以经实践检验的问题和设计问题 ●提出问题 ○来自对现象或无预期结果的仔细观察，以澄清和/或寻找更多信息 ○研究模型或理论以澄清或寻找更多的信息和关系 ○确定关系，包括在因变量与自变量之间的数量关系 ○来描述和/或改善一个模型、一种解释或一个工程学问题 ●评估一个问题，以确定是否具有可检测性和相关性 ●在具有可用资源的学校实验室、研究设施或场地（户外环境）范围内提出可调查的问题，并适时根据模型或理论构建假设 ●提问和/或评估挑战论证的前提、数据集的解读或设计的适用性的问题 ●定义一个设计问题，涉及开发具有相互作用的组件、标准及约束条件，包括社会、技术和/或环境因素

科学问题以各种方式出现。受来自对以前调查的模型、理论或发现的预测的启发，可以通过解决问题的需要来激发他们对世界的好奇心。科学问题与其他类型的问题不同，答案在于经验证据支持的解释，包括他人收集的证据或调查结果。

虽然科学从问题开始，工程则是从定义解决问题开始。然而，工程也可能涉及通过提出问题来定义一个问题，例如，需求和期待是什么？成功解决方案的标准是什么？产生想法或测试可能的解决方案时会出现其他问题，例如，可能的权衡有哪些？需要什么证据来确定哪个解决方案是最好的？

提出问题和定义问题还涉及询问有关数据、提出要求和提出设计问题。重要的是要意识到，提问也导致参与另一种实践。学生可以提出有关数据的问题，从而进一步分析和解读。或者学生可能会问一个导致计划和设计、调查或改进设计的问题。

无论是从事科学还是从事工程工作，提出问题和定义问题的能力，都是每个人必不可少的。实践1的进展总结了每个年级段结束时学生应该能够做的事情。提出问题的每个例子都会导致学生从事其他不同的科学实践。

实践 2：开发和使用模型

> 建模从最早的年级就可以开始，这时学生的模型是具体的"图画"和/或实物比例模型（玩具汽车）；到较高年级，他们的模型逐渐发展为更加抽象的对相关关系的表征，如一个系统中某个特定物体的受力图。（NRC，2012，P58）

模型包括图表、物体的复制品、数学表示、类比和计算机模拟。虽然模型并不完全符合现实世界，但它们会使某些特征成为焦点，同时掩盖其他特征。所有模型都包含一定范围的有效性和预测能力的近似与假设，因此，重要的是让学生认识到他们的局限性。

在科学中，模型用于表示正在研究的系统（或系统的一部分），以帮助发展和解释问题，生成可用于进行预测的数据，并将想法传达给他人。学生可以通过将预测与现实世界进行比较的迭代循环来评估和改进模型，然后调整它们以获得对被建模的现象的见解。因此，模型是基于证据的。当发现新的证据表明模型不能解释时，模型会被修改。

在工程中，可以使用模型来分析系统，以查看可能发生的缺陷或在什么情况下发生问题或测试问题的可能解决方案。模型也可用于可视化和细化设计，将设计的功能传达给他人，还可以用于测试原型的设计性能。

实践 2：开发和使用模型

K—2 年级	3—5 年级	6—8 年级	9—12 年级
K—2 年级的建模是建立在先前经验基础上，发展到使用和建立模型（图表、图画、物理副本、透视画、编剧和故事版）来表示具体事件或设计解决方案 ●分辨模型和具体物体、进程和/或模型代表的事件 ●比较模型以识别共同特征和差异性 ●开发和/或使用模型来表示数量、关系、相对尺度（更大、更小）、自然世界或人工世界的模式 ●基于证据开发一个简单的模型表示一个提出的对象或工具	3—5 年级的建模建立在 K—2 年级的经验基础上，发展到建立和修正简单的模型，使用模型去表示事件和设计解决方案 ●识别模型的限制 ●在展示关于频繁和规律发生的事件变量关系的基础上，合作开发和/或修改模型 ●使用类比、举例或抽象表达建立模型，以描述科学原理或设计方案 ●开发和/或使用模型来描述或预测现象 ●开发表格或简单的物理原型来表达目标对象、工具或进程 ●利用模型测试自然世界或人工世界相关功能的因果关系或交互作用	6—8 年级的建模建立在 K—5 年级的经验基础上，发展到开发、使用和修正模型，以描绘、检验和预测更抽象的现象与设计系统 ●评估关于所提出的对象或工具的模型的限制 ●开发或修改基于证据的模型，以匹配如果系统的变量或组件发生变化会发生什么 ●使用和/或开发具有不确定和缺少预测因素的简单系统模型 ●开发和/或修改模型以展示变量之间的关系，包括那些不可观测但能够预测可观测现象的变量 ●开发和/或使用一个模型以预测和/或描述现象 ●开发一个模型以描述无法观察到的机制 ●开发和/或使用一个模型以生成数据，包括体现输入与输出的数据，用数据检验关于自然界和人工设计系统的想法	9—12 年级的建模建立在 K—8 年级的经验基础上，发展到使用、综合与开发模型，以预测和展现自然及人工世界中的系统与系统之间、系统的组件之间的变量关系 ●评估同一目标对象、过程、机制或系统的两个不同模型的优点和局限性，以选择或修改最符合证据或设计标准的模型 ●设计一系列模型的测试，以确定其可靠性 ●基于证据开发、修改和/或使用一个模型，说明和/或预测系统之间或一个系统的组件之间的关联 ●开发和/或使用多种类型的模型来解释和/或预测现象的机制，并根据优点和限制灵活地在模型类别之间选择 ●开发一个复杂的模型，允许对所提出的进程或系统进行操作和测试 ●开发和/或使用模型（包括数学和计算）来生成数据以支持解释、预测现象，分析系统和/或解决问题

实践 3：计划和开展研究

学生在 K—12 年级中应有机会去计划和开展不同类型的研究。他们应该参与各种水平的研究，有些是由教师架设的——用来揭示某个他们不大可能自己去探索的问题（测量材料的特定属性），而有些是由学生自己的问题引发的。（NRC，2012，P61）

科学调查可以用来描述一种现象，或者是测试世界如何运作的理论或模型。工程调查的目的可能是找出如何修复或改进技术系统的功能，或比较不同的解决方案，找出最佳解决问题的方法。无论学生在进行科学还是工程实践，重要的是说明调查的目标，预测结果，并制定一个行动方案，提供最好的证据来支持他们的结论。学生应设计调查，生成数据，提供证据支持他们对现象的理解。直到在支持要求的过程中才使用数据。学生应使用推理、科学思想、原则和理论来展示为什么数据可以被认为是证据。

随着时间的推移，学生们的方法将会更加系统和细致。在实验室实验中，学生应该决定将哪些变量作为结果或者输出来处理；哪些变量应该被视为输入，并且一次又一次试验的变化都是有意义的；哪些变量应该在试验中被控制或保持一致。在实地观察的情况下，规划涉及在不同条件下决定如何收集不同的数据样本，即使并非所有条件都受到调查员的直接控制下。规划和进行调查可能包括所有其他实践的要素。

实践 3：计划和开展研究

K—2 年级	3—5 年级	6—8 年级	9—12 年级
K—2 年级通过计划和开展研究来回答问题或检验结果是建立在先前经验基础之上的，并发展到简单地建立在公平实验基础上的、为解释和设计解决方案提供数据支持的研究。 ●相互合作，在指导下计划和实施一个研究 ●以合作方式进行计划和实施调查，产生数据作为回答问题的证据基础 ●通过评估观察和/或测量现象的不同方法，来决定哪种可以回答问题 ●通过观察的数据（第一手资料或从媒体中获得的）及测量来收集数据进行比较 ●通过观察的数据（第一手资料或从媒体中获得的）及对于所提出的对象、工具或解决方案的测量来确定是否可以解决问题或完成任务 ●基于先前经验做出预测	3—5 年级通过计划和开展研究来回答问题或检验结果是建立在 K—2 年级的经验基础上，发展到需要采用控制变量，并提供证据以支持解释或设计解决方案 ●以合作的方式开展计划和研究，产生数据作为证据，采用公平实验，控制变量，考虑实验次数 ●评估合适的收集数据的方法和/或工具 ●通过观察和测量获得数据，作为解释现象或检验解决方案的依据 ●预测如果一个变量改变会发生什么 ●通过测试提出的同一对象、工具或进程的两种不同模型，决定哪个能更好地符合成功的标准	6—8 年级的计划和开展研究建立在 K—5 年级经验基础上，发展到使用多个变量的、为解释或设计方案提供证据支持的研究 ●个人或与人合作计划一项研究，并在设计中识别自变量、因变量和控制变量、需要用来采集数据的工具、测量结果如何记录及需要多少数据来支撑一个观点 ●开展一项研究，并评估或修改用来生成数据（作为证据的基础，实现研究的目标）的实验设计 ●评估收集数据的不同方式的精确度 ●收集数据，以生成可以作为证据基础的数据，从而回答科学问题，或在一系列条件下检验设计方案 ●收集关于目标对象、工具、进程或系统在一系列条件下的表现的数据	9—12 年级的计划和开展研究建立在 K—8 年级经验基础上，发展到为概念模型、数学模型、实物模型和经验模型提供证据或检验的研究 ●个人以及集体进行调查或测试设计，产生基于证据的数据，作为建立和修改模型的一部分，支持现象的解释或测试问题的解决方案。考虑可能的混杂的变量或影响，并评估调查的设计，以确保变量得到控制 ●个人或与人合作计划和开展一项研究，生成可以作为证据的基础的数据，并在设计中确定得到可靠测量所需数据的类型、数量和准确度，思考数据精确度的局限因素（测试次数、成本、风险、时间），并据此改进设计 ●以安全和道德的方式规划和进行设计解决方案的调查或测试，包括对环境、社会和个人影响的考虑 ●选择适当的工具来收集、记录、分析和评估数据 ●做出有指向的假设，指定在自变量被操纵时，因变量发生的情况 ●操纵变量并收集关于所提出的过程或系统的复杂模型的数据，以识别故障点或提高相对于成功标准或其他变量的性能

实践4：分析和解读数据

采集到数据后，必须将它们以一种形式呈现出来，使其能够显示一些规律和关联，并与他人交流结果。因为原始数据几乎不能表现出意义，科学家的一项主要实践就是通过表格、图表或统计分析来对数据进行组织与解读。这些分析可以呈现出数据的意义及它们的关联，从而使它们可以作为证据。

工程师也要基于证据给出某种设计是否可行的判断，他们几乎不会依靠试误的方法。工程师在分析设计时通常需要建立模型或原型，并收集大量运行数据，包括极端条件下的数据。分析这类数据不仅可以为设计决策提供信息、预测或评价设计性能，而且有助于明确或澄清问题、确定经济可行性、评价备选方案和调查故障。（NRC，2012，PP61—62）

随着学生成长，他们有望增进自己的学习能力，使用一系列工具进行制表、图形表征、可视化和统计分析。学生还能通过识别重要的特征和模式，使用数学来表示变量之间的关系，并考虑到误差的来源，提高他们解读数据的能力。在可行的情况下，学生应该使用数字工具来分析和解读数据。无论是为科学还是工程分析数据，重要的是学生将数据作为证据支持他们的结论。

实践 4：分析和解读数据

K—2 年级	3—5 年级	6—8 年级	9—12 年级
K—2 年级的分析数据建立在先前经验基础上，且发展到收集、记录共享观察结果。 ● 记录信息（观察、想法和概念） ● 使用和分享观察的图片、图画或文字 ● 运用观察（第一手资料或从媒体中）来描述自然界和人工世界的模式或关系，从而回答科学问题和解决难题 ● 将预测（基于先前经验）与发生的事件（可观察事件）进行比较 ● 从对对象或工具的测试中分析数据，以确定是否按预期的方式工作	3—5 年级的分析和解读数据建立在 K—2 的经验基础上，发展到介绍定量方法来收集数据和进行定性观察的多个试验。如果可行，应采用数字化工具 ● 通过表格和各种图形（柱状图和统计图表）显示数据来表明关系模式 ● 分析和解读数据，利用逻辑推理、数学和/或计算理解现象 ● 对比和比较不同群体收集的数据，以讨论其发现的异同 ● 分析数据以优化问题陈述或设计提出的对象、工具或过程 ● 使用数据来评估和优化解决方案	6—8 年级的分析和解读数据建立在 K—5 年级经验基础上，发展到将定量分析拓展为研究方法、区分相关关系与因果关系，以及基础的数据统计技术和误差分析。 ● 建立、分析和解读数据图或大数据集，识别线性和非线性关系 ● 利用大数据集的图形显示（地图、图表、曲线图或表格）来识别时间和空间关系 ● 区分数据中的原因与结果和相关性的关系 ● 分析和解读数据，为现象提供证据 ● 应用统计学和概率的概念（包括平均值、中位数、众数和可变性）来分析和表征数据，在可行时使用数字化工具 ● 考虑数据分析的限制（测量误差）和/或通过更好的技术工具和方法（多次试验）来寻求提高数据的精度度 ● 分析和解读数据，以决定其中的异同 ● 分析数据，为最符合成功标准的目标对象、工具、进程或系统定义最佳操作范围	9—12 年级的分析和解读数据，建立在 K—8 年级经验基础上，发展到引入更细致的统计分析、比较数据集的一致性，以及用模型生成和分析数据 ● 用工具、技术和/或模型（计算机模型、数学模型）分析数据，从而得出有效和可靠的科学观点或一个优化的设计方案 ● 将统计学与概率论的概念（包括确定数据的线性关系、斜率、截距和相关性系数）应用于科学与工程问题，在可行时使用数字工具 ● 在分析和解读数据时，考虑数据分析的限制（测量误差和样本选择） ● 比较和对比各种类型的数据集（自我生成、归档），以检查测量和观察的一致性 ● 评估新数据对所提议的过程或系统的工作解释或模型的影响 ● 分析数据，以确定所提议的过程或系统组件的设计特征及特性，以便优化成功的标准

实践5：使用数学和计算思维

　　虽然数学和计算思维在科学与工程中的应用存在差异，但是工程师可以使用科学理论的数学形式，而科学家也可以使用工程师设计的强大信息技术——这样，数学将两个领域联系在了一起。从而这两个领域的工作者才能完成研究和分析，建立复杂的模型，否则这些工作可能根本无法进行。（NRC，2012，P65）

　　学生被期望使用数学来表示物理变量及其关系，并进行量化预测。数学在科学与工程中的其他应用包括逻辑、几何和最高级的微积分。计算机和数字工具可以通过自动计算，逼近不能精确计算的问题的解决方案，以及分析可用于识别有意义的模式的大数据集，从而增强数学的力量。学生被期望能使用与计算机连接的实验室工具进行观察、测量、记录和处理数据。学生也应该参与计算思维，包括组织和搜索数据的策略、创建一系列被称为算法的步骤，以及使用和开发自然界和人工世界的新的模拟方式。数学是理解科学的关键工具。因此，课堂教学指导必须包括数学的关键技能。《新一代科学教育标准》通过预期表现显示了许多这样的技能，但课堂教学还应通过使用优质的数学和计算思维来增强所有科学。

实践 5：使用数学和计算思维

K—2 年级	3—5 年级	6—8 年级	9—12 年级
K—2 年级的使用数学和计算思维建立在先前经验基础上，发展到识别可使用的数学知识来描述自然世界和人工世界 ●决定何时使用定性与定量数据 ●使用计数和数字来识别和描述自然世界和人工世界的模式 ●描述、测量或比较不同对象的定量属性，并使用简单的图形呈现数据 ●使用定量数据来比较问题的两种不同解决方案	3—5 年级的数学和计算思维建立在 K—2 年级经验基础上，发展到对多个物理性质进行定量测量，使用数学和计算分析数据和对比两种方案 ●根据定性或定量数据确定目标对象或工具是否符合成功标准 ●组织简单的数据集，以显示关系的模式 ●描述、测量、估计和用图像表示数量（面积、体积、重量、时间），以解决科学问题和工程难题 ●创建和/或使用从简单算法生成的图形和/或图表，将其他解决方案与工程问题进行比较	6—8 年级的数学和计算思维建立在 K—5 年级经验基础上，发展到识别大数据集内的模式，以及使用数学概念去支撑解释和论证 ●使用数字化工具（计算机）分析非常大的模式和趋势的数据集 ●使用数学表现方式来描述和/或支持科学结论与设计方案 ●创建算法来解决问题 ●将数学概念或过程（比例、速率、百分比、基本操作、简单代数等）应用于科学和工程问题 ●使用数字化工具和/或数学概念和参数来测试和比较工程设计问题中提出的解决方案	9—12 年级的数学和计算思维建立在 K—8 年级经验基础上，发展到使用代数思维与分析，包括三角函数、指数函数与对数函数在内的一系列线性和非线性函数，以及利用用于统计分析的计算机工具去分析、表现和模拟数据。基于有基本假设的数学模型，开发和使用简单的计算机模型 ●创造和/或修改一个关于一种现象、设备、工序或系统的计算机模型 ●通过数学、计算和/或算法表现现象或解决方案，来描述和/或支持观点和/或解释 ●应用代数和函数的技术来表示和解决科学和工程问题 ●使用简单的限制案例来测试一个进程或系统的数学表达式、计算机程序、算法或模拟，以通过将结果与现实世界已知的结果进行比较来查看模型是否"有意义" ●在复杂的测量问题[包括衍生或复合单位数量（毫克/毫升，千克/立方米，英亩等）]的情况下，应用比率、速率、百分比和单位转换

实践6：建构解释和设计解决方案

科学的目标是为一个现象的起因构建解释。学生被期望构建他们自己的解释和应用他们从老师处或阅读时学到的标准解释。《框架》对解释做出如下陈述：

> 科学的目标是建构可以用来解释世界特征的理论。当一种理论在可解释现象的广度及其解释的连贯和简洁程度方面显示出相对于其他解释的优越性时，这种理论就是可接受的。（NRC，2012，P52）

解释包括涉及变量或变量如何与另一个变量或一组变量相关联的声明。声明通常是针对一个问题提出的，在回答这个问题的过程中，科学家经常设计研究来生成数据。

工程的目标是解决难题。设计问题的解决方案是一个系统的过程，涉及定义问题，然后生成、测试和改进解决方案。《框架》中对这种做法描述如下：

> 要让学生基于他们的观察或搭建的模型来形成他们对某一现象的解释，以此来展示他们对某个科学概念意义的理解。这样一来，学生就能步入"概念转变"的关键程序了。
>
> 工程的目标是设计而不是解释。形成设计的过程是反复的、系统化的，就像科学解释或理论的形成过程一样。然而，工程师有一些区别于科学家的特有活动。包括为方案达到预期质量明确约束条件和标准、制订一个设计计划、制作并检测模型或原型、为了最优化地达到设计标准而选择合适的设计要素，以及基于原型或模型的性能来完善设计思路。（NRC，2012，PP68—69）

实践 6：建构解释和设计解决方案

K—2 年级	3—5 年级	6—8 年级	9—12 年级
K—2 年级的建构解释和设计解决方案建立在先前经验基础上，发展出在建构基于证据的对自然现象的解释和方案的设计中使用证据和想法 ●通过观察（第一手资料或媒体）为自然现象提供基于经验证据的解释 ●通过使用工具和材料设计并建立一个装置来解决一个具体的问题，或通过采取解决方案解决具体问题 ●生成或比较多个问题的解决方案	3—5 年级的构建解释和设计解决方案建立在 K—2 经验基础上，发展到在构建描述和预测现象的特定变量的解释时使用证据，以及设计问题的多种解决方案时使用证据 ●对观察到的关系构建解释（后院植物的分布） ●利用证据（测量、观察、模型）以构建或支持解释，或设计一个问题的解决方案 ●确定在解释上能支持特定的证据 ●把科学概念应用到解决设计问题上 ●基于如何达到标准和设计问题的限制，形成并对比多个解决方案	6—8 年级的建构解释和设计方案建立在 K—5 年级经验基础上，发展到用多种来源的，与科学概念、原理和理论相一致的证据来支撑解释的建构和方案的设计 ●建立一个包含变量间定性与定量关系的解释来预测现象 ●利用模型或表述构建解释 ●基于从各种来源（包括学生自己的经验）获得的有效和可靠的证据，以及描述自然世界的理论与定律现在、未来都与过去一样有效的假设，建构一个科学解释 ●应用科学概念、原理或证据构建、修改或使用关于真实世界现象、实例或事件的解释 ●应用科学推理来说明数据或证据足以构建解释或结论的原因 ●应用科学概念或原理来设计一个物体、工具、过程或系统 ●开展一个设计项目，经历设计流程，创建或实施一种方案，满足具体的设计要求和约束 ●通过优先考虑标准进行权衡、测试、修改和重新测试来优化设计的性能	9—12 年级的建构解释和设计方案建立在 K—8 年级经验基础上，发展到用多种来源且相互独立的、学生开发的、与科学概念、原理和理论相一致的证据来支撑解释和设计 ●对因变量和自变量之间的关系做出定量和/或定性的说明 ●基于从各种来源（包括学生自己的研究、模型、理论和同行评议）获得的有效和可靠的证据，以及描述自然世界的理论与定律现在、未来都与过去一样有效的假设，建构和修正一个解释 ●应用科学原理和证据解释现象，解决设计问题，同时考虑意想不到的潜在影响 ●应用科学推理、理论和/或模型将证据和观点联系起来，评价推理和数据在多大程度上支撑解释或结论 ●基于科学知识、学生得到的证据、经过主次排序的标准和对各项约束的权衡，设计、评估和/或改善一个复杂真实世界问题的解决方案

实践7：参与基于证据的论证

对科学与工程的学习应该让学生理解论证的过程，知道论证对于改进和辩护一个新观点或对现象的解释是必需的，还应该形成开展这种论证的规范。本着这种精神，学生应该为自己建构的解释而论证，为自己对相关数据的阐述而辩护，捍卫自己提出的设计。（NRC，2012，P73）

论证是一个关于解释和设计解决方案达成协议的过程。在科学中，基于证据的推理和论证对于确定自然现象的最佳解释至关重要。在工程中，需要推理和论证来确定设计问题的最佳解决方案。如果学生要了解科学家生活的文化及如何应用科学与工程为社会造福，那么学生参与科学论证就至关重要。因此，论证是基于证据和推理的过程，这一过程产生科学界可以接受的解释和工程界可以接受的设计方案。

科学论证远超达成解释和设计解决方案的协议。无论是调查现象、测试设计还是建立模型以提供解释机制，学生都应该根据自己的优势，利用论证来听取、比较和评估相互竞争的想法和方法。科学家和工程师在调查现象、测试设计方案、解决测量问题、建立数据模型和使用证据来评估声明时都会进行论证。

实践 7：参与基于证据的论证

K—2 年级	3—5 年级	6—8 年级	9—12 年级
K—2 年级的参与基于证据的论证是建立在先前经验基础上，发展到比较有关自然世界和人工世界的想法和陈述 ●确定证据支持的论证 ●区分所有收集到证据的解释和那些没有收集到证据的解释 ●分析有些证据与科学问题相关、有些证据与科学问题无关的原因 ●在某人自己的解释中区分观点和证据 ●积极听取论据，表明基于证据的赞同或分歧，从而重新陈述论点的要点 ●构建有证据的论点来支持阐述 ●就相关证据支持的对象、工具或解决方案的有效性提出声明	3—5 年级的参与基于证据的论证是建立在 K—2 年级经验基础上，发展到引用自然世界和人工世界相关的证据去批判同伴提出的科学的解释和解决方案 ●根据对所提供证据的评估，比较和改进论证 ●基于研究结果和解释中的推测区分事实、推理判断 ●通过引用相关证据并提出具体问题，提供和接受来自同行对过程、解释或模型的批评 ●通过证据、数据或模型构建或支持一个论证 ●通过数据来评估有关因果的声明 ●通过引用关于证据是如何符合标准及问题的约束条件，论述有关解决方案的优势	6—8 年级的参与基于证据的论证建立在 K—5 年级经验基础上，发展到建立一个有说服力的论证，支持或反对关于自然与人工世界的解释或方案 ●比较和批评同一主题的两个论点，分析它们是否强调类似或不同的证据或事实的解释 ●通过引用相关证据，提出并接受关于解释、过程、模型和问题的批评、构成和回应引发相关阐述和细节的问题 ●建立和提交口头及书面论证，用实证和科学推理支持或反对关于一种现象或一个问题的解决方案的解释或模型 ●根据关于技术是否符合相关标准和约束的经验证据，作口头或书面论证，支持或驳斥所宣传的设备、过程或系统性能 ●基于共同开发和商定的设计标准，评估相互竞争的设计方案	9—12 年级的参与基于证据的论证，建立在 K—8 年级经验基础上，发展到使用适当与充分的证据和科学推理，辩护和批评关于自然世界与人工世界的观点与解释。论证也可以来自当前的科学事件或历史科学事件 ●根据当前接受的解释、新证据、限制（权衡）、约束和伦理问题，比较和评估相互矛盾的论证或设计解决方案 ●评价当前被接受的解释或方案背后的观点、证据和推理，确定论证的优点 ●通过探索推理和证据，挑战思想和结论，深思熟虑地回应各种不同的观点，并确定解决矛盾所需的其他信息，提供或接受关于科学论证的批评 ●基于数据和证据，建构口头与书面论证或反驳一个论证 ●基于证据作出和辩护一个关于自然世界的观点，反映科学知识和学生形成的证据 ●基于科学概念与原理、经验证据和对相关因素（经济的、社会的、环境的、伦理的）的逻辑论证，来评估一个真实世界问题的不同的设计方案

实践8：获取、评价和交流信息

任何科学与工程教育都必须发展学生阅读和创作专业领域文献的能力。从这一点看，每一节科学与工程课都包含一部分语言课内容，典型的情况是教授如何阅读和创作科学与工程所固有的文献体裁。（NRC，2012，P76）

能够阅读、理解和创作科学技术文献，以及沟通清晰和具有说服力的能力都是科学与工程的基本实践。作为科学与工程信息的关键消费者，需要有阅读或查看科学或技术进展或应用报告（无论是在新闻界、在互联网上还是在城市会议中发现）的能力，并能认识到突出的想法，识别错误的来源和方法缺陷，将观察结果与推论、解释论证和证据要求区分开来。科学家和工程师使用多个来源来获取用于评估主张、方法和设计的优点和有效性的信息。信息、证据和想法的交流可以通过多种方式进行，如使用图形、曲线图、表格、模型、交互式显示、方程，以及口头、书面和扩展讨论。

实践 8：获取、评价和交流信息

K—2 年级	3—5 年级	6—8 年级	9—12 年级
K—2 年级的获取、评价和交流信息建立在先前经验基础上，且使用观察和文本来交流新信息 ●通过阅读与其年级相符的文本及媒体获取科学信息来描述自然界的模式 ●描述特定图像（显示机器的工作原理图）支持科学或工程思想 ●运用不同的文本，文本特征（标题、内容表格、大纲、电子菜单、按钮）来获取信息及其他能够解决科学问题的媒介 ●与他人以口头或书面的形式交流解决方案并通过模型或图画提供科学观点的细节	3—5 年级的获取、评价和交流信息建立在 K—2 年级经验基础上，发展到评估思想和方法的优点和准确性 ●阅读与年级相符的复杂文本和/或其他可靠的媒体，以总结和获取科学技术观点，并描述他们如何得到证据的支持 ●通过与复杂文本和/或其他可靠媒体进行比较或结合，以支持参与其他科学与工程实践 ●将书面文本中的信息与相应表格、图表或图表中的信息相结合，以支持其他科学或工程实践的参与 ●从书籍或其他可靠的媒体获得并整合信息去解释现象或解决方案 ●口头和/或书面形式的科学和/或技术信息的交流，包括各种形式的媒体、表格、图表和曲线图	6—8 年级的获取、评价和交流信息建立在 K—5 年级经验基础上，发展到评价概念与方法的优点和有效性 ●通过仔细阅读适合课堂使用的科学文本，以确定中心思想和/或获得科学和/或技术信息，描述自然界和人工世界的模式和/或证据 ●将书面文字与多媒体中的定性的科学与技术信息整合起来，以阐明观点与发现 ●从多个合适的来源采集、阅读和综合信息，评价各种来源和信息采集方法的可信度、准确度和可能的偏差，描述信息是怎样得到证据的支持或没有得到支持的 ●根据竞争性信息或数据评估科学技术文本中的数据、假设和结论 ●通过书面和/或口头表达方式交流科学和/或技术信息（关于目标对象、工具、过程、系统）	9—12 年级的获取、评价和交流信息建立在 K—8 年级经验基础上，发展到评价观点、方法与设计的有效性和可靠性 ●通过仔细阅读适合课堂使用的科学文献，以确定中心思想或结论和/或获得科学或技术信息，以总结复杂的证据、概念、过程或文本中提供的信息，使其简单但仍然准确 ●比较、整合和评估以不同的媒体或格式（视觉上、数量上）呈现的信息来源，并以言辞来解决科学问题或方案 ●从多个权威来源收集、阅读和评估科学和/或技术信息，评估每个来源的证据和有用性 ●评价科学与技术文本或媒体报告中出现的多种观点的有效性和可靠性，并在可能的情况下核查数据 ●以多种形式（包括口头的、图像的、文本的和数学的）交流科学与技术的信息或观点（如：有关发展的过程和/或现象的信息以及一个所提议的过程或系统的设计和表现形式的观点）

反思科学与工程实践中的反思

让学生参与本部分内容的科学与工程实践，对于科学素养来说是不够的。同样重要的是，学生要退后一步，反思这些实践如何为自己的发展做出贡献及在漫长的岁月里科学知识和工程成就的积累。实现这一点是课程和教学的问题，而不是标准，因此，本文档中没有提供具体的指导方针。尽管如此，如果不承认反思是至关重要的，那么本部分就不完整。学生要意识到自己是科学和工程领域里有能力、有信心的学习者和实践者。

参考文献

Bell, P., Bricker, L., Tzou, C., Lee., T., and Van Horne, K. (2012). Exploring the science framework; Engaging learners in science practices related to obtaining, evaluating, and communicating information. *Science Scope* 36(3):18-22.

Lee, O., Quinn, H., and Valdés, G. (in press). Science and language for English language learners in relation to Next Generation Science Standards and with implications for Common Core State Standards for English language arts and mathematics. *Educational Researcher.*

NRC (National Research Council). (2012). *A framework for K-12 science education: Practices, crosscutting concepts, and core ideas.* Washington, DC: The National Academies Press.

附录F 科学与工程实践

实践矩阵另表

科学与工程实践	K-2年级	3-5年级	6-8年级	9-12年级

提出问题和定义问题
 	
科学实践是提出和改善引发对自然界和人工世界如何运作及经验测试的描述和解释的问题
 	
工程问题澄清难题，以确定成功解决方案的标准，并确定解决人工世界问题的约束
 	
科学家和工程师都提出问题来澄清想法
	K-2年级的提出问题和定义问题建立在先前经验基础之上，且发展到简单的、可以被测试的描述性问题
	
	• 通过观察提问，找到更多关于自然世界和人工世界的问题
		3-5年级的提出问题和定义问题建立在K-2年级的经验基础上，并发展到指定的定性关系
		
		• 提出关于如果一个变量变化会出现什么的问题
		
		• 识别科学性的（可测试的）和非科学性的（不可测试的）问题
		
		• 提出基于如果关系和可预测合理结果的因果关系，并可以调查和预测合理结果的问题
		
		• 定义一个能够通过开发新的或改进的物体和工具，过程或系统解决的简单问题，包括一些有关成功的标准和对物质、时间或成本的限制
			6-8年级的提出问题和定义问题建立在K-5年级的经验基础上，阐明论证和指出变量间的关系
			
			• 提出问题
			  ○ 来自对现象、模型或无预期结果的仔细观察，以澄清或找寻更多信息
			  ○ 以识别或澄清一个论证的证据
			  ○ 确定自变量和因变量之间的关系及模型中的关系
			  ○ 描述和/或改善一个模型、一种解释关系或一个工程学问题
			
			• 提出需要充分和适当的实证来回答的问题
			
			• 提出可以在教室里、户外、博物馆或其他有可用资源的公共场所探究的问题，并在适当的情况下基于观察和科学原理建立一个假设
			
			• 提出有关挑战论证前提或解读数据集的问题
			
			• 确定一个设计问题，开发一个物体、工具、过程或系统来解决，并涉及多项要求与约束，包括可能限制方案可行性的科学知识
				9-12年级的提出问题和定义问题建立在K-8年级的经验基础上，发展到使用模型和仿真来建构，提炼和评估可以经验实践检验的问题和设计问题
				
				• 提出问题
				  ○ 来自对现象或无预期结果的仔细观察，以澄清和/或找寻更多的信息
				  ○ 研究模型或推理论以澄清寻求自变量与因变量之间的关系和关系
				  ○ 确定关系，包括在因变量与自变量之间的数量关系
				  ○ 来描述和/或改善一个模型、一种解释或一个工程学问题
				
				• 评估一个问题，以确定是否具有可检测性和相关性
				
				• 在具有可用资源的学校实验室、研究设施或实地（户外环境）范围内提出可以调查或研究的问题，并适时根据模型或推理论构建假设
				
				• 提出和/或评估开发具有相互作用的组件、数据集的前提和解读设计或设计具有适用性问题
				
				• 定义一个设计问题，涉及开发具有相互作用的组件、标准及约束条件，包括社会、经济及环境因素

（续表）

科学与工程实践	K—2 年级	3—5 年级	6—8 年级	9—12 年级
开发和使用模型 科学和工程学的实践之一是使用和构建模型作为表达想法和解释的有用工具。这些工具包括图表、图纸、物理模型、数学表达、类比和计算机仿真。 建模工具用于开发问题，分析和识别系统中的缺陷和想法，并交流想法。它们用于构建和修改科学解释和提出的工程系统。测量和观察用于修改模型和设计	K—2 年级的建模是建立在先前经验基础上，发展到使用和建立模型（图表、图画、物理模型、透视画、编剧和叙事版）来表示具体事件或设计解决方案 ● 分辨模型和具体物体、进程和/或模型代表的事件 ● 比较模型以识别共同特征和差异性 ● 开发和/或使用模型来表示数量、关系、相对尺度（更大、更小）或自然世界或人工世界的模式 ● 基于证据开发和/或使用模型表示一个提出的对象或工具	3—5 年级的建模建立在K—2年级的经验基础上，发展到建立和修正简单的模型，使用模型去表示事件和设计解决方案 ● 识别模型的限制 ● 在展示关于频繁和规律发生的事件变量关系的基础上，合作开发和/或修改模型 ● 利用类比、举例或抽象表达建立模型，以描述科学原理或设计方案 ● 开发和/或使用模型来描述或预测现象 ● 开发表格或简单的物理原型来表达目标对象、工具或进程 ● 利用模型测试自然世界或人工世界相关功能的因果关系或交互作用	6—8 年级的建模建立在K—5年级的经验基础上，以描绘、发展到开发、使用和修正模型更准确地预测抽象的现象与系统设计系统 ● 评估关于所提出的对象或工具的模型的限制 ● 开发或修改基于证据的模型，以匹配关于它的证据 ● 开发和/或使用模型以展示变量之间的关系，包括输入和输出的简单系统模型 ● 使用和/或开发具有不确定和缺少预测的模型或模拟以预测如果系统的变量或组件发生变化会发生什么 ● 开发和/或使用一个模型以预测和/或描述现象 ● 开发一个模型以描述无法观察到的机制 ● 开发和/或使用一个模型以生成数据，包括体现输入与输出的数据，用数据检验关于自然界和人工设计系统的想法	9—12 年级的建模建立在K—8年级的经验基础上，发展到使用、综合与开发模型，以预测和展现自然及人工世界中的系统与系统之间，系统的组件之间的变量关系 ● 评估同一目标对象、过程、机制或系统的两个不同模型的优点和局限性，以选择或修改最符合证据或设计标准的模型 ● 设计一系列模型的测试，以确定其可靠性 ● 基于证据开发、修改和/或使用一个模型，说明和/或预测系统之间或一个系统的组件之间的关联 ● 开发和/或使用多种类型的模型以提供解释/或预测现象之间的机制，并根据优点和限制灵活地在模型类型之间选择 ● 开发和/或使用模型（包括数学和计算）来生成数据以支持解释、预测现象，分析系统和/或解决问题

附录 F　科学与工程实践 | 73

(续表)

科学与工程实践	K—2 年级	3—5 年级	6—8 年级	9—12 年级
计划和开展研究 科学家和工程师以个人或合作的方式在现场或实验室计划和开展研究。他们的研究是系统性的，需要澄清哪些是数据设计变量或识别变量并识别参数 工程调查需要确定设计在不同条件下的有效性、效率和耐久性	K—2 年级通过计划和开展研究来回答问题或检验结果是建立在先前经验基础上，并发展到简单的建立在公平实验基础上的，为解释和设计解决方案提供数据支持的研究 • 相互合作，在指导下计划和实施一个研究 • 以合作方式进行计划和实施调查，产生数据作为回答问题的证据基础 • 通过评估观察和/或测量现象的不同方法来决定哪种可以回答问题 • 通过观察和测量的数据（第一手资料或从媒体中获得的）反对测量数据进行比较 • 通过观察的数据从媒体中获得的）及对所提出解决方案的对象、工具或材料的测量来确定是否可以解决问题或完成目标 • 基于先前经验做出预测	3—5 年级通过计划和开展研究来回答问题或检验结果是建立在 K—2 年级的经验基础上，发展到采用控制变量，并提供证据以支持解释或设计解决方案 • 以合作的方式开展计划和研究，产生数据作为证据，采用公平实验，控制变量，考虑实验次数 • 评估合适的收集数据的方法和/或工具 • 通过观察和测量现象获得数据，作为解释现象或检验解决方案的依据 • 预测如果一个变量改变会发生什么 • 通过测试提出的两种不同模型，工具或过程更好地符合设计成功的标准	6—8 年级的计划和开展研究，建立在 K—5 年级经验基础上，发展到使用多个变量的，为解释或设计方案提供证据支持的研究 • 个人或与人合作计划一项研究，并且在设计中识别自变量、因变量和控制变量，测量结果使用的工具，记录以及需要采集多少数据来支撑一个观点 • 开展一项研究，并评估或修改数据用来生成数据（作为证据的基础，实现研究的目标）的实验设计 • 评估收集数据的不同方式的精确度 • 收集数据，以生成可以回答科学问题，或检验一系列条件下目标对象、工具、进程或系统的数据的方案 • 收集关于目标对象，工具、进程或系统在一系列条件下的表现的数据	9—12 年级的计划和开展研究建立在 K—8 年级经验基础上，发展到概念模型、数学模型、实物模型和经验模型提供证据或检验模型的研究 • 个人及集体进行调查或测试设计，产生基于证据的数据，作为建立和修改模型的一部分，支持现象的解释或测试解决方案。考虑可能的混淆的变量或变量的设计，并评估调查中进行设计以确保可靠测量所需数据的类型（测试次数、数据测量精确度的局限因素、成本、思考风险、时间），并据此改进设计 • 个人或与人合作计划和开展一项研究，并在设计中和进行设计解决方案的方式规划和调查或测试，以安全和道德的方式规划和调查或测试，包括对环境，社会和个人影响的考虑 • 选择适当的工具来收集、记录、分析和评估数据 • 做出有方向的假设，指定在自变量被操纵时，因变量发生的情况 • 操纵变量并收集关于所提出的过程或系统的复杂模型故障点或提高相对于成功标准或其他变量的性能的数据，以识别故障点或提高相对于成功标准或其他变量的性能

（续表）

科学与工程实践	K—2年级	3—5年级	6—8年级	9—12年级
分析和解读数据 科学调查产生数据，数据必须经过分析才能够得出含义。由于数据模式和趋势不总是显而易见的，科学家们使用一系列工具（包括制表、图形解释、可视化和统计分析）来识别数据中的重要特征和模式。科学家确定研究中的误差来源，并计算结果的确定程度。现代技术使得大数据集的收集变得更容易，为分析提供了二手数据来源 工程调查需要对设计在测试阶段中收集的数据进行分析。允许比较不同的解决方案，并确定每个解决方案满足特定的设计标准，即在给定的约束内哪种设计最适合解决问题。像科学家一样，工程师需要一系列工具来识别数据中的模式以使解决方案的过程更加高效和有效	K—2年级的分析数据建立在先前经验基础上，且发展到收集、记录和共享观察结果 ● 记录信息（观察、想法和概念） ● 使用和分享观察的图片、图画或文字 ● 运用观察（第一手资料或从媒体）来描述自然界和人工世界的模式和关系，从而回答科学问题和解决问题 ● 将预测（基于以前的经验）与发生的事件（可观察）进行比较 ● 从对象或工具的测试中分析数据，以确定是否按预期的方式工作	3—5年级的分析和解读数据建立在K—2的经验基础上，发展到介绍定量方法来收集数据和进行定性观察的多个试验。如果可行，应采用数字化工具 ● 通过表格和各种图形（柱状图和统计图表）显示数据来表明关系模式 ● 分析和解读数据，利用逻辑推理、数学和/或计算理解观察的异同 ● 对比和比较不同群体收集的数据，以讨论其发现的异同 ● 分析数据以优化问题陈述或设计提出的对象、工具或过程 ● 使用数据来评估和估化方案	6—8年级的分析和解读数据建立在K—5年级经验基础上，发展到定量分析折展为研究方法，区分相关关系与因果关系，以及基础的数据统计技术和误差分析 ● 建立、分析和解读数据集图形以识别线性和非线性关系 ● 使用大型数据集的图形显示（地图、图表、曲线图或数据表格）来识别时间和空间关系 ● 区分数据中的原因与结果和相关性的关系 ● 分析和解读数据，为现象提供证据 ● 应用统计学和概率概念（包括平均值、中位数、众数和可变性）来分析和表征数据，在可行时使用数字化工具 ● 考虑数据分析的限制（测量误差），或通过更好的技术工具和方法（多次试验）来寻求提高数据的精准度 ● 分析和解读数据，为最符合成功标准的目标分析数据，工具，进程或系统定义最佳操作范围	9—12年级的分析和解读数据，建立在K—8年级的分析基础上，发展到引入更细致的统计分析，比较数据集的一致性，以及用模型生成和分析数据 ● 用工具，技术和/或模型（计算机模型，数学模型）分析数据，从而得出有效和可靠的科学观点或一个优化的设计方案 ● 将统计学与概率论的概念（包括确定数据的线性关系、斜率、截距常数）应用于科学与工程问题，在可行时使用数字工具 ● 在分析数据时，考虑数据分析的限制（测量误差和样本选择） ● 比较和对比各种类型的数据集（自我生成，归档），以确定新数据对所提议的过程或系统组件的工作解释或模型的影响 ● 评估新数据对所提议的过程或系统成功的标准的一致性 ● 分析数据，以检查特征性，设计特征或测量的一致性

附录 F　科学与工程实践 | 75

（续表）

科学与工程实践	K—2 年级	3—5 年级	6—8 年级	9—12 年级
使用数学和计算思维 在科学和工程中，数学和计算表达是物理变量及它们之间关系的基本工具。它们被用于多种任务，如建立仿真；精确或逼近似求解方程；表达和应用量化关系 数学和计算方法使科学家和工程师能够预测系统的行为并测试这些预测的有效性	K—2 年级的数学和计算思维建立在先前经验基础上，发展到识别可使用的数学知识来描述自然世界和人工世界 • 决定何时使用定性与定量数据 • 使用计数和数学来识别和描述自然世界和人工世界的模式 • 描述、测量或比较不同对象的定量属性，并使用简单的图形呈现数据 • 使用定量数据来比较同题的两种不同解决方案	3—5 年级的使用数学和计算思维建立在 K—2 年级经验基础上，发展到对多个物理性质定量测量，使用数学和计算分析数据和对比的两种方案 • 根据确定或使用定量数据集确定目标是否符合成功标准 • 组织简单的数据集，以显示关系或的模式 • 描述、测量、估计利用图像表示数量（面积、体积、重量、时间），以解决科学和工程难问题 • 创建和/或使用从简单算法生成的图表、图表，将其他解决方案与工程问题进行比较	6—8 年级的数学和计算思维建立在 K—5 年级经验基础上，发展到使用数学概念和代数表达识别大数据集内的模式，以及使用数学概念去支撑解释和论证 • 使用数字化工具（计算机）分析非常大的模式和趋势的数据集 • 使用数学表现方式来描述和/或支持科学结论与设计方案 • 创建算法来解决问题 • 将数学概念和/或过程（比例，速率，百分比，基本操作，简单代数等）应用于科学和工程问题 • 使用数字化工具和/或数学概念和参数来测试和比较工程设计问题中提出的解决方案	9—12 年级的数学和计算思维建立在 K—8 年级经验基础上，发展到使用代数思维与分析，包括三角函数，指数函数与对数函数在内的一系列线性和非线性函数，以及计算统计分析的计算机工具，去分析、表现和模拟数据。基于有基本假设的数学模型和使用简单的计算机模型 • 创造和/或修改一个关于一种现象、设备、工序或系统的计算机模型 • 通过数学、计算或算法表现现象或解决方案来描述和/或支持观点和/或解释 • 应用代数和函数的技术来表示和解决科学和工程问题 • 使用简单的测量的限制例来测试一个进程或系统的数学或模拟，计算机程序，算法或已知世界的结果比较以查看有模型是否"有意义" • 在复杂的测量问题 [包括符合复合单位数量（毫克/毫升、干克、英亩等）] 的情况下，应用比率、速率、百分比或单位的转换

(续表)

科学与工程实践	K—2年级	3—5年级	6—8年级	9—12年级
建构解释和设计解决方案 科学的终端产物是解释，工程的终端产品是解决方案。科学终端目标是建构可以用来解释世界特征的理论。当一种理论在可解释现象的广度及其解释的连贯简洁程度方面显示出相对于其他理论的优越性时，这种理论就是可被接受的。 工程设计作为解决问题的一个系统化的过程，是以科学知识和物质世界的模型为基础的。解决方案需要满足很多方面的标准：预期功能，技术可行性，成本，安全性，美感以及对法律的遵守。最佳选择取决于方案是否满足评价标准和约束条件	K—2年级的建构解释和设计解决方案建立在先前经验基础上，发展出在建构基于证据的对自然现象的解释和方案的设计中使用证据和想法 ● 通过观察（第一手资料或媒体）为自然现象提供基于经验证据的解释	3—5年级的构建解释和设计解决方案建立在K—2年级经验基础上，发展到构建描述和预测现象的特定变量的解释时使用证据，以及设计问题解决方案时的多种使用证据 ● 对观察到的关系构建解释（后院植物的分布） ● 使用证据（测量，观察，模型）以构建或支持解释，或设计一个问题的解决方案 ● 确定在解释上能支持特定的证据 ● 把科学概念应用到达到设计标准和设计问题上 ● 基于如何达到标准的限制，形成并对比多个问题的解决方案	6—8年级的建构解释和设计方案建立在K—5年级经验基础上，发展到用多种来源的，与科学概念、原理和理论相一致的证据来支撑解释的建构和方案的设计 ● 建立一个包含变量间定性与定量关系的解释来预测现象 ● 使用模型或表述构建解释 ● 基于从各种来源（包括学生自己的经验）获得的有效和可靠证据，以及描述自然世界的理论与过去都与一样有效的假设，建构一个科学解释。 ● 应用科学概念，原理或理论构建、修改使用证据构建实例解释现象，实例或事件的解释 ● 应用科学推理来说明数据或证据足以构建解释或结论的原因 ● 应用科学概念或原理来设计一个物体，工具，过程或系统 ● 开发一个设计项目，经历设计流程，建或改一种方案，满足具体的设计要求和约束 ● 通过优先考虑标准，进行权衡，测试，修改和重新测试来优化设计的性能	9—12年级的建构解释和设计方案建立在K—8年级经验基础上，发展到用多种来源目独立的，学生开发的，与科学概念、原理和理论相一致的证据来支撑解释和设计 ● 对因变量和自变量之间的关系做出定量和/或定性的说明 ● 基于从各种来源（包括学生自己的研究，模型，理论和/或同行评议）获得的有效和可靠的证据，以及描述自然世界的理论与现在，未来与过去一样有效的假设，建构解释现象，同时考虑意想不到的潜在影响 ● 应用科学原理和证据去解释现象，解决设计问题，同时考虑意想不到的潜在影响 ● 应用科学推理，理论和/或模型将证据和观点联系起来，评估推理和数据在多大程度上支撑解释或结论 ● 基于科学标准对各项约束的权衡，设计，评估和/或改善一个复杂真实世界问题的解决方案

附录 F　科学与工程实践 | 77

（续表）

科学与工程实践	K—2 年级	3—5 年级	6—8 年级	9—12 年级
参与基于证据的论证 论证是基于给结论和解决方案举证的过程 在科学和工程方面，基于证据的推理和论证对于确定自然现象的最佳解释或问题的最佳解决方案至关重要 科学家和工程师使用论证来听取、比较和评估观点和方法 在调查现象、测试设计解决方案、解决关于测量的问题、建立数据模型和使用证据来评估声明时，科学家和工程师都需要进行论证	K—2 年级的参与基于证据的论证是建立在先前经验基础上，发展到比较有关自然世界和人工世界的想法和陈述 • 确定证据支持的论证 • 区分有收集到证据和那些没有收集到证据的解释 • 分析与科学问题相关，有些证据无关的原因 • 在某人自己的解释中区分观点和证据 • 积极听取论据，表明基于证据的赞同或分歧，来重新陈述论点的要点 • 构建有证据的论点支持声明 • 就相关证据支持的对象、工具或解决方案有效性提出声明	3—5 年级建立在 K—2 年级经验基础上，发展到引用自然世界和人工世界相关的证据去批判同伴提出的科学的解释和解决方案 • 根据对所提供证据的评估，比较和改进论证 • 基于研究结果和解释中的推理判断区分事实、推理判断 • 通过引用相关证据并提出具体问题，提供和接受同行对论过程，解释或模型的批评 • 通过证据、数据或模型构建或支持一个论证 • 通过数据来评估有关因果关系问题的约束条件，论述有关解决方案的优势	在 6—8 年级的参与基于证据的论证建立在 K—5 年级经验基础上，发展到构建一个有说服力的论证，支持或反对关于自然世界的解释或解决方案 • 比较和批评同一主题的两个论点，分析他们是否强调类似的证据或事实的解释 • 通过引用相关证据，提出并接受关于当前与书面论证或问题的解释或模型的批评 • 建立和提交口头和书面论证支持或反对关于一种现象或解决方案的模型 • 科学推理来支持或反对关于现象或问题的解决方案的一个设计解决方案 • 根据关于技术是否符合相关标准和约束的经验证据，作口头或书面论证，支持或驳斥所宣传的设备、过程或系统性能 • 基于共同开发的设计标准，评估相互竞争的设计方案	9—12 年级的参与基于证据的论证，建立在 K—8 年级经验基础上，发展到使用适当与充分的证据和科学推理，辩护和批评关于自然世界与人工世界的观点与解释。论证也可以用来自当前的科学事件或历史科学事件 • 根据当前接受的解释、新证据、限制（权衡）、约束和伦理问题，比较和评估相互矛盾的论证或设计解决方案 • 评价当前被接受的解释或方案背后的观点，证据和推理，确定论证的优点 • 通过探索推理和证据，挑战思想和结论，深思熟虑地回应各种不同的观点，并确定解决方案所需的其他信息，提供接受关于科学论证的批评 • 基于数据和证据，建构口头与书面证明或反驳一个论证 • 基于证据作出和辩护一个关于自然世界的观点，反映科学知识和学生形成的证据 • 基于科学概念与原理，经验证据和相关因素（经济的、社会的、环境的、伦理的）的逻辑论证，来评估一个真实世界问题的不同的设计方案

(续表)

科学与工程实践	K—2年级	3—5年级	6—8年级	9—12年级
获取、评价和交流信息 科学家和工程师必须能够清晰而令人信服地传达他们的发现和方法。批评他人的发现意见是一个关键的专业活动 沟通信息和想法可以通过多种方式进行：使用图形、曲线图、表格、模型、方程，以及口头、书面和深入讨论。科学家和工程师采用多种渠道来获取和评估信息权利要求、方法、设计的优点和有效性的信息	K—2年级的获取、评价和交流信息建立在先前经验基础上并使用观察和文本交流新信息 • 通过阅读与其年级相符的文本及多媒体获取科学信息来描述自然界的模式 • 描述特定图像（显示机器的工作原理图）支持科学或工程思想 • 运用不同的文本，文本特征（标题、内容表格、大纲、电子菜单、按钮）来获取其他信息及其他信息能够解决科学问题的媒介 • 与他人以口头或书面的形式交流解决方案的信息或形式或模型或示意图画来提供科学观点的细节	3—5年级的获取、评价和交流信息建立在K—2年级经验基础上，发展到评估思想和方法的优点和准确性 • 阅读与其年级相符的复杂文本和/或其他可靠的媒体，以总结和获取科学技术观点，并描述他们如何得到证据的支持 • 通过以得到比较可靠媒体进行比较或结论，以支持其他科学或工程实践的参与 • 将书面文本中的信息与相应表格、图表或其他图表中的信息相结合，以支持科学或工程实践的参与 • 从书籍或其他可靠的媒体获取并整合信息去解释现象或解决方案 • 口头和/或书面形式的科学和/或技术信息的交流，包括各种形式的媒体，表格，图表和曲线图	6—8年级的获取、评价和交流信息建立在K—5年级经验基础上，发展到评价评估概念与方法的优点和有效性 • 通过仔细阅读适合课堂使用的科学文本，以确定中心思想和/或获得科学或技术信息，描述自然界和人工世界的模式和/或证据 • 将书面文字与多媒体中的定性科学与技术信息整合起来，以阐明观点，以发明观点与发现 • 从多个合适的来源采集，阅读和综合信息，评估各种来源和信息采集方法的可信度、准确度和可能的偏差，描述信息是怎样得到证据的支持或没有支持 • 根据竞争性信息或数据评估没有支持，假设或结论 • 通过书面和/或口头表达方式和/或图形表达（关于目标对象、工具、过程，系统）	9—12年级的获取、评价和交流信息建立在K—8年级经验基础上，评价到评估科学观点、发展到评价观点，方法与设计的有效性和可靠性 • 通过仔细阅读或讨论课堂使用的科学文献，以确定或复杂的证据，概念、过程或文本中提供的信息，总结复杂的结论，使其简单但仍然准确 • 比较、整合和评估以不同格式（视觉上、数量上）呈现的信息来源，以辞来解决科学问题或观点 • 从多个权威来源收集、阅读和评估科学和/或技术文本或媒体报告中出现的多种观点的有效性和可靠性，评估每个来源的证据和数据 • 以多种形式（包括口头的，图像的，文本的，数学的）交流科学与技术信息或观点（如：有关发展的过程与/或观察现象的信息，以及一个所提议的过程或系统的设计和表现形式的观点）

附录 G
跨学科概念

> 跨学科概念有价值是因为它们为学生提供了不同学科间的联系及与不同学科内容有关联的认知手段，并且能够丰富他们对实践的运用和对核心概念的理解。（NRC，2012，P233）

《K—12年级科学教育框架》为关于三个维度的K—12年级科学教育提供了建议。这三个维度分别是科学与工程实践、通过领域间的共同应用以统一科学和工程学研究的跨学科概念和自然科学主要学科中的核心概念。这一附录的目的是阐明第二维度，即跨学科概念，并解释其在《新一代科学教育标准》中的作用。

在统一了贯穿科学和工程的核心概念的同时，《框架》区别于连接学科边界的7个跨学科概念。其目的是加深学生对学科核心概念的理解（P2，P8），并拓展连贯的、以科学为基础的世界观（P83）。这7个跨学科概念在《框架》的第四章被提到。如下：

模式。观察到形态与事件的模式指导着组织和分类，并启示着关于相互关系的问题及影响相互关系的因素。

原因与结果：机制与解释。凡事皆有因，有简单的原因，也有多方面的原因。科学的一项主要活动就是研究和解释因果关系及其调控机制。这样的机制能够在给定的情境中被检验，并能在新的情境中用于事件的预测和解释。

尺度、比例与数量。在思考现象时，认识到不同事物分别对应着的大小、时间和能量尺度，以及尺度、比例或数量的变化是怎样影响一个系统的结构或性能的，这一点至关重要。

系统与系统模型。定义所研究的系统，确定其边界并创建明确的系统模型，将为理解和测试概念提供所有科学和工程领域都适用的工具。

能量与物质：流动、循环和守恒。跟踪进出系统及系统内部的能量流和物质流有助于人们理解系统的可能性和局限性。

结构与功能。物体或生物的形状及内部结构决定了它们的许多性质和功能。

稳定与变化。无论是自然系统还是人工建立的系统，使系统稳定的条件及系统变化或演化速率的决定因素都是研究的关键内容。

《框架》记载了在其他一些关于学生应当如何学习科学的文件中，跨学科概念已经在过去的20年里有了自己明显的特征。在《全体美国人的科学》（AAAS，1989年）和《科学素养的基准》（1993年）中跨学科概念被称作"主题"，在《国家科学教育标准》中被称作"统一的概念"(NRC，1996年)，在国家科学教师协会的《科学锚项目》中被叫作"跨学科概念"(NSTA，2010年)。尽管这些概念已被不断地包含在先前的标准文件中，《框架》认为"人们往往期望学生无须任何详细的教学指导就能构建这样的认知。因此，强调这些概念、将它们作为框架的第二维度，其目的是提升它们在标准制定、课程设置、教学和评测中的作用。"（P83）。通过将学生的预期表现渗透进跨学科概念，《新一代科学教育标准》创作团队继续承担该责任，这样它们就不会被忽略掉了。

指导原则

《框架》推荐将跨学科概念列入学校前几年的科学课程中，并提出一些跨学科概念应怎样被使用的指导原则。标准的研发过程也提供了对跨学科概念的见解。这些见解在如下的指导原则中被引用。

跨学科概念能帮助学生更好地理解科学和工程学的核心概念。每当学生遇到新的现象，不管是在科学实验室里、远足中、还是他们自己发现的，他们都需要智力工具来帮助他们从科学角度研究并理解现象。对于跨学科概念的熟悉能够提供那样的观点。例如，当研究一个复杂的现象时（不管是自然现象还是一台机器），一个合理的方式是从观察和根据模式描绘现象的特征开始。下一步则会是通过把它想成一个系统并模型化它的组成和反应方式来简化该现象。一些情况下，学习能量和物质在系统中的流动及结构怎样影响着功能是非常有用的。这些初步的研究或许就会对现象提出解释，且可以通过预测这些现象可能会出现的模式，将预测与现实生活中观察到的进行匹配，从而测试对现象的解释是否正确。

跨学科概念能帮助学生更好地理解科学和工程学实践。因为跨学科概念主要针对自然界的基础层面，也反映了人们尝试了解自然的方式。不同的跨学科概念匹配着不同的实践。当学生进行这些实践时，常常会遇到某些跨学科概念。例如，当学生们分析并解读数据时，他们常常会在观察中寻找到数学或视觉方面的模式。计划和开展研究这一实践常常会被指向是识别原因与结果：当你捅或刺某些东西时，会发生什么？"系统与系统模型"这一跨学科概念与开发和使用模型的实践相关联。

不同情境下的重复对于寻求相似性至关重要。重复与《新一代科学教育标准》创作团队在建立预期表现从而在科学学科中反映核心思想的指导原则相违背。为了减少学生学习材料的总量，重复可以被适时减少。但是，跨学科概念在基础年级的重复和在初中和高中年级段的重复能够让这些思想"成为贯穿各个学科和年级的普遍而常用的检验标准"（P83）。

贯穿不同年级时跨学科概念应当在复杂程度和难度系数上有所提升。单独的重复是远远不够的。当学生在他们对于科学学科的认知中成长时，对于跨学科概念的理解深度也应随之增加。出于对提升预期表现的使用模式的考虑，编写团队改变并补充了《框架》中的思想。这些预期表现展现了学生对跨学科概念的理解。该矩阵模式可以在本附录的最后找到。

跨学科概念能够提供科学和工程中常见的词汇。实践、学科核心概念和跨学科概念在科学和工程学中是一样的。不同的是他们为什么及如何被用于解释科学中的自然现象和去解决问题或是达到工程中的某一目标。学生则需要了解两个学科的实验类型从而对一些专业名词在相关领域的应用有一个深层次的、可变通的理解。当一些跨学科概念在学术课程中重复出现时，熟悉的词汇就可以促进英语学习者、语言困难学生和读写能力受限学生的探究和理解。

评价时跨学科概念不应该与实践或核心概念分离。不能评估学生能否将"模式""系统"或其他跨学科概念定义为单独词汇的能力。为了理解《框架》中的思想，应评价学生对连贯的科学世界观的认识程度，该认识是学生通过识别那些起初看上去非常不同、但在跨学科概念层面又非常相似的科学和工程中的核心概念的相同之处达成的。

预期表现关注一些并非全部与跨学科概念相关的能力。随着核心概念在年级间难度系数的不断增加，在预期表现中，充分地解释它们变得越来越复杂。随之而来的就是大多数的预期表现仅反映跨学科概念的一些方面。这些方面在每个标准中都被标示在基础框的右栏。编写团队认为的每个核心概念的所有方面都可以在本附录后的矩阵中找到。

跨学科概念面向所有学生。跨学科概念提升了尚未在学术学科中完成高水平的学生和就读在强调"基础"课上的学生的能力。这些"基础"从科学角度上来说，提供了主要的事实信息和较低级的思维技能。对于结果而言，所有学生都投入到实际场景中跨学科概念的应用中是非常重要的，这会促使所有学生对此概念有更深层次的理解。

包括科学的本质和工程学概念。有时包含在跨学科概念基础框中的是一些与"科学的本质"或"科学、技术、社会和环境"息息相关的概念。这些都不会去和"跨学科概念"混淆，反而它们代表了《新一代科学教育标准》的一个有序的结构。《新一代科学教育标准》的这个结构从贯穿整个科学学科的科学的本质，科学、技术、社会、环境中提取思想。读者应当回顾附录 H 和 J，从而对这些思想有更多的了解。

跨学科概念在年级间的发展进程

以下是对在《框架》所提出的年级段中，各跨学科概念如何提升难度的简短总结。预期表现的例子阐明了这些思想是如何在《新一代科学教育标准》中得以体现的。

1. 模式

"模式无处不在——既存在于按规律出现的形状或结构中，也存在于重复的事件与关系中。例如，在对称的花朵和雪花中、在轮回的四季中、在重复的 DNA 碱基对中，都存在可识别的模式。"（P85）

尽管自然界存在着很多模式，它们不都是常态，因为总会有些混乱的趋势在递增（一个破裂的玻璃杯的分离肯定会比分离的小块聚在一起变成一个完整的玻璃杯要容易得多）。在一些情况下，秩序在混乱中产生，如植物发芽或是龙卷风在分散的暴风雨云层中出现，这些就是模式存在着并可以在美丽的自然界被发现的例子。"注意到模式常常是组织和提出这些模式为什么会出现及它们是怎样产生的这类科学问题的第一步。"（P85）

"一旦注意到模式和变化，就可以提出问题，科学家要为观察到的模式及它们的相似性和多样性寻求解释。工程师也经常寻找和分析模式。例如，他们可能会测试他们所设计的系统，诊断失败的规律，以便改进设计；或者，他们可能会分析日常的和季节性的用电量的规律，据此设计能够满足电力波动需求的系统。"（PP85—86）

模式很明显的在"分析和解读数据"的科学与工程实践中得以体现。识别模式是处理数据工作中的一大部分。学生或许会在地图上看到图表模式、在图标或图中看到数据值或是观察到某种微生物/矿物质的外形。模式的跨学科概念也在很大程度上与"使用数学和计算思维"的实践息息相关。模式往往能够被数学思维较好地体现出来，如理查德·费曼先生所说："那些不懂数学的人，是很难真正懂得隐匿于自然界最深处的美。如果你想要了解自然，去欣赏自然吧，理解自然界的语言是极为必要的。"

人类的大脑极其擅长识别模式。学生逐渐地通过在学校的经历培养起他们天生的能力。伴随着一些在《新一代科学教育标准》中预期表现的例子，接下来的表格列出了对模式在K—12年级间进程的指南。

跨学科概念：模式

年级间的进程	《新一代科学教育标准》中的预期表现
在K—2年级中，学生认识到自然世界和人工世界中的模式可以用来观察、解释现象并作为证据	1-ESS1-1 观察太阳、月亮和星星来描述可预测的模式
在3—5年级中，学生识别相似与不同从而分类自然产物和人造物品。他们识别与时间相关的模式，包括循环和变化的速率，他们利用这些模式做出预测	4-PS4-1 建立波的模型，描述关于波幅和波长的模式及波能导致物体的运动
在6—8年级中，学生识别与自然的微生物和原子结构相关的微小模式。他们在变化速率和其他一些提供自然和人类设计系统的数字关系中识别模式。他们利用模式识别原因与结果的联系，用图表识别数据中的模式	MS-LS4-1 假定在过去起作用的自然法则在今天也起作用的前提下，分析和解读数据以发现化石记录的模式，这些化石记载了地球生命史上生命形式的存在、多样性、灭绝和改变
在9—12年级中，学生在不同等级的系统中识别模式，他们用模式作为因果关系的依据支持自己对于现象的解释。他们认为在某一等级中所用的分类或解释可能不对另一不同等级有效，或需要修改后，利用在另一不同等级中，因此，需要有更进一步的研究。他们利用数学表达来辨别某一特定模式并分析该模式，从而重新设计并改善一个已设计的系统	HS-PS1-2 基于原子外层电子状态、周期表趋势和关于化学性质的模式的知识，对一个简单化学反应的结果建构和修正一种解释

2. 原因与结果

原因与结果在科学中常常是下一步，它出现在发现了模式或事件、或是模式和事件一起发生后。一项关于现象原因的调查激发出一些最吸引人的、最高效的科学探究。"任何试探性的回答或'假设'，即A导致B，都需要一个联系着A和B的相互作用链模型。例如，由于缺少合理的机制，医学界最初对于疾病可以通过人与人的接触传播这一观点持怀疑态度。如今，人们已经很好地认识到传染病是通过感染者和其他人之间的微生物（细菌或病毒）的转移传播的。科学的一项主要活动就是揭示这种因果联系，且人们通常希望对这些机制的理解有助于预测——就传染病的例子而言——和预防措施、治疗和治愈方案的设计。"（P87）

"工程的目标是设计一个系统来引发期望中的效果，所以因果关系在工程领域与科学领域一样，占有很大比重。实际上，设计过程是帮助学生开始按照原因和结果的方式进行思考的好机会，因为为了想出并阐明能够实现特定目标设计方案，他们理解了潜在的因果关系。"（P88）

当学生实施"计划和开展研究"的实践时，往往要针对原因与结果。早期，这包括在研究中"做"些事情，然后看会有什么发生。后期，逐渐建立起测试所需参数敏感性的实验。这是通过对某一系统的组件进行变化（原因）并检查（通常是量化）结果（或影响）来实现的。因果关系和"参与基于证据的论证"的实践紧密相连。在科学实践中，推断一个结果发生的原因往往很困难，所以很多猜测会同时存在。例如，尽管历史上生物体的大量灭绝事件（恐龙灭绝）的一个原因或多种原因还在争论着，很多科学家给予不同形式的线索，建立并争论他们的看法。每当学生投入到科学论证中，产生一个影响的多种原因常常会成为焦点。

跨学科概念：原因与结果

年级间的进程	《新一代科学教育标准》中的预期表现
在K—2年级中，学生学习了解事件有产生可观察到的模式的原因。他们设计简单的测试方案，以收集更多的证据来支持或推翻学生提出的关于原因的观点	1-PS4-3 计划和开展研究来确定在光的传播路径上放置由不同材料制成的物体所产生的效果
在3—5年级中，学生例行地识别和测试因果关系，并利用这些关系去解释变化。他们明白同时发生的事件不一定预示着存在因果关系	4-ESS2-1 观察和/或测量，以证明由水、冰、风或植被导致的风化或侵蚀作用的影响
在6—8年级中，学生区分因果关系与相关性，他们认识到相关性并不一定意味着因果关系。他们利用因果关系来预测自然世界或人工世界系统中的现象。他们还明白现象或许有不止一个的原因，在系统中的一些因果关系只能用可能性来描述	MS-PS1-4 开发模型，预测和描述热能增减后微粒运动、温度和纯净物状态的变化
在9—12年级中，学生明白实证是用来区分因果关系和相关性的，还用来辨别某一具体的因果关系。他们利用因果关系去解释并预测复杂的自然世界和人工世界系统中的行为。他们还通过检验系统中的小尺度机制来提出因果关系。他们认识到系统中的变化可能会有多种导致不同结果的原因	HS-LS3-2 基于证据作出和辩护一个观点，说明可遗传的变异可能来自：①通过减数分裂发生的新的基因组合；②复制过程中发生的可存活的错误；③环境因素引起的突变

3.尺度、比例与数量

尺度、比例与数量在科学与工程学中都非常重要。这些都是用于观察自然的基本评估方法。在对作用或过程作出分析前（怎样或为何），认识其是什么是非常关键的。这些概念是科学理解的起点，无论它是一个完整的系统还是一个单独的组成部分。任何玩过游戏"20个问题"的学生都会懂得这个道理。问一些如"这个比面包箱大吗？"的问题从而确定物品的大小。

对于尺度的理解不仅包括对系统和过程在大小、时间段和能量上的变化的理解，还包括在不同等级中对不同机制运转的理解。在工程学中，"如果工程师对尺度没有精准的了解，就无法构思出任何结构，更不用说建构结构了。作为基础，为了确定某个物体比另一个物体大还是小——及大多少或小多少——学生必须理解用来度量物体的单位，并培养一种对数量的感觉"。（P90）

"科学中使用的比和成比例的概念可以拓展和挑战学生对这些概念的数学理解。掌握不同量之间的关系，可能是理解关于一些属性或过程的相对量所必需的——例如，速度是通过的距离与花费的时间之比，密度是质量与体积之比。这种使用'比'的方法与用比来描述饼图中各部分大小的方法完全不同。识别不同数量之间的这种关系，是建立阐释科学数据的数学模型的关键步骤。"（P90）

尺度、比例与数量中的跨学科概念在"使用数学和计算思维"和"分析和解读数据"中得到了明显的体现。这个概念解决了对结构和现象测量的问题。这些基本的观察常常是在数量上被获得、被分析和被解读。这个跨学科概念在"开发和使用模型"的实践中也明显地体现了出来。用模型的形式往往是最可以让人理解等级和比例的方式。例如，在太阳系中或是在原子组成中物体的相对角度很难用数学的角度理解（因为数量包括了过大或过小），但是视觉和概念模型使这些等级更加容易理解（例如，如果太阳系是一个便士那么大，那么银河系就是德克萨斯州那么大）。

跨学科概念：尺度、比例与数量

年级间的进程	《新一代科学教育标准》中的预期表现
在K—2年级中，学生利用相对的尺度（大和小、热和冷、快和慢）来描述物品。他们利用标准单位来测量长度	
在3—5年级中，学生认识到自然产物和可观察到的现象都是从很小发展到很大。他们利用标准单位来测量和描述物品的数量，如重量、时间、温度和体积	5-ESS1-1 论证其他恒星与太阳亮度的差异来自它们与地球相对距离的差异
在6—8年级中，学生使用模型观察不同尺度的时间、空间和能量现象从而研究极大或极小的系统。他们明白在一个尺度看到的现象在另一个尺度不一定能看到。他们还明白自然和人造系统的功能在不同尺度中会发生改变。他们利用比例关系（速度是路程与时间的比）来收集性质和过程的量级。他们利用代数形式和等式表现科学的关系	MS-LS1-1 开展研究，提供证据来说明生物体由细胞组成——或是一个细胞，或是许多不同数量和类型的细胞
在9—12年级中，学生明白一个现象的重要性在尺度、比例与数量上是相互独立的。他们认识到在一个尺度看到的模式不一定在其他尺度还能看见或存在。一些系统只能间接研究，当它们过大、过小、过快、过慢以至于无法直接观察时，学生利用量级的排序来理解一个尺度上的模型与另一个尺度上模型的联系。他们利用代数的思想去检测科学数据并预测一个变量对另一个变量的影响（是线性增加还是指数增加）	HS-ESS1-4 用数学或计算模型预测太阳系中公转天体的运动

4. 系统与系统模型

系统与系统模型在科学与工程学中很有用处，这归因于这个世界是复杂的，所以可分离出一个独立的系统并为其构造一个简易的模型。"这样做时，科学家和工程师要在待研究的系统和所有其他事物之间想象出一个人为的边界。随后，他们要仔细检查这个系统，这时，他们将边界外的事物的效应处理为作用于系统的力，或流进系统的物质流和能量流——如桌子上的一本书受到的地球引力，或一个生物体排出的二氧化碳。考虑流入和流出系统的事物是系统设计的关键要素。在实验室研究或野外研究中，所研究系统可以被物理隔离的程度或外部条件的可控程度，是设计研究方案和阐释结果的重要因素……系统整体的属性和行为可能与它的任何一个部分都存在很大差别，大型系统可能具有新的特性，如一棵树的形状，这样的特征是无法通过对各个组成部分及其相互作用的认识进行精准预测的。"（P92）

"无论针对何种类型的系统，在预测系统的行为、诊断系统的功能问题或故障时，模型都可以体现其价值……在一个简单的机械系统中，各部件间的相互作用可以用它们之间的引起运动或物理应力变化的力来描述。在更为复杂的系统中，从机械层面细致地考虑相互作用并不总是可行的或有用的，但思考发生了哪些相互作用（如一个生态系统中的捕食-被捕食关系）、认识到这些相互作用都涉及系统各部分之间能量、物质和信息（在某些情况下）的转移，是同样重要的……一个系统的任何模型都包含了假设和近似；关键是要明白这些假设和近似是什么，以及它们是如何影响模型的可靠性和精确度的。预测可能是可靠但不精确的，或者更糟的是，精确但不可靠的；所需要的可靠性与精确性的程度取决于该模型的用途。"

跨学科概念：系统与系统模型

年级间的进程	《新一代科学教育标准》中的预期表现
在K—2年级中，学生明白物体和生物体可以依据它们的组成部分来描述；自然世界与人工世界的系统间存在协同作用的部分	K-ESS3-1 通过模型来展现不同动植物（包括人类）的需求与栖息地之间的关系
在3—5年级中，学生明白一个系统就是一群相关的部分组成的一个整体。系统可以发挥它的作用但个体不行。它们还可以根据组成及其相互作用被描述成一个系统	3-LS4-4 论述一个解决方案的优势，该方案针对由环境变化及其中的动植物种类可能变化导致的问题
在6—8年级中，学生明白系统会和其他系统相互作用；它们会有一个子系统，或许它们是另一个大的且复杂的系统的一部分。学生可以用模型去表示系统和它们的相互作用（输入、加工处理和输出），以及系统中能量、物质和信息的流动。他们还学习了模型具有局限性，仅可以在研究中展现系统的某些方面	MS-PS2-4 用证据建构和呈现论述，以支撑观点：引力相互作用表现为吸引，并取决于相互作用物体的质量
在9—12年级中，通过定义界限和初始条件，学生探究或分析系统，以及它的输入和输出。他们用模型（物理的、数学的、电脑模型）去模拟在不同尺度上，在系统之间或在系统内能量与物质的流动和相互作用。他们还利用模型去预测系统的行为，并认识到源于模型固有的假设与近似，这些推测在精确度和可靠性上有局限性。他们还设计系统从而完成某一特定任务	HS-LS2-5 开发一个模型，说明光合作用和细胞呼吸作用在生物圈、大气圈、水圈和岩石圈的碳循环中所起的作用

5. 能量与物质

能量与物质在所有科学与工程的学科中都是非常重要的概念，它们往往与系统相结合。"能量和各种必需化学元素的供给制约着系统的运作。例如，没有能量（阳光）和物质（二氧化碳和水）的输入，植物便无法生长。因此，追踪物质与能量在所研究的系统内部的转移、输入和输出的过程是非常有益的。"

"在许多系统中还存在各种类型的循环。在某些案例中，最容易观察到的循环可能是物质的循环——如水在地球大气层、地表和地下储水层之间的往复。任何此类的物质循环在每个阶段都涉及相应的能量转移，因此为了充分理解水循环，我们不仅必须对水是如何在系统各部分间迁移的进行模拟，还必须模拟对水的运动至关重要的能量转移机制。"

"考虑能量与物质在系统或过程中的输入、输出、流动或转移对工程来说同样重要。工程设计的一项主要目标就是在最大化某些类型的能量输出的同时使其他的能量输出最小化，以尽量减少完成预期任务所需的能量投入。"（P95）

跨学科概念：能量与物质

年级间的进程	《新一代科学教育标准》中的预期表现
在K—2年级中，学生观察到物体会被打破成小块，或合并成一大块，或改变形状	2-PS1-3 观察并证明由碎块组成的物体可以被拆卸并组成新的物体
在3—5年级中，学生学习到物质是由粒子组成的，能量可以通过多种方式在两个物体间转移。通过追踪物质在过程前后的流动与循环，认识到物质的总质量没有发生改变，学生观察到了物质的守恒	5-LS1-1 论证植物主要从空气和水中获得它们生长所需要的物质
在6—8年级中，学生了解到物质守恒是因为原子在物理和化学过程中守恒。他们还了解到，在自然和人造系统中，能量的转移驱使着运动或物质的循环。能量有不同形式（场中的能量、热能、动能）。能量在人造或自然系统中流动时，能量的转移可以被追踪到	MS-ESS2-4 开发模型，描述太阳能和重力势能驱动下水在地球系统中的循环
在9—12年级中，学生了解到能量和物质的总量在一个独立的系统中是守恒的。依据能量和物质在系统中的输入、输出及在系统内部的流动，他们可以描述能量和物质在系统中的变化。他们还学习到能量不能被建立或摧毁。它仅从一个地方移动到另一个地方，在物体或场之间，或在系统之间移动。能量驱使着物质在系统内和系统间循环。在原子核过程中，原子不会守恒，但是质子与中子的总数是守恒的	HS-PS1-8 开发模型，描述裂变、聚变和放射性衰变过程中原子核组成的变化和能量的释放

6. 结构与功能

结构与功能是互补的性质。自然和人造物品的结构、形状及稳定性与其功能紧密相关。自然系统和人造系统的运作都依赖某些关键部件的形状和这些部件之间的关联，以及组成它们的材料的性质。在一个特定的量级上或在研究特定的现象时，为了知道形状或材料的哪些性质、哪些方面是需要考虑的，必须对尺度有所了解，即根据提出的问题选择合适的尺度。例如，分子的内部结构对于理解压强现象不是特别重要，却与理解为什么当体积恒定时不同物质的温度与压强的比值不同有关。

"类似的，要理解自行车是如何工作的，最好的方法是在如车架、车轮和脚踏的尺度上研究结构和功能。不过，要制造一辆更轻便的自行车，可能需要了解组成自行车具体部件的材料所需具备的性质（如刚性和硬度）。如此一来，制造者便能去寻找性质合适而密度较低的材料；这种寻求可能又会引发在原子尺度上对候选材料的结构的研究。最后，具有预期特征的新部件（也许是由新材料制成的）就能被设计和制造出来了。"（PP96—97）

跨学科概念：结构与功能

年级间的进程	《新一代科学教育标准》中的预期表现
在 K—2 年级中，学生观察到自然和人造物品的形状、稳定性与其功能紧密相关	2-LS2-2 开发一个简单的模型来模拟动物传播种子或对植物进行授粉的功能
在 3—5 年级中，学生了解到不同材料会有不同的子结构。这些子结构有时可以观察到。它们有形状，并且其组成部分是发挥各自作用的	
在 6—8 年级中，学生建立复杂的微观的结构和系统，并显示出它们的功能是如何取决于形状、成分及各部分之间的关系。他们分析许多复杂的自然和人造结构与系统。通过考虑不同材料的性质和材料怎样才能被塑形和使用，设计结构来达成某些指定的功能	MS-PS4-2 开发和使用模型，描述波在遇到各种材料时被反射、吸收或穿过的现象
在 9—12 年级中，学生通过检验不同材料的性质探究系统，不同组成的结构和它们之间的相互连接从而发现系统的功能或是解决问题。他们从整体结构、组成部分的形状、使用的方式和材料分子的子结构中，推测出自然与人造物品和系统的功能及性质	HS-ESS2-5 针对水的性质及水对地球物质和地球表面过程的影响，计划和开展研究

7. 稳定与变化

稳定与变化是许多科学与工程学实践中必须考虑到的因素。"稳定指一个系统的某些方面保持不变——至少在观察的尺度上如此——的情形。稳定意味着一个小干扰会逐渐消失，也就是说，系统会保持或回到稳定的状态。这种稳定性可以表现为不同的形式，其中最简单的是静态平衡，如梯子倚靠在墙上。相对应的，具有稳定的流入和流出（恒定条件）的系统被称为处于动态平衡。例如，一个水坝因为具有稳定的流入和流出水量，可能会保持恒定的水位……重复的周期性变化模式（如月球围绕地球转），尽管它很明显不是静止的，但也可以被视为一种稳定情形。"

"理解动态平衡对于理解任何复杂系统中的主要问题——生态系统中种群的动态，或大气中的二氧化碳水平与地球平均温度之间的关系——都是至关重要的。动态平衡这一概念对于理解物质中的相互作用力同样重要。稳定的物质就是一个由原子构成的处于动态平衡的系统。"

"在设计稳定运行的系统时，外部控制和内部'反馈'回路的机制是重要的设计元素；反馈对于理解自然系统也是至关重要的。反馈回路是这样一种机制：一个条件会触发一些行为，而这些行为会引起这种条件的改变。例如，房间里的温度触发恒温控制装置的启动，而这个装置控制着室内暖气的开启或关闭。"

"一个系统可能在较小的时间尺度内呈现稳定性，但在较大的时间尺度内显示出变化。例如，当我们在1小时或1天的时间内观察生物体，它可能保持稳定；而在较长的时期内，它会生长、衰老最终死亡。对于大型系统的发展，如栖息在地球上的各种生物，或一个星系的形成，相应的时间尺度实际上可能是非常长的，此类过程的发生要经历数百万年甚至数十亿年。"（PP99—100）

跨学科概念：稳定与变化

年级间的进程	《新一代科学教育标准》中的预期表现
在K—2年级中，学生观察到当其他物体变化时，一些物体处于恒定状态，并且一些物体会或快或慢的变化	2-ESS2-1. 比较为减缓或防止风或水改变陆地的形状而设计的多个解决方案
在3—5年级中，学生根据物体在一定时间内的不同测量变化。他们观察到变化会有不同的速率。学生学习到一些系统是恒定的，但是过了很长时间后，它们终究会变化	
在6—8年级中，学生通过检测在一定时间内的变化和考虑到不同尺度的力，包括原子尺度，从而解释自然和人造系统的稳定和变化。学生学习到系统的一部分的小变化可能会导致另一部分的大幅度变化，动态平衡中的系统之所以恒定是因为有一个反馈机制的平衡。稳定性可能会因为有一个突发的事件，或是一个很长时间下的缓慢变化而降低	MS-LS2-4 建立有实证支持的论证，证明一个生态系统的物理或生物成分的改变影响生物种群
在9—12年级中，学生明白大多数情况下科学解决了关于物质如何变化和如何保持恒定的问题。他们量化并建构关于系统中短时间或长时间变化的模型。他们明白一些改变是不可逆的，并且一些负反馈能够稳定系统，而正反馈使其不稳定。他们认识到系统可以根据较大或较小的稳定性被设计	HS-PS1-6 通过改变具体反应条件来改进化学系统的设计，增加平衡时产物的量

跨学科概念是如何相关联的

尽管7个跨学科概念中的每个都可以帮助学生认识到各个分散学科之间更深层次的关系，但是有时候思考它们是怎样相互关联的也很有用。这些关联可以通过很多方式诠释。接下来是思考它们相互连接的一种方式。

1. 模式

模式可以独立是因为模式在科学与工程学的所有领域都很普遍。当第一次去探索一个新的现象时，学生总是关注它的相似处和差异，这也将引导学生对这些相似和差异做出分类。模式的存在说明了模式的潜在原因。例如，观察到雪花都是六边形，对称的形状说明了分子是怎样在水凝结时聚在一起的。或是当维修一个装置时，技师会去寻找一个失败的模式，这个失败的模式会显示潜在的原因。模式在解读数据时也很有用，这些数据往往会给问题的解释或是解决方案提供宝贵的证据。

2. 因果关系

原因与结果是科学的核心。科学探究的目的往往是找到潜在现象中的原因，这些现象一开始会因为模式被察觉。之后，理论的建立允许对新的模式进行预测。这些新模式也将给理论提供证据。例如，伽利略在球从斜坡上滚下时以相同的时间间隔记录速度，最终导出了牛顿第二运动定律。该定律也提供了预测关于天体运动的均衡模式，引导航天器到达想去的目的地。

结构与功能被认为是原因与结果中的特殊情况。无论问题中的结构是生命体的组织还是大气中的分子，理解它们的结构对于做出因果关系的推测至关重要。当把检测自然结构作为最终可以实现人们需求的设计灵感时，工程师会做出像这样的因果推测。

3. 系统

系统与系统模型被科学家和工程师用来研究自然和人造系统。其探究目的或许是探索系统如何运转或哪个步骤出了问题。在没有第一次尝试模型的情况下，探究有时会因为太危险或成本太高而搁浅。

尺度、比例和数量在决定如何建立现象模型中是非常重要的考虑因素。例如，在风洞实验中，检测一个新机翼的尺度模型时，获取正确的比例，测试精准无误是极其关键的，否则结果将无效。当使用生态系统的电脑模拟时，人口规模的仔细估计对于做出合理的精确预测非常重要。数学在科学和工程学中都极其关键。

能量与物质在任何系统模型中都是基础，无论是在自然系统还是在人造系统中。系统根据物质和能量进行描述。探究的核心往往是决定能量与物质是怎样在系统中流动的。或就工程学的情况而言，其核心是去修改系统，从而使一个指定的能量输入可以产生更加有用的能量输出。

稳定与变化是描述系统如何工作的途径。无论是研究生态系统还是工程方面的系统，问题往往是指向系统是如何在一段时间内改变的，以及什么因素导致了该系统变得不稳定。

结　论

这一附录的目的是去解释跨学科概念融入 K—12 年级科学课程的根本原因。其目的还阐明了《框架》中 7 个跨学科概念是怎样与《新一代科学教育标准》中的预期表现融为一体的。

当课程研发者和教师共同构建课堂、单元、课程时，跨学科概念的统一性将会实现，并通过跨学科概念将科学和工程学中的各类核心概念在课程中紧密连接起来，最终清晰明白地实现《框架》的愿景。

参考文献

AAAS (American Association for the Advancement of Science). (1989). *Science for all Americans.* New York: Oxford University Press.

AAAS. (1993). *Benchmarks for science literacy.* New York: Oxford University Press.

Feynman, R. (1965). *The Character of Physical Law.* New York: Modern Library.

NRC (National Research Council). (1996). *National science education standards.* Washington, DC: National Academy Press.

NRC (2012). A framework for K-12 science education: *Practices, cross-cutting concepts, and core ideas.* Washington, DC: The National Academies Press.

NSTA (National Science Teachers Association). (2010). Science Anchors Project. http://www.nsta.org/involved/cse/scienceanchors.aspx.

跨学科概念在预期表现中的代码

	K—2 年级	3—5 年级	6—8 年级	9—12 年级
模式	K-LS1-1，K-ESS2-1，1-LS1-2，1-LS3-1，1-ESS1-1，1-ESS1-2，2-PS1-1，2-ESS2-2，2-ESS2-3	3-PS2-2，3-LS1-1，3-LS3-1，3-ESS2-1，3-ESS2-2，4-PS4-1，4-PS4-3，4-ESS1-1，4-ESS2-2，5-ESS1-2	MS-PS1-2，MS-PS4-1，MS-LS2-2，MS-LS4-1，MS-LS4-2，MS-LS4-3，MS-ESS1-1，MS-ESS2-3，MS-ESS3-2	HS-PS1-1，HS-PS1-2，HS-PS1-3，HS-PS1-5，HS-PS2-4，HS-LS4-1，HS-LS4-3，HS-ESS1-5
原因与结果	K-PS2-1，K-PS2-2，K-PS3-1，K-PS3-2，K-ESS3-2，K-ESS3-3，1-PS4-1，1-PS4-2，1-PS4-3，2-PS1-1，2-LS2-1	3-PS2-1，3-PS2-3，3-LS2-1，3-LS3-2，3-LS4-2，3-LS4-3，3-ESS3-1，4-PS4-2，4-ESS2-1，4-ESS3-1，4-ESS3-2，5-PS1-4，5-PS2-1	MS-PS1-4，MS-PS2-3，MS-PS2-5，MS-LS1-4，MS-LS1-5，MS-LS2-1，MS-LS3-2，LS4-4，MS-LS4-5，MS-LS4-6，MS-ESS2-5，MS-ESS3-1，MS-ESS3-3，MS-ESS3-4	HS-PS2-4，HS-PS3-5，HS-PS4-1，HS-PS4-4，HS-PS4-5，HS-LS2-8，HS-LS3-1，HS-LS3-2，HS-LS4-2，HS-LS4-4，HS-LS4-5，HS-LS4-6，HS-ESS2-4，HS-ESS3-1
尺度、比例和数量		3-LS4-1，5-PS1-1，5-PS2-2，5-PS1-3，5-ESS1-1，5-ESS2-2	MS-PS1-1，MS-PS3-1，MS-PS3-4，MS-LS1-1，MS-ESS1-3，MS-ESS1-4，MS-ESS2-2	HS-LS2-1，HS-LS2-2，HS-LS3-3，HS-ESS1-1，HS-ESS1-4
系统和系统模型	K-ESS3-1，K-ESS2-2	3-LS4-4，4-LS1-1，5-LS2-1，5-ESS2-1，5-ESS3-1	MS-PS2-1，MS-PS2-4，MS-PS3-2，MS-LS1-3，MS-ESS1-2，MS-ESS2-6	HS-PS2-2，HS-PS3-1，HS-PS3-4，HS-PS4-3，HS-LS1-2，HS-LS1-4，HS-LS2-5，HS-ESS3-6
能量与物质	2-PS1-3	4-PS3-1，4-PS3-2，4-PS3-3，4-PS3-4，5-PS3-1，5-LS1-1	MS-PS1-5，MS-PS1-6，MS-PS3-3，MS-PS3-5，MS-LS1-6，MS-LS1-k，MS-LS1-7，MS-LS2-3，MS-ESS2-4	HS-PS1-4，HS-PS1-7，HS-PS1-8，HS-PS3-2，HS-PS3-3，HS-LS1-5，HS-LS1-6，HS-LS1-7，HS-LS2-3，HS-ESS1-2，HS-ESS1-3，HS-ESS2-3，HS-ESS2-6
结构与功能	1-LS1-1，2-LS2-2，K-2-ETS1-2		MS-PS1-5，MS-PS1-6，MS-PS4-a，MS-PS4-2，MS-PS4-3，MS-LS1-6，MS-LS1-7，MS-LS3-1	HS-PS2-6，HS-LS1-1，HS-ESS2-5
稳定与变化	2-ESS1-1，2-ESS2-1		MS-PS2-2，MS-LS2-4，MS-LS2-5，MS-ESS2-1，MS-ESS3-5	HS-PS1-6，HS-PS4-2，HS-LS1-3，HS-LS2-6，HS-LS2-7，HS-ESS1-6，HS-ESS2-1，HS-ESS2-2，HS-ESS2-7，HS-ESS3-3，HS-ESS3-4，HS-ESS3-5

《新一代科学教育标准》跨学科概念[①]

跨学科概念矩阵

K—2年级	3—5年级	6—8年级	9—12年级
1. 模式——在自然界中观察到的模式指导着组织和分类，并提出关于相互关系和潜在原因的问题			
●认识到自然世界和人工世界中的模式可以用来观察、解释现象并作为证据	●模式的相似与不同可用来分类、交流、分析自然产物和人造物品的变化速率 ●模式的变化可用来进行预测 ●模式可作为证据支持解释	●宏观模式与微观和原子层次结构的性质相关 ●变化速率的模式和其他数字关系可以提供关于自然和人类系统的信息 ●模式可用来识别因果关系 ●图形、图表和图像可用于辨认数据中的模式	●不同模式可以在探究系统的每个尺度中观察到，并为解释现象的因果关系提供证据 ●当引入来自更小或更大尺度的信息时，在一个尺度上使用的分类或解释可能失效或需要修正，因此需要对调查或实验进行改进 ●设计系统中模式的表现可以被分析、解读，从而进行重新建造并完善系统 ●通过数学表征识别模式 ●实证被用来确定模式
2. 原因与结果：机制与解释——凡事皆有因，有简单的原因，也有多方面的原因。科学与工程的一项主要活动就是研究和解释因果关系及其调控机制			
●事件都有原因，原因会产生可观察到的模式 ●简单的测试可以用来收集证据支持或推翻学生提出的关于原因的观点	●因果关系用来识别、检测和解释改变 ●同时发生的事件不一定预示着存在因果关系	●关系可以分为因果关系和相关性，相关性并不一定意味着因果关系 ●因果关系可以用来预测自然世界或人工世界的系统中的现象 ●现象或许有不止一个原因，在系统中的一些因果关系只能用可能性来描述	●实证是用来区分因果关系和相关性的，还用来辨别某一具体的因果关系 ●通过因果关系去解释并预测复杂的自然世界和人工世界系统中的行为，并通过检验系统中的小尺度机制来提出因果关系 ●系统可以被设计去产生一个预期效果 ●系统中的变化可能有着多种导致不同结果的原因

[①] 改编自美国国家研究理事会著《K—12科学教育框架：实践、跨学科概念和核心概念》第四章"跨学科概念"，美国国家科学院出版社出版，华盛顿特区，2012年。

（续表）

K—2年级	3—5年级	6—8年级	9—12年级
3.尺度、比例和数量——在思考现象时，认识到不同事物分别对应着什么样的大小、时间和能量尺度，以及尺度、比例或数量的变化是怎样影响一个系统的结构或性能的，这一点至关重要			
●通过相对的尺度（大和小、热和冷、快和慢）来描述物品 ●标准单位可用来测量长度	●自然产物和可观察到的现象都是从很小发展到很大，或从很短到很长一段时间 ●通过标准单位来测量和描述物质的数量，如重量、时间、温度和体积	●使用模型观察不同尺度的时间、空间和能量现象从而研究极大或极小的系统 ●自然和人造系统的功能在不同尺度中会发生改变 ●通过比例关系（速度是路程与时间的比）来收集性质和过程的量级 ●通过代数形式和等式表现科学的关系 ●在一个尺度所看到的现象，另一个尺度不一定能看到	●一个现象的重要性在尺度、比例与数量上是相互独立的 ●一些系统只能被间接研究，当它们过大、过小、过快、过慢，以至于无法直接观察时 ●在一个尺度看到的模式不一定在其他尺度还能看见或存在 ●通过量级的排序来理解一个尺度上的模型与另一个尺度上模型的联系 ●通过代数的思想去检测科学数据并预测一个变量对另一个变量的影响（是线性增加还是指数增加）
4. 系统与系统模型——系统是一组有组织的相关物体或部件；模型可以用来理解和预测系统行为			
●物体和生物体可以依据它们的组成部分来描述 ●自然世界与人工世界的系统间都存在协同作用的部分	●一个系统就是一群相关的部分组成的一个整体。系统可以发挥它的作用但是个体不行 ●根据组成及其相互作用被描述成一个系统	●系统会和其他系统相互作用；它们会有一个子系统，或许它们是另一个大的、复杂的系统中的一部分 ●通过模型去表示系统和它们的相互作用（输入、加工处理、输出）和系统中能量、物质和信息的流动 ●模型具有局限性，它们仅可以在研究中展现系统的某些方面	●设计系统从而完成某一特定任务 ●在研究或描述系统时，需要定义系统的边界和初始条件，并使用模型分析和描述它们的输入和输出 ●通过模型（物理的、数学的、电脑模型）去模拟在不同尺度中，在系统之间或在系统内，能量、物质的流动和相互作用 ●模型可用于预测系统的行为，但由于模型固有的假设和近似，这些预测在精度和可靠性上有局限性

（续表）

K—2年级	3—5年级	6—8年级	9—12年级
5. 能量与物质：流动、循环和守恒—跟踪进出系统以及系统内部的能量流和物质流有助于人们理解系统的行为			
●物体会被打破成小块，或者合并成一大块，或是改变形状	●物质是由粒子组成的 ●通过追踪物质在过程前后的流动与循环认识到物质的总质量没有发生改变，这就是物质的守恒 ●能量可以通过多种方式在两个物体间转移	●物质可以守恒是因为原子在物理和化学过程中守恒 ●在自然和人造系统中，能量的转移驱使着运动或物质的循环 ●能量有不同形式（地能、热能、动能） ●能量在人造或自然系统中流动时，能量的转移可以被追踪到	●能量和物质的总量在一个独立的系统中是守恒的 ●依据能量和物质在系统中的输入、输出与在系统内部的流动，描述能量和物质在系统中的变化 ●能量不能被建立或摧毁。它仅从一个地方移动到另一个地方，在物体或场之间，或在系统之间移动 ●能量驱使着物质在系统内和系统间循环 ●在原子核过程中，原子不会守恒，但是质子与中子的总数是守恒的
6. 结构与功能—物体组成的形状和结构的方式决定了它们的许多性质和功能			
●自然和人造物品的形状、稳定性与其功能紧密相关	●不同材料会有不同的子结构。这些子结构有时可以观察到 ●子结构有形状，并且其组成部分是发挥各自作用的	●复杂和微观的结构和系统可以被可视化和建模，并用于描述它们的功能如何依赖形状、组成和各部分之间的关系。因此，可以分析复杂的自然和人造结构与系统，以确定它们的功能 ●通过考虑不同材料的性质和材料怎样才能被塑形和使用，可以设计结构来达成某些指定的功能	●通过检验不同材料的性质、不同组成的结构和它们之间的相互连接研究或设计新的系统或结构，从而发现系统的功能或解决问题 ●从整体结构、组成部分的形状、使用的方式和材料中分子的子结构中，推测出自然与人造物品和系统的功能及性质

（续表）

K—2年级	3—5年级	6—8年级	9—12年级
7. 稳定与变化——无论是自然系统还是人工建立的系统，使系统稳定的条件及系统变化或演化速率的决定因素都是研究的关键内容			
●当其他物体变化时，一些物体处于恒定状态 ●一些物体会或快或慢的变化	●根据物体在一定时间内的不同而测量变化，变化有不同的速率 ●一些系统是恒定的，但是过了很长时间后，它们终究会变化	●通过检测在一定时间内的变化和考虑到不同尺度的力，包括原子尺度，从而解释自然和人造系统的稳定和变化 ●系统的一部分的小变化可能会导致另一部分的大幅度变化 ●稳定性可能会因为有一个突发的事件，或是一个很长时间下的缓慢变化而降低 ●动态平衡中的系统之所以恒定是因为有一个反馈机制的平衡	●大多数情况下科学解决了关于物质如何变化和如何保持恒定的问题 ●量化并建构关于系统中短时间或长时间内变化的模型。一些系统改变是不可逆的 ●反馈（正向、负向）能够使系统稳定或不稳定 ●系统可以根据较大或较小的稳定性被设计

附录 H

理解科学事业：科学的本质

科学家和科学教师认为科学是一种解释自然界的方式。一般来说，科学包括一系列实践和历史上对知识的积累。科学教育的基本内容是学习科学与工程实践和发展科学学科的基本概念。此外，学生应发展出对科学事业的整体理解，包括疑惑、调查、提问、数据收集和分析。而最终的陈述需要在《新一代科学教育标准》和科学的本质上建立联系。公众审查《新一代科学教育标准》草案后呼吁对于在学生到底该如何学习科学的本质上需提出一个更加明晰的阐述。

本附录提出了支持在《新一代科学教育标准》的背景下强调科学的本质的观点、基本原理和研究综述。另外，对于与学生所在年级相符的成果的 8 种理解被当作科学与工程实践和跨学科概念的延伸，而不是一个标准的第四维度。最后，本附录讨论了如何在学校的教育项目中突出科学的本质。

K—12 年级科学教育框架

《框架》承认科学本质的重要性，在声明中提出："对于受过教育的公民应该理解的科学事业的特征，已经达成了强烈的共识。"《框架》反映了科学的实践并且回到科学的本质，对以下的论点有所支撑："认知论知识是关于科学内在的架构和价值的知识。学生需要理解观察、假设、推论、模型、理论或主张等分别有什么含义，并能顺利地区别它们。"这段引文呈现了一系列概念和活动，其对于理解科学的本质是作为包含在调查、实地研究和实验等实践中的一种补充起到重要作用。

科学的本质：对于《新一代科学教育标准》的一种视角

科学与工程实践、学科核心概念、跨学科概念的整合为科学本质的教和学做好了准备。也就是说，学习科学的本质需要的不只是参与实践活动与实施调查研究。

当科学教育标准的三个维度相融合时，你可能会疑惑，什么对于科学与工程实践、学科核心概念、跨学科概念的交叉有重要作用？或者，《框架》中的这三个基本维度间有什么关系？人类对于了解和知道他们周边的世界有着很大的需求。为了去适应他们所理解与渴望的世界，人类需要充分利用技术来改变赖以生存的环境。而在某些情况下，了解世界的需求源于人类面临诸多潜在危险时要满足的基本需求。在其他情况下，有时这是一种天生的好奇心及一份对更加美好的舒适生活的承诺。科学是对于解释自然界的不懈追求，而技术与工程是满足人类需求、求知欲和愿望的手段。

K—12年级科学教育的一个基本目标是使能够理解科学本质的人具有良好的科学素养。确实，跨学科间的科学知识的唯一持续性特征使其本身会根据新的证据进行修订。

在K—12年级课堂中的主要问题是，如何解释自然界及是什么构成了充分的、基于证据的科学解释。需要明确的是，这一观点是对学生开展科学和工程实践的补充，但又要区别于他们为了巩固知识和了解自然世界开展的实践活动。

一个基本原理和研究综述

在美国教育中，针对如何满足学生理解科学的概念、实践及科学本质的需求并不是一件新鲜事。例如，在20世纪40—50年代，詹姆斯B.科南特（James B. Conant）的著作就公民更好地理解科学进行了论证（Conant，1947）。在《科学和常识》中，科南特在详细的调查研究情境中和多角度地理解科学方面提及对科学能实现什么与不能实现什么的理解时，论述了"外行的困惑"。科南特说："补救的方法不在于在非科学家间进行更多的科学信息传播。了解科学与理解科学并不是同一回事，尽管这两个方面不是对立的。对于非科学家，引进一些科学的方法策略方面的知识才是需要的补救方法。"（Conant，1951，P4）在讨论的情境中，这些方法策略、科学与工程实践及对科学解释的本质类似。

当前的讨论建议上述的"科学与工程实践及跨学科概念的策略"去培养学生对科学事业的方法策略有更全面的理解，即理解科学解释的本质。应该指出的是，科南特和他的同事继续发展了《科学史上的哈佛案例》，一种理解科学的历史性方法（http://library.wur.nl/webQuery/clc/382832）。在紧跟哈佛原著的基础上把对科学本质的延伸作为教育的学习目标。20世纪50年代后期，利奥·克洛普弗（Leo Klopfer）改编了用于高中学习的《哈佛案例》（Klopfer和Cooley，1963）。杜沙（1990，2000，2008），莱德曼（1992），莱德曼和他的同事（2002）继续对科学的本质进行了一系列的研究，其中有一些方面是针对科学本质的教学（详见Duschl，1990；Duschl和Grandy，2008；Flick和Lederman，2004；Lederman和Lederman，2004；McComas，1998；Osborne，2003等人）。

对于教授科学本质的更多支持详见美国科学教师协会（NSTA）40年来的立场声明。《全体美国人的科学》（Rutherford and Ahlgren，1989）、《科学素养的基准》的政策性声明（美国科学促进会，1993），以及《国家科学教育标准》（美国国家研究委员会，1996）明确提出把对科学本质的理解作为科学教育的一个学习成果。

近来，对于《框架》和教授科学的影响的一系列讨论为连接具体实践与科学解释的本质这两个方面的指导性策略提供了背景（Duschl，2012；Krajcik和Merritt，2012；Reiser，2012等人）。

科学的本质和《新一代科学教育标准》

科学的本质囊括在《新一代科学教育标准》中。本附录中提出了科学本质（NOS）的矩阵。关于科学的本质的 8 个基本理解是：

- 科学研究可使用多种方法。
- 实证是科学知识的基础。
- 科学知识是开放的，并可根据新的证据进行不断的修正。
- 科学模型、定律、机制和理论解释自然现象。
- 科学是一种认知方式。
- 科学知识假设在自然系统中具有秩序性和一致性。
- 科学是人类智慧的结晶。
- 科学解决与自然界和物质世界有关的问题。

关于前 4 个的理解与实践紧密相连，后 4 个的理解与跨学科概念相关。科学本质的矩阵给 K—2 年级、3—5 年级、6—8 年级和 9—12 年级提供了具体内容。对于科学的本质适当的学习成果在预期成果中有所表达，并在基础框的实践栏或跨学科概念栏中呈现。

还应该指出的是，《新一代科学教育标准》中科学的本质不应成为标准的第四维度。相反，各年级的 8 种理解应包含在实践和跨学科概念中，并在预期成果和基础框中可见。

概 述

科学教育的目标之一就是帮助学生理解科学知识的本质。该矩阵呈现了 8 个主要主题及关于科学的本质在各年级段的理解。其中 4 个主题关于科学与工程实践，4 个主题关于跨学科概念。8 个主题都在最左侧一栏。该矩阵描述了在 K—2 年级、3—5 年级、6—8 年级、9—12 年级 8 个主题的学习成果。适当的学习成果在可选择的预期成果中有所表述，并呈现在标准的基础框中。

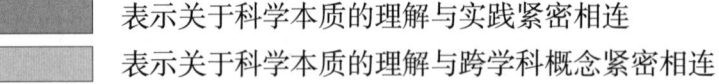

▉ 表示关于科学本质的理解与实践紧密相连
▉ 表示关于科学本质的理解与跨学科概念紧密相连

对于科学本质的理解

主题种类	K—2 年级	3—5 年级	6—8 年级	9—12 年级
科学研究可使用多种方法	●科学研究始于一个问题 ●科学家运用不同方法去探索世界	●科学的方法由问题决定 ●科学研究使用各种方法、工具和技术	●科学研究使用各种方法、工具进行测量和观察	●科学研究可以使用不同的方法，但并不总是使用相同流程去获取数据 ●新技术促进科学知识的发展

(续表)

对于科学本质的理解				
主题种类	K—2年级	3—5年级	6—8年级	9—12年级
科学研究可使用多种方法			●科学研究由一组数值来确保测量和观察的准确性，以及结果的客观性 ●科学有赖于评价所提出的解释 ●科学的价值可作为区分科学与非科学的标准	●科学探究的特征由一系列普遍的共同取向决定，包括逻辑思维、精确度、开放性、客观性、怀疑论、结果的可复制性、诚实而遵守伦理道德地报告结果 ●围绕学科领域组织科学的话语性实践，并为了有关价值观、工具、方法、模型及证据采集和使用的决策分享典型案例 ●科学研究使用各种方法、工具和技能来修正和产生新知识
实证是科学知识的基础	●科学家在观察世界时寻找模式和规则	●科学发现基于认知模式 ●科学家使用各种工具和技术进行精确的测量和观察	●科学知识以证据和解释之间的逻辑与概念联系为基础 ●各科学学科共享获取和评估实证证据的普遍规则	●实证是科学知识的基础 ●各科学学科共享经验证据的普遍规则，以评估关于自然系统的解释 ●科学包括现有理论与证据模式相协调的过程 ●支持同一个解释的多方面证据强化科学论证
科学知识是开放的，可根据新的证据不断地进行修正	●当产生新信息时，科学知识可能会改变	●科学解释会基于新证据而改变	●科学解释会根据新证据进行修改和完善 ●科学研究结果的确定性和持久性会不断变化 ●科学研究结果基于新证据不断被修改或重新解释	●科学解释可能会有概率性 ●大多数科学知识相当持久，但从原则上来说也会因基于新证据或对现有证据进行重新解释而改变 ●科学论证是一种逻辑话语的模式，用来阐明概念和证据之间的关系，可能会导致对解释的修改
科学模型、定律、机制和理论解释自然现象	●科学家使用图纸、草图、模型作为一种交流思想的方式 ●科学家通过探索因果关系解释自然事件	●科学理论基于一系列证据和大量的实验 ●科学解释描述自然事件发生的机制	●原理用来解释可观察的现象 ●科学原理基于一系列随着时间发展而来的证据 ●定律是自然现象的规律或数学描述 ●假设是被科学家使用的一个观点，为了评估科学理论假设可能会产生重要的新知识 ●"理论"这个术语用在科学中时，其意义不同于用在科学外的时候	●理论与规律提供科学解释，但理论不会随着时间成为法则或事实 ●科学理论是自然界一些被证实了的解释，建立在通过观察和实验反复证实的事实基础上，并得到科学界的认可。如果新的证据被发现，而一个理论与之不符，通常理论就会根据新证据而修正 ●模型、机制和解释共同作为发展科学理论的工具 ●定律是对可观察的现象之间关系的陈述或描述 ●科学家经常通过假设去发展和测试理论与解释

（续表）

对于科学本质的理解				
主题种类	K—2年级	3—5年级	6—8年级	9—12年级
科学是一种认知方式	●科学知识使我们认识世界	●科学是知识，也是不断补充新知识的过程 ●科学是一种被许多人不断认识的过程	●科学是知识、过程和不断补充知识的实践 ●科学知识是需要不断积累的，不同年龄和来自不同国家的人都为科学知识作贡献 ●科学是很多人的认知方式，不只是科学家的	●科学是能表示出对自然系统的当前理解的知识及提炼、阐明、修改、拓展知识的过程 ●科学是一种独特的认知方式，当然还有其他的认知方式 ●科学通过运用经验标准、逻辑论证、怀疑性评估区别于其他认知方式 ●科学知识在一段时间内具有历史性，其包括提炼、改变、理论、概念、信念的过程
科学知识假设在自然系统中具有秩序性和一致性	●科学假设现在发生的自然事件与过去发生的一样 ●很多事件都在重复发生	●科学假设自然系统中存在统一的模式 ●自然界的基本规律在宇宙各处都是一样的	●科学假设自然系统中的物体和发生的事件具有一致的模式，该模式通过测量与观察是可理解的 ●科学需要仔细地思考和评估出现在数据和证据上的异常现象	●科学知识基于假定现在的自然规律的运作与过去和将来的运作方式一样 ●科学假定宇宙是一个巨大的孤立系统，其中的基本规律是一致的
科学是人类智慧的结晶	●人类长期实践科学 ●不同背景的人都可以成为科学家和工程师	●不同文化和背景的人都可以选择科学家和工程师作为职业 ●大多数科学家和工程师以团队方式工作 ●科学影响着日常生活 ●创造力和想象力对科学很重要	●不同社会、文化、族裔背景的人都可以成为科学家和工程师 ●科学家和工程师需要人类的品质，如毅力、精确度、推理、逻辑能力、想象力和创造性 ●科学家和工程师受思维习惯引导，如理智上的诚实、对不确定性的容忍度和怀疑度、对新思想的开放度 ●技术的进步促进科学发展，科学的发展也促进技术的进步	●科学知识是人类努力、想象和创造的结果 ●不同国家和文化背景的个人和团体都会促进科学与工程的进步 ●科学家的背景、理论贡献和努力影响着他们的科学研究结果 ●技术的进步促进科学发展，科学的发展也促进技术的进步 ●科学与工程受社会影响，社会也受科学与工程影响

（续表）

对于科学本质的理解				
主题种类	K—2年级	3—5年级	6—8年级	9—12年级
科学解决与自然界和物质世界有关的问题	●科学家探究自然界和物质世界	●科学发现受限于通过实证能回答的问题	●科学知识的发展受限于人类的能力、技术和物质 ●科学把它的解释局限于那些有助于观察和经验证据的研究 ●科学知识可以描述行动的结果，但不会对社会的决策负责	●并不是所有的问题都能被科学解释 ●科学和技术会提出伦理问题，但就其本身，科学并不能给予答案和解决途径 ●科学知识反映的是在自然系统中可能发生的而不是应该发生的现象。后者涉及伦理、价值观及人类对知识使用的决策 ●很多决策的制定并不是简单通过科学，还需要依靠社会和文化背景来解决问题

通过实施教学促进对科学本质的理解

现在，科学教师有一个疑问：我该怎样把实践和跨学科概念融合起来从而更好地帮助学生理解科学的本质呢？假设学生观察到天空中月亮的移动、季节的更替、水的周期性变化及生物的生命周期。其中一个方法是可以让学生观察模型并提出对因果关系的假设。之后，学生可以基于他们提出的解释开发出一个系统模型。接着他们可以设计调查以检验模型。在设计调查的过程中，他们必须收集和分析数据。之后，学生运用基于证据的论证构建一种解释。这些经历允许学生通过运用实践和跨学科概念的知识理解科学的本质。在学生有以下教学指导时，即强调为什么科学解释基于证据、学生观察到的现象与整个宇宙的运作相一致、各种各样地方式方法都可以用来调查这些现象，理解科学的本质就变得极为可行。

《框架》强调，学生必须学习领悟实践是如何促进科学知识的积累。这意味着，如在学生开展研究、构建模型、明确问题或进行论证时，他们需要有机会考虑做了什么及为什么去做。学生也应当将自己的方法与其他学生或专业科学家的方法进行对比。通过一系列的思考，他们能够理解实践的重要性并对科学的本质有进一步的理解。

通过运用科学史上的例子是另一个呈现科学本质的途径。一方面，在学科核心概念的情境下进行实践和跨学科概念；另一方面，通过科学史上的案例研究提供诸多情境，在此情境下，培养学生对科学本质的理解。例如，在6—12年级阶段，案例研究在以下课题中拓展了对于科学的本质的理解：

- 哥白尼式的革命。
- 牛顿力学。
- 莱尔对岩石和化石模型的研究。
- 从大陆漂移学说到板块构造论。

- 拉瓦锡-达尔顿与原子结构。
- 达尔文的生物进化论和现代综合论。
- 巴斯顿与疾病的细菌理论。
- 沃森和克里克与遗传学中的分子模型。

这些解释可能会对历史上的其他案例进行补充。极为重要的一点是，通过理解系统的作用、模型、模式、因果关系、数据的分析与解读、具有科学论证的证据的重要性、构建有科学解释的自然界，提供一个指导性情境，从而缩短实践策略和科学本质的差距。通过运用过去与现在的案例研究，学生可以在科学模型、规律、机制和理论这些更为广阔的情境下，理解科学解释的本质。

在设计教学指导过程中，老师需要做出明确的抉择，通过学生自己的调查，培养其对科学事业的理解及让学生分析历史案例都是很有必要的。

结　论

本附录论述在《新一代科学教育标准》背景下如何支持学生发展对科学本质的理解。方法主要集中在对科学的本质的8种理解，以及它们和科学与工程实践、学科核心概念、跨学科概念的交叉上。科学解释的本质对于基于标准的科学教育项目是极为重要的。从实践、学科核心概念、跨学科概念开始，科学老师促进教学进展到科学上定律的规律性、证据的重要性和理论的公式化。加上历史上的案例，科学解释的本质说明科学是人类面临的一项不断改变的事业。

参考文献

American Association for the Advancement of Science. (1993). *Benchmarks for science literacy.* New York: Oxford University Press.

Conant, J. (1947). On understanding science: *A historical approach.* Cambridge, MA: Harvard University Press.

Conant, J. B. (1951). *Science and common sense.* New Haven, CT: Yale University Press.

Duschl, R. (1990). *Restructuring science education:* The role of theories and their importance. New York: Teachers College Press.

Duschl, R. (2000). Making the nature of science explicit. In R. Millar, J. Leach, and J. Osborne (Eds.), Improving science education: *The contribution of research. Philadelphia*, PA: Open University Press.

Duschl, R. (2008). Science education in 3-part harmony: balancing conceptual, epistemic, and social learning goals. In J. Green, A. Luke, and G. Kelly (Eds.), *Review of Research in Education* 32:268-291. Washington, DC: American Educational Research Association.

Duschl, R. (2012). The second dimension-crosscutting concepts: Understanding *A Framework for K-12 Science Education. The Science Teacher* 79(2):34-38.

Duschl, R., and R. Grandy (Eds.). (2008). *Teaching scientific inquiry: Recommendations for research and implementation.* Rotterdam, Netherlands: Sense Publishers.

Flick, L., and M. Lederman. (2004). *Scientific inquiry and nature of science.* Boston, MA: Kluwer Academic Publishers.

Klopfer, L., and W. Cooley. (1963). The history of science cases for high schools in the development of student understanding of science and scientists. *Journal of Research in Science Teaching* 1 (1):33-47.

Krajcik, J., and J. Merritt. (2012). Engaging students in scientific practices: What does constructing and revising models look like in the science classroom? Understanding A Framework for K-12 Science Education. The Science Teacher 79(3):38-41.

Lederman, N. G. (1992). Students' and teachers' conceptions of the nature of science: a review of the research. *Journal of Research in Science Teaching* 29(4):331-359.

Lederman, N., and J. Lederman. (2004). Revising instruction to teach nature of science: modifving activities to enhance students' understanding of science. *The Science Teacher* 71(9):36-39.

Lederman, N., F. Abd-EI-Khalick, R. L. Bell, and R. S. Schwartz. (2002). View of nature of science questionnaire: Toward valid and meaningful assessment of learners' conceptions of nature of science. *Journal of Research in Science Teaching* 39(6):497-521.

McComas, W. F. (Ed.). (1998). *The nature of science in science education: Rationales and strategies.* Dordrecht, Netherlands: Kluwer Academic Publishers.

National Research Council. (1996). *National science education standards.* Washington, DC: National Academy Press.

National Research Council. (2012). *A framework for K-12 science education: Practices, crosscutting concepts, and core ideas.* Washington, DC: The National Academies Press.

Osborne, J. F., M. Ratcliffe, S. Collins, R. Millar, and R. Duschl. (2003). What "ideas about science" should be taught in school science? A Delphi Study of the "expert" community. *Journal of Research in Science Teaching* 40(7):692-720.

Reiser, B., L. Berland, and L. Kenyon. (2012). Engaging students in the scientific practices of explanation and argumentation: Understanding *A Framework for K-12 Science Education. The Science Teacher* 79(4):8-13.

Rutherford, F. J., and A. Ahlgren. (1989). *Science for all americans.* New York: Oxford University Press.

附录 I

工程设计

《新一代科学教育标准》表示会将工程设计融入 K—12 年级的科学教育体系中。在所有层次的科学课程教学中，会将工程设计提升到与探究同一水平。将工程设计作为科学教育的一个基本元素，具有实际的和鼓舞人心的原因。

> 我们希望学生在 K—12 年级的学习中通过学习和参与科学与工程实践获得的洞察力和激发出的兴趣，有助于他们看到科学与工程是如何帮助解决当今社会面临的主要挑战的，如开发足够的能源、预防和治疗疾病、保持清洁水和食物的供应及解决全球环境变化带来的问题。（NRC，2012，P9）

为学生提供工程设计基础，能使他们在未来数十年中面临重大社会和环境挑战时，可以更好地参与挑战并有信心解决问题。

关键定义

先前标准的问题之一在于，对于"科学""工程"和"技术"这些术语一直缺乏明确和一致的定义。《框架》是这样定义这些术语的：

> 在 K—12 年级背景下，"科学"通常指传统的自然科学：物理学、化学、生物学，以及（较新的）地球、空间与环境科学……我们所使用的"工程"一词范围很广，任何为了解决人们面对的具体问题而进行的系统的设计实践都属于工程的范畴。同样，我们广泛使用"技术"一词来涵括各种形式的人造系统和过程，而不局限于学校中的现代计算机和通信设备。工程师将他们对自然界和人类行为的理解应用于满足人类需求和欲望，技术便应运而生。（NRC，2012，PP11—12）

《框架》的定义澄清了两个常见的误解。一是工程设计不仅应用于科学领域。就像在附录 F 中描述的那样：尽管工程设计与科学探究有着不同的目的和结果，但工程实践和科学实践还是有许多共同之处。二是技术描述了人类为了满足他们的需求和欲望而改造自然界的所有方式，而并不仅仅指计算机或电子设备。

《框架》和《新一代科学教育标准》中对"工程"的定义更广泛，目的是强调所有公民都应该学习的工程设计实践。例如，学生应该能够定义问题（人们想改变的情境）、通过指定的标准和限制，得到一个可接受的解决方案、生成并评估多个解决方案、构建和测试原型、优化解决方案。这些实践到现在都没有明确列入科学标准。

《框架》中的工程设计

术语"工程设计"已经取代了旧的术语"工艺设计"，这与工程、技术的定义是一致的：工程是解决问题的系统化实践，技术是实践结果。

> 从教与学的角度看，最有助于在课堂上应用科学知识和参与工程实践的，正是设计这一反复的循环过程。（NRC，2012，PP201—202）

《框架》明确建议学生学习如何投入工程设计实践来解决问题。该框架还给出一个在科学课程中的工程设计愿景，以及学生可以从低年级到高中完成的目标：

> 在某些方面，孩子是天生的工程师。他们自发地搭建沙子城堡、玩具屋、仓鼠笼，他们会使用各种工具和材料去实现自己玩耍的目的……引导学生关注桥的最大承受力，并让他们搭建和测试更牢固的桥，可以提高学生设计结构的能力。（NRC，2012，P70）

在高中阶段，学生能够承担与地区、全国或全球性的主要问题相关的更加复杂的工程设计项目（NRC，2012，P71）。工程设计的核心概念由三个子概念组成：

（1）定义和界定工程问题：依据相关标准和约束限制条件，尽可能明确地说明这个问题以便于解决问题。

（2）给工程问题设计解决方案：一开始要提出许多不同的可能解决方案，然后评估这些方案，看看哪些最符合解决这个问题的标准和限制条件。

（3）优化设计方案：有系统测试及完善解决方案的过程，最终的设计方案会淘汰不太重要的功能，保留更重要的功能。

需要重点指出的是，这些概念的组成并不总是按照顺序的，更不像科学探究那样是一步一步来的。在任何阶段，一个解决问题的人都可以重新定义问题或给出新的解决方案来替代一个无效的方案。

工程设计涉及学生的多样性

《新一代科学教育标准》将工程包含到科学教育中，主要影响到了弱势学生群体。从教学的角度，专注于工程可以将在传统科学课堂被边缘化的学生、那些认为科学跟他们的生活和未来没有关系的学生包含进来。通过结合当地环境（如流域规划、医疗器械、帮助聋哑人通讯的仪器仪表等）的工程，通过提出并解决一个有意义的问题，不同的学生会加深对科学知识的认识，意识到科学与他们的生活和未来息息相关，并以社会化的、变革的方式参与到科学中去。

从全球范围来看，工程给 K—12 年级的学生提供了"创新"和"创造"的机会。工程领域对于承担全球挑战和展现工程活动来说至关重要（如机器人技术和发明比赛），可以激发学生研究科学、技术、工程和数学的兴趣，激发学生对今后职业的兴趣。（NSF，2010）。那些曾经不考虑将科学作为职业选择的学生，包括女生和具有不同语言和文化的学生，对他们来说，这种早期的参与尤为重要。

《新一代科学教育标准》中的工程设计

在《新一代科学教育标准》中，工程设计被集成在整个文档中。首先，在生命科学、物质科学和地球与空间科学这三个领域，有相当数量的标准是以工程实践开始的。在这些标准中，学生通过应用工程实践来展示对科学的理解。其次，《新一代科学教育标准》还包括独立的工程设计标准，包括 K—2 年级、3—5 年级、6—8 年级、9—12 年级的各个水平。这种多管齐下的方式将工程设计既作为一系列的实践又作为一系列的核心概念，与《框架》的初衷相一致。

需要重点指出的是，《新一代科学教育标准》没有提出一套完整的工程教育标准，而是将关于工程设计的实践和概念包括进来，这对于公民素养是必需的。工程设计的标准体现出《框架》的三个子概念和在每个年级段的进度。

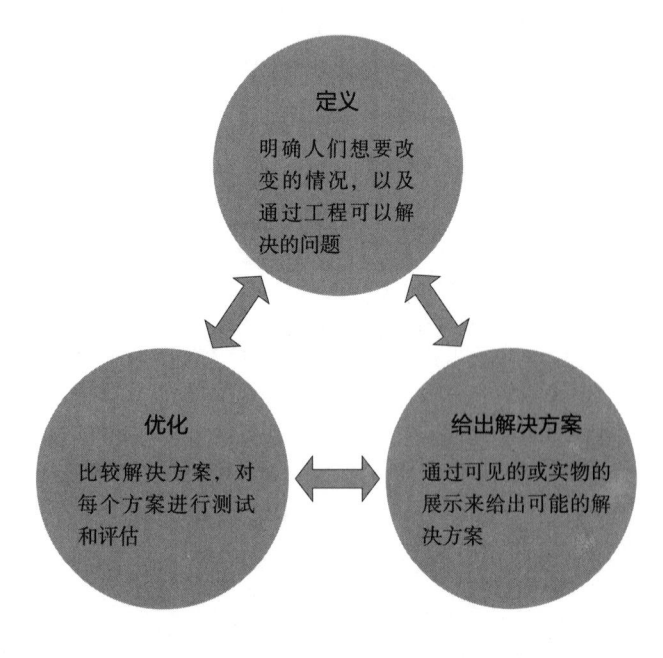

K—2 年级

工程设计在向低年级学生介绍"问题"时，是基于人们想要改变的情境。他们可以使用工具和材料解决简单的问题，使用不同的表现形式来展现解决方案，比较一个问题的不同解决方案，然后确定哪个最好。虽然独创的解决方案总是受欢迎的，但这个年级水平的学生预计不会拿出独创的解决方案。重点是让学生思考需要满足的需求或目标，以及哪些方案能更好地满足需求和目标。

3—5 年级

在 3—5 年级，工程设计让学生更多地参与到更正式地解决问题过程中。学生使用成功标准和可能解决方案的限制条件来定义一个问题。对于一个给定的问题，学生研究并考虑多种可能的解决方案。解决方案的生成和测试也变得更加严格，学生学会优化解决方案，通过多次修改方案来获得可能的最好设计。

6—8 年级

在 6—8 年级，通过精确说明一个成功解决方案的标准和限制条件，让学生学习打磨和聚焦问题。不仅考虑到这个问题需要满足什么要求，还要考虑到定义这个问题时的大背景，包括可能解决方案的各种限制。学生可以识别不同的解决方案的要素，并且将它们组合来创建一个新的解决方案。各个水平的学生将使用系统化的方法来比较不同的解决方案，看看哪个最符合标准和限制条件。学生多次测试并修改方案，以求达到一个最优化的设计。

9—12 年级

9—12 年级的工程设计，会让学生参与到更复杂的问题，包括社会和全球意义等议题。这样的问题需要被分解成多个更简单的问题，每次解决一个小问题。学生也将量化标准和限制条件，这样就有可能用定量的方法来比较不同解决方案的优劣。当解决问题的创造力可以被评估的时候，重点就变成能否识别出最好的解决方案，通常还会涉及研究其他人以前是怎么解决这个问题的。我们期望学生将使用数学或

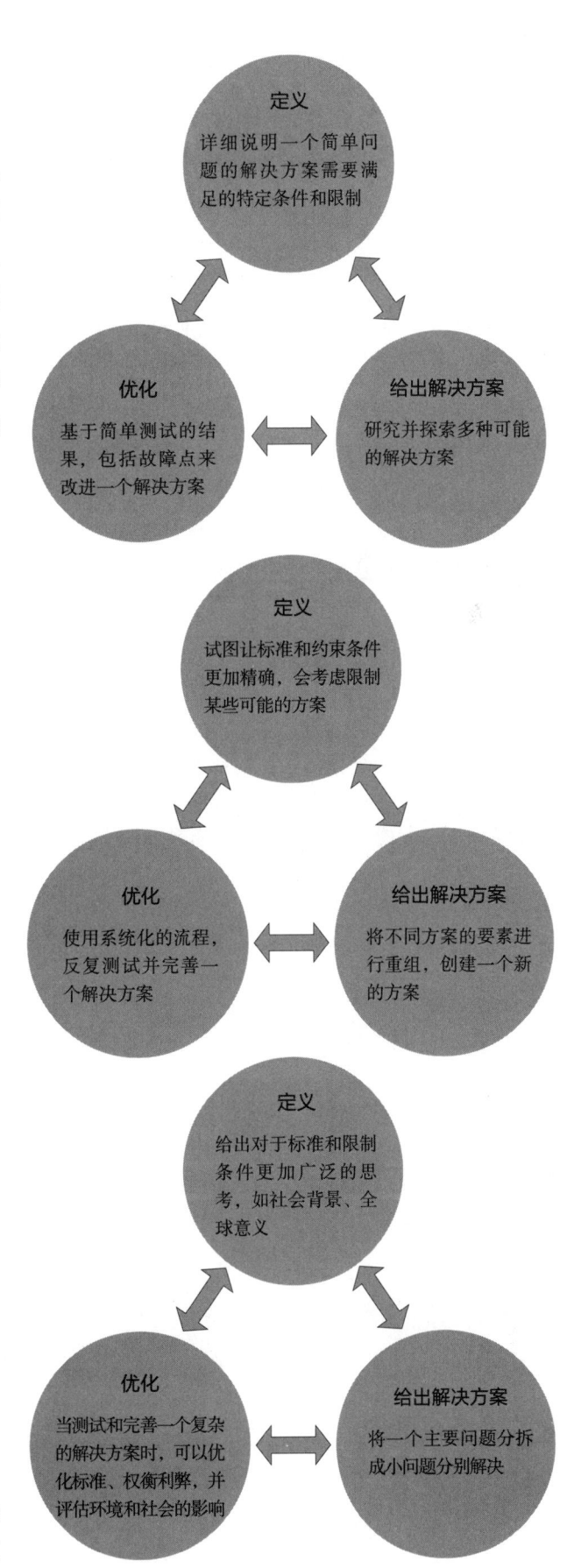

定义
详细说明一个简单问题的解决方案需要满足的特定条件和限制

优化
基于简单测试的结果，包括故障点来改进一个解决方案

给出解决方案
研究并探索多种可能的解决方案

定义
试图让标准和约束条件更加精确，会考虑限制某些可能的方案

优化
使用系统化的流程，反复测试并完善一个解决方案

给出解决方案
将不同方案的要素进行重组，创建一个新的方案

定义
给出对于标准和限制条件更加广泛的思考，如社会背景、全球意义

优化
当测试和完善一个复杂的解决方案时，可以优化标准、权衡利弊，并评估环境和社会的影响

给出解决方案
将一个主要问题分拆成小问题分别解决

计算机仿真来测试各种解决方案，通过不同的条件，优化标准、权衡利弊、评估社会和环境的影响等。

结　论

在《新一代科学教育标准》中包括工程设计，这将对课程、教学和评价产生深远的影响。所有学生需要有机会进行工程设计实践，以及获得伴随实践的概念和科学概念。

将工程设计融入科学学科的决定既不是要鼓励也不是要阻止工程课程的开发。近年来，许多6—8年级和9—12年级都推出了培养学生工程技能的工程课程，让学生参与、体验、使用各种技术，并提供一系列关于工程职业的各种信息。列入《新一代科学教育标准》的工程设计标准当然可以是这样课程的一部分，但最后可能并不代表这类课程的全部范围或一个工程途径。相反，《新一代科学教育标准》的目的是强调所有学生需要的关键知识和技能，让他们作为劳动者、消费者及公民能更充分地融入21世纪的社会。

参考文献

NRC (National Research Council). (2012). *A framework for K-12 science education: Practices, crosscutting concepts, and core ideas.* Washington, DC: The National Academies Press.

NSF (National Science Foundation). (2010). *Preparing the next generation of STEM innovators: Identifying and developing our nation's human capital.* Washington, DC: NSF.

与工程实践相关的预期表现

年级	物理科学	生命科学	地球空间科学	工程
K	K-PS2-2, K-PS3-2		K-ESS3-2, K-ESS3-3	K-2-ETS1-1, K-2-ETS1-2, K-2-ETS1-3
1	1-PS4-4	1-LS1-1		
2	2-PS1-2	2-LS2-2	2-ESS2-1	
3	3-PS2-4	3-LS4-4	3-ESS3-1	3-5-ETS1-1, 3-5-ETS1-2, 3-5-ETS1-3
4	4-PS3-4, 4-PS4-3		4-ESS3-4	
5				
6—8	MS-PS1-6, MS-PS2-1, MS-PS3-3		MS-LS2-1	MS-ETS1-1, MS-ETS1-2, MS-ETS1-3, MS-ETS1-4
9—12	HS-PS1-6, HS-PS2-3, HS-PS2-6, HS-PS3-3, HS-PS4-5	HS-LS2-7, HS-LS4-6	HS-ESS3-2, HS-ESS3-4	HS-ETS1-1, HS-ETS1-2, HS-ETS1-3, HS-ETS1-4

附录 J
科学、技术、社会和环境

所有学生都必须学习科学、技术和社会（简称 STS）之间的关系。这个目标在 20 世纪 80 年代初兴起于英国和美国。与这个运动关系最密切的人是罗伯特·耶格尔，他在这个议题上写了很多文章。有关各州标准的研究（Koehler 等人，2007）表明，在 21 世纪的第一个十年期间，国家科学教育标准中 STS 已经变得十分普遍，并且环保问题被越来越关注。因此，将科学和技术跟社会和环境联系起来的核心概念（《框架》的第 8 章）与过去 30 年在科学教育方面的努力相一致。

K—12 年级科学教育框架

《框架》详细说明了两个核心概念，涉及将科学、技术、社会和环境联系起来：①科学、工程和技术是相互依存的；②科学、工程和技术对社会和自然世界的影响。

科学、工程和技术之间的相互依存

第一个核心概念：科学探究、工程设计和技术发展是相互依存的。

> 科学与工程领域是相互支撑的，并且科学家和工程师常常在同一团队中工作，尤其是在科学与工程的交叉领域。科学的进步提供了可以通过工程而得到的应用，从而创造出技术进步的新功能、新材料或对过程的新认识。反过来，技术的进步，为科学家在更大或更小的尺度上探索自然界，记录、管理和分析数据，以及以更高的精度模拟更复杂的系统赋予了新的能力。此外，工程师为开发或改进技术所作的努力常常为科学家的研究提出新的问题。（NRC，2012，P203）

科学（及其产生的发现和原理）和工程（及其产生的技术）的相互依存关系，包括一系列科学和工程领域如何相互联系的观点。其中之一是科学发现使工程师能够做好自己的工作。例如，早期探索者发现了电，使工程师创造了一个用巨大电网连接起来的世界，照亮城市、保障通信并完成成千上万的其他任务。

工程的成果也能使科学家的工作受益。例如，哈勃太空望远镜和非常灵敏的光传感器的发展，使得很多事情变得可能，如天文学家在宇宙中探索我们的位置、注意到此前未观察到的行星、进一步深入了解恒星和星系的起源等。

《框架》展现的愿景是：科学和工程不断互动、相互促进，如以下声明所述：

> 科学上的新发现常常能催化新技术及其应用的产生，而这些技术和应用是通过工程设计来开发的。反过来，新技术也为新的科学研究创造了机会。(NRC, 2012, P210)

在研究和开发周期中，这反映了科学和工程都扮演着互相促进的角色。

工程、技术、科学对社会和自然世界的影响

第二个核心概念聚焦于更传统的STS主题，那就是科技的进步可能对社会和环境产生深远的影响。

> 科学、工程和技术领域的进步会共同影响——而且事实上已经影响了——人类社会，如农业、交通、医疗、通信领域，以及自然环境。当一项新技术被引进时，每个系统都会发生显著的变化，其中包括期待的效果和预料不到的结果。(NRC, 2012, P210)

这个想法有两个相辅相成的部分：第一，科学发现和技术决策影响人类社会和自然环境；第二，人类为了社会和环境而做的决策，最终引导科学家和工程师的工作。《框架》中的表述如下：

> 从最早的农业形式到最新的技术，所有的人类活动都利用了自然资源，并且已经产生了短期和长期的影响，有积极影响也有消极影响，有对人类健康的影响，也有对自然环境健康的影响。这些影响的后果在人类的近代史中日益增强。随着科学与工程对人们彼此之间及人与周围自然环境之间相互作用的方式的影响，社会已经发生了巨大的变化，人类的数量和寿命都有所增长。
>
> 不仅科学与工程会影响社会，社会决策（无论是通过市场力量制定的还是通过政治过程制定的）也会影响科学家和工程师的工作。这些决策有时会确立技术改进或变革的目标和优先顺序；有时它们还会设置一些限制，例如，调控原材料的开采，或设置采矿业、农业和工业的污染许可水平。(NRC, 2012, P212)

上述第一段提到了技术变革对社会和自然环境的核心作用，例如，新的种植加工系统的发展和食物的分配，使得从广泛分布的狩猎群体到城市的转变成为可能，虽然这一变化需要花几百甚至几千年的时间。在刚刚过去的一个时代，伴随着新的全球通讯和交易网络的建立，城市

的大小已经有了巨大的增长。1960年，世界人口为30亿。今天，这个数字超过了60亿，受益于医学和公共卫生的进步，人类的寿命在延长。此外，全球范围的工业化增长增加了自然资源的提取率，远远超出了世界人口增加一倍带来的预期。

第二段强调了人类社会和环境所施加的增长极限，不可再生资源的供应是有限制的。总之，这些段落指出了科学教育标准的新方向，帮助今天的孩子为未来世界做准备，那时，技术在持续变革、对社会和自然资源的持续影响也将继续加速。

面向各类学生，建立家庭和社区到学校科学的连接

尽管人们早已认识到建设家校联系对于弱势学生群体的学业成功至关重要，但在实践中这种情况很少有效地完成。对于弱势群体的孩子而言，学校教的科学实践和来自家庭和社区的科学支持有着明显的断层。

最近的研究明确了弱势群体学生的家庭环境资源和优势（NRC，2009）。学生给科学课堂带来"知识基金"，可以作为学术学习的资源，教师想方设法来验证并激活这些先验知识（Gonzalez 等人，2005）。有几种方法构建家庭（社区）与学校科学之间的联系：①让家长更多地参与到孩子的科学教育中，鼓励父母在孩子的科学学习中扮演合作伙伴的角色；②让学生参与到定义问题中，设计社区项目的解决方案（如工程项目）；③注重非正式环境中的科学学习。

在《新一代科学教育标准》中

虽然对于《新一代科学教育标准》中的两个核心概念有广泛的共识，但多数团体建议，这些概念最好通过他们跟自然学科的联系来说明。有许多的预期表现需要学生去展示，不只是他们对于自然科学中核心概念的理解，还包括这些概念是如何被日益进步的技术一步步证实的。这些核心概念和具体预期表现之间的联系，将在基础框中的跨学科概念一栏展示。

下面的矩阵表格总结了在本附录的所有年级段的发展进程中，如何讨论上述两个核心概念。

科学、技术、社会和环境的联系矩阵

1. 科学、工程和技术的相互依存			
K—2年级	3—5年级	6—8年级	9—12年级
●科学与工程涉及到使用工具来观察和测量	●科学和技术互相支持 ●工具和仪器是用来回答科学问题的，同时，科学发现会导致新技术的发展	●几乎每个科学领域的重大发现都是由工程进步导致的；科学发现导致了整个工业和工程系统的发展 ●科学和技术互相推进	●在研究和开发周期中，科学和技术相得益彰 ●许多研发项目会涉及科学家、工程师及其他各领域的专家

（续表）

2. 工程、技术、科学对社会和自然世界的影响			
K—2年级	3—5年级	6—8年级	9—12年级
●每个人造物都是通过运用自然界的知识来设计的，利用自然界的材料来建造的 ●使用自然材料来制作东西会影响环境	●人们的需求和需要随着时间而改变，正如他们对更新的、更好的技术的需求一样 ●工程师改进现有技术或开发新技术以促进他们获益降低已知风险，并满足社会需求 ●当新技术出现时，人们的生活方式和与人交往的方式都会发生变化	●所有人类的活动都会利用自然资源，这会产生短期的和长期的、正面和负面的影响，对人类的健康和自然环境都会有影响 ●技术的使用及其限制由很多因素决定，如个人或社会需求、欲望和价值观，如科学研究的结果，又如气候、自然资源和经济条件等因素的差异。因此，技术的使用在不同的地方和不同的时间，都是有差异的	●现代文明依赖于重大的技术系统，如农业、卫生、水利、能源、交通、制造业、建筑业和通信 ●工程师不断地修改这些系统，同时降低成本和风险，增加收益 ●新的技术能够对社会和环境产生深远影响，其中包括一些尚未预料到的 ●成本和收益分析是技术决策的一个重要方面

与科学、工程和技术的相互依存相关的预期表现

年级	物质科学	生命科学	地球和空间科学	工程
K			K-ESS3-2	
1				
2				
3	3-PS2-4	3-LS4-3		
4	4-PS4-3		4-ESS3-1	
5				
6—8	MS-PS1-3	MS-LS1-1, MS-LS4-5	MS-ESS1-3	
9—12	HS-PS4-5		HS-ESS1-2, HS-ESS1-4, HS-ESS2-3	

与工程、技术和科学对社会与自然世界的影响相关的预期表现

年级	物质科学	生命科学	地球和空间科学	工程
K			K-ESS3-2	
1	1-PS4-4	1-LS1-1		
2	2-PS1-2		2-ESS2-1	
3			3-ESS3-1	3—5-ETS1-1, 3—5-ETS1-2
4	4-PS3-4		4-ESS3-1, 4-ESS3-2	
5				
6—8	MS-PS1-3, MS-PS2-1, MS-PS4-3	MS-LS2-5	MS-ESS3-3, MS-ESS3-4	MS-ETS1-1
9—12	HS-PS3-3, HS-PS4-2, HS-PS4-5		HS-ESS2-2, HS-ESS3-1, HS-ESS3-2, HS-ESS3-3, HS-ESS3-4	HS-ETS1-1, HS-ETS1-3

结　论

在未来的几十年里，伴随着技术进步和科学发现，世界人口的持续增长将继续影响学生的生活。无论他们是否选择在技术领域从事工作，他们都将被要求做出一些决策，这些决策对于技术发展和科学研究方向的影响，今天我们是无法想象的。因此，对教师而言至关重要的是让学生更多地参与到学习中去，学习科学、技术、社会和环境之间的复杂联系。

参考文献

González, N., Moll, L. C., and Amanti, C. (2005). Funds of knowledge: *Theorizing practices in households, communities, and classrooms.* Mahwah, NJ: Lawrence Erlbaum Associates.

Koehler, C., Giblin, D., Moss, D., Faraclas, E., and Kazerounian, K. (2007). Are concepts of technical and engineering literacy included in state curriculum standards? A regional overview of the nexus between technical & engineering literacy and state science frameworks. Proceedings of the ASEE Annual Conference and Exposition, Honolulu, HI.

NRC (National Research Council). (2009). *Learning science in informal environments: People, places, and pursuits.* Washington, DC: The National Academies Press.

NRC. (2012). A framework for K-12 *science education: Practices, cross-cutting concepts, and core ideas.* Washington, DC: The National Academies Press.

Yager, R. (1996). Science/technology/society: As reform in science edu-cation. Albany: State University of New York Press.

附录 K
初高中示范课程的规划

实现潜能

《框架》为科学教育展现了一个大胆的愿景,《新一代科学教育标准》在把这一愿景付诸实践的道路上跨出了巨大的一步,但是在每个州完全采纳、实施的同时,还有很多工作要做。本附录聚焦该工作的一个方面,即将各年级段的预期表现(PEs)融入课程中。

从幼儿园到 5 年级的《新一代科学教育标准》是按年级水平进行划分的,但是初中(6—8 年级)和高中(9—12 年级)是按照年级段的预期表现划分的,这样安排是因为各个水平的标准在不同州差异很大。并且没有确定的研究表明,对于学生学习有一个理想的顺序。

在各个州和地区实施《新一代科学教育标准》的进程中,精心考虑如何把各个年级段的标准与课程组织起来,并为学生大学及其职业生涯的成功做准备,显得尤为重要。这些组织形式的决策在不同的州是不同的。有时由州立的教育机构规定,有时是一个地方性办公室或一个当地学区,其他时候也会由 6—12 年级的科学老师来完成,他们来决定根据孩子的水平需要教授的科学内容。而这些科学老师不仅在两栋楼内移动,每天上七节不同的课程,而且他们在学校主办的课外活动中也表现活跃。

我们需要认识到,有许多方法能够决定教授的内容,本附录为指导决策过程提供了一个工具。为了实现《框架》和《新一代科学教育标准》的愿景,课程必须根据各个年级水平来精心设计复杂度。该复杂度需适合学生的发展,帮助学生在课内与课外构建知识。非常重要的是,要注意到这些仅仅是首批要开发的几种模型。此外,还计划加速开发模型,从而鼓励学生在高中学习大学先修课,以及整合《新一代科学教育标准》和职业技术教育途径的模型,如工程和医药。

对《新一代科学教育标准》示范课程图的基本理解

要有效使用这些示范课程图,最重要的是需要理解构造这些图时涉及的思考过程。本节概述了在开发这些示范课程图时的一些基本决策,并试图阐明使用课程图的目的。作为有效使用示范课程图的基础,这六大基本理解的每一个都在下面作了充分的解释。

- 示范课程图是起点,而不是终点。
- 示范课程图的组织建立在《框架》的结构上。
- 所有标准,所有学生。

- 示范课程图不是课程。
- 所有课程中的所有科学与工程实践及所有跨学科概念。
- 工程面向所有人。

1. 示范课程图是起点，而不是终点

开发者并没有期望各州和地区／地方教育机构预计会采用这些示范课程。相反，要鼓励他们把这些示范课程作为发展他们自己课程简介和系列内容的一个起点。这里所描述的示范课程图既是课程和系列规划的过程模型，又是潜在终端产品的模型。基于每个模型及模型开发过程的尝试都需要描述目的和假设，所以，每个州和地区可以利用类似过程来组织标准。这些模型阐明了组织《新一代科学教育标准》内容可能的方法，并将其转换成连贯和严谨的课程，这将为大学和职业生涯做准备。"模型"作为一种促进理解的工具而不一定是一种必要的理想状态，在本文中的意思与在《框架》中一致。

2. 示范课程图的组织建立在《框架》的结构上

《框架》分为四个主要领域：物质科学，生命科学，地球与空间科学，工程、技术和科学的应用。在每个领域，《框架》描述了一小组学科核心概念是如何通过一组特定的基准研发出来的（NRC，2012，P31）。每个核心概念会分解成 3—4 个分概念，这些分概念提供了更多核心概念的组织和发展。附录 K—图 1 提供了一个实例，即一个核心概念（物质及其相互作用 PS1）是如何包含了三个分概念：PS1.A：物质的结构和性质；PS1.B：化学反应；PS1.C：原子核过程。

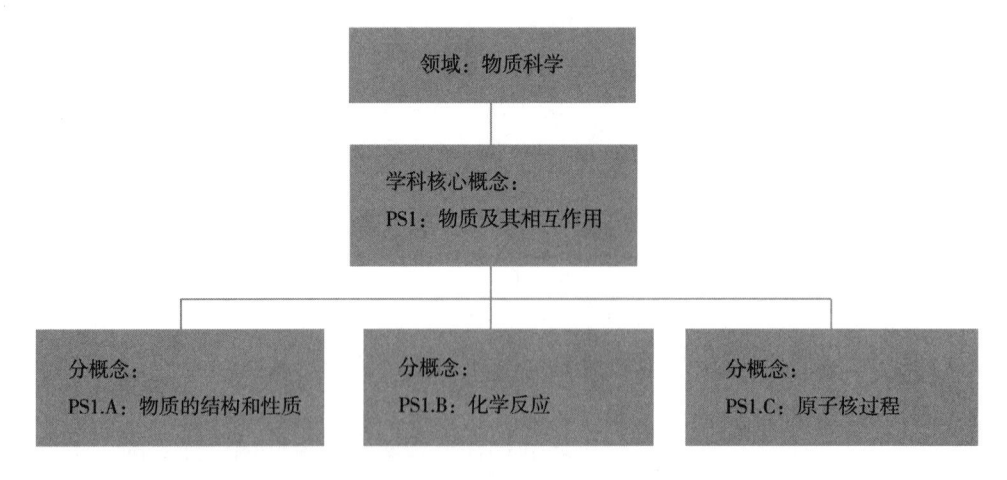

附录 K—图 1　物质科学核心概念（PS1）和分概念

注：这是以《框架》组织为例来说明"领域""学科核心概念"和"分概念"之间的关系。

3. 所有标准，所有学生

所有标准需要考虑到全体学生。虽然这是《框架》的一个基本承诺，并且花了很长的篇幅在《新一代科学教育标准》的附录 D 中讨论。在这里重申，是因为其对于课程设计具有指导意义。要达到该要求，远远不只是反驳常见观点（学习物理只适合那些数学好的学生，参与地球和空间科学适合不在大学的学生）那么简单。所有标准应该面向所有学生。

对于 6—8 年级段，清楚地表明所有年级段的标准需要在 3 年内完成。高中科学课程序列的灵活性及必修课和选修课，为确保所有学生预计展现的预期表现提供挑战。9—12 年级段的示范课程图按照三个课程来组织。这一决定是在"所有标准，所有学生"的愿景和一个学年有限时间的事实之间进行平衡。它肯定会建议学生，特别是那些考虑在科学、技术、工程和数学（STEM）相关领域发展职业生涯的学生，通过更进一步地学习 STEM 课程做好更充分的准备。需要指出的是，对《新一代科学教育标准》进行全面审查是由担任首年科学课程的大学教授完成的，确保《新一代科学教育标准》内容要为学生上大学和从事科学方面的职业做准备（附录 C）。此外，还应当指出的是，没有将时间定量地分配到这些课程中。虽然传统上这些被认为是为期一年的课程，但这些模型没有要求一个定量的时间来完成。这些课程可能分布在一段较长的时间，甚至超过 3 年。有时为满足学生的需求会延长时间，或者会加快进度。一些教学模式和设置，如精通或基于熟练的学习、在线学习或交互式学习中心，甚至可能发现课程之外的一些结构更加适合他们的情况。即使在这种情况下，在研发过程中使用这些示范课程图，可以帮助指导课程研发。

4. 示范课程图不是课程

《新一代科学教育标准》是学生的学习成果，并不是明确的课程。尽管在每个《新一代科学教育标准》的预期表现中，科学和工程实践与特定的学科核心概念和跨学科概念共同起作用，但这些交叉点并没有预先确定这三者在课程、单元、课堂及教学上是如何衔接的，只是阐明了学生预期会知道什么，以及在年级或年级段终点学生们能够做什么。虽然预期表现在课程的位置是课程研发的重要一步，但还是需要很多额外工作来创建连贯的教学计划，以帮助学生达成标准。

5. 所有课程中的所有科学与工程实践及所有跨学科概念

这就是所有的示范课程图的预期效果，所有的科学与工程实践和跨学科概念都会融入学科核心概念各方面的系列课程教学中，而不只是在预期表现中的概述。我们的目标不是教授预期表现，而是让学生能在年级段终点为展现自己做好准备。预期表现是根据年级段终点编写的。即使在某个课程设置了一个特定的预期表现，也不可能在该课程内完全解决其预期表现的深度问题。例如，在学生能熟练掌握一个给定预期表现前，某个特定的科学与工程实践可能已经在好几门课程中重复出现过。但是，在年级段终点，学生应准备好展示每个既定的预期表现。

6. 工程面向所有人

正如在附录 I 中详细表述的那样，《新一代科学教育标准》给出了一个承诺，从幼儿园到 12 年级，要把工程设计整合到科学教育的体系中。在教授所有水平的科学课程时，给出与科学探究相同水平的工程设计能力。工程标准已经被整合到物质科学、生命科学、地球和空间科学等科学领域中。《新一代科学教育标准》还包含了明确聚焦于没有任何科学领域背景的工程设计类预期表现。在示范课程图影响范围内，6—8 年级段和 9—12 年级段各有 4 个工程设计预期表现，所有的示范课程图在所有的课程里设置了独立的工程预期表现，这能帮助他们组织和驱动工程预期表现的教学，并将这些工程预期表现整合到了每个课程中。

示范课程图

以三种示范课程图作为具体实例，开始讨论关于实现《框架》与《新一代科学教育标准》的愿景。阅读本节之前，一定要阅读之前的章节"对《新一代科学教育标准》示范课程图的基本理解"。

包括本节呈现的三个选项在内，并不排斥其他组织序列。由于各个州、地区和教师都参与讨论了关于所呈现的示范课程图的优劣，可以预测的是，一个更加广泛的课程图将被协同研发和共享。例如，一个课程和教学计划可以围绕美国国家科学院 21 世纪重大挑战工程来展开，或者一个基于社区的主题贯穿所有课程，以及预期表现与科学、工程、技术相关联并用于日常生活中，或者可以把重点放在《框架》的跨学科概念或科学与工程实践，而不是学科核心概念。此外，如上所述，甚至术语"课程"可能是一个不必要的限制性定义，因为它给基于时间的系统一个特权。一些教师、学校、地区和州正在转向基于精通的系统，但即使在这样的情况下，这些示范课程图还是有助于将预期表现和如何开始从标准转向聚焦在《新一代科学教育标准》学生的表现/结果的教学之间相关联。

下面的列表有关每个示范课程图的细节、怎样研发的及下一步的想法。

（1）概念进程模型（6—8 年级和 9—12 年级）。通过组织年级段的预期表现，学生对概念的理解在课程系列中逐步建立。该模型将预期表现对应到相关课程，基于需要什么样的概念来支持，而不是关注学科的孤立。

（2）科学领域模型（6—8 年级和 9—12 年级）。年级段的预期表现被组织成特定内容的课程，与《框架》的三个科学领域相匹配：物质科学、生命科学、地球和空间科学。因为工程领域大多与《新一代科学教育标准》的其他三个学科结合在一起，因此被整合在这些课程模型中，而不是作为一个独立的课程序列（每个年级段的四个独立的工程预期表现与其他三个领域课程的相关水平相关联）。

（3）改进的科学领域模型（9—12 年级）。年级段的预期表现被组织成特定内容的课程，与一个普通高中生物、化学和物理系列课程相匹配。为了确保所有的学生能接触到所有的标准，《框架》中与地球和空间科学领域相关的预期表现，都被分配到这些课程中。由于这是目前全美高中的普遍课程系列，该模型被涵盖用来进行比较。

课程图 1——概念性理解模型（6—8年级和9—12年级）

过程与假设：课程图是怎么研发的？

示范课程图组织预期表现，以使在每个课程的学科核心概念的分概念能逐渐地建立在之前课程描绘的技能和知识上。六个示范课程图的基本理解中的第五条包含了一个概念，尽管在《框架》中描述的三个维度都特别地整合在了年级段的终点，课程与教学仍为学生提供学习每个维度各部分的机会，并通过各种方法为学生在年级段终点的展示做准备。学生应该有多种机会参与每个课程所有的科学与工程实践和跨学科概念。然而，示范课程图 1 的前提就是学科核心概念的确包含了在逻辑上可以排序的内容。给这个示范课程图预期表现的学科核心概念部分创建一个逻辑性序列，是一个多阶段的努力，这主要依赖于《框架》。

> 要对关于世界的科学解释形成透彻的理解，学生需要有数年而不是几个星期或几个月时间持续地接触和发展基本概念，以及体会那些概念的相互联系。这一意义上的发展已经在学习进程的观点中得到了构思。如果掌握一个科学学科的某个核心概念是教育的最终目标，那么精心设计的学习进程则为达到该目标提供了一张可以采用的路线图。
>
> 这样的进程不仅描述了学生对概念的理解是如何日趋成熟的，也描述了学生取得进步所需的教学支撑和经验。学习进程也许会从学龄前一直延伸到12年级及以后——的确，人们可以用一生的时间来持续学习科学核心概念。由于学习进程跨越了许多年，所以它们能够促使教育工作者思考如何在各个年级呈现各个主题，以便将它们建立在已有理解的基础上，并支持日益复杂的学习。因此，核心概念及其相关的学习进程是本框架设计时的关键组织原则。（NRC，2012，P26）

在此过程中的第一步是将依赖于其他核心概念的核心概念分离出来。例如，很显然一个学生可以从核心概念的标题初步理解 LS1：从分子到生物体：结构与过程，是因为他受益于对核心概念 PS1（物质及其相互作用）的理解，知道关于原子、分子及它们是如何相互作用的，这些能加强学生对分子在存活的生物体内是如何工作的理解。因此，可将核心概念 PS1 在核心概念 LS1 前放入课程中。然而只看一下核心概念的标题，对于理解核心概念中包含内容的全貌是不够的。排序示范课程图里面的核心概念，需要彻底地比较框架中每个核心概念的描述。任何与其他核心概念内容没有重要联系的核心概念会放在第一课中。那些需要第一课支持的核心概念放在第二课，需要第二课支持的核心概念放在第三课。由此产生的基于学科核心概念的骨架序列在附录 K—图 2 中展示。正如在所有示范课程图的第六个基本理解论述的那样，每个年级段有四个预期表现只专注于工程设计。虽然这些预期表现没有在图标中展示，独立的工程预期表现在所有的三个系列课程中都囊括，但它们能在这三个课程中帮助组织和推动整合工程预期表现的教学，并将在随后的表格中出现。

按照课程计划的方向排序核心概念，但往往核心概念太大而不能帮助研发课程。为了接近可以使用的概念大小，通过把每个核心概念拆分为分解概念来分析（在《框架》中确认），并再次在课程中对它们进行排序以完善它们的定位。本质上，用于排序学科核心概念的过程一直在重复，但是分解概念与核心概念是不连贯的，在适当的时候，基于《框架》所描述的年级段终点，会转移到图中不同的课程。例如，虽然"物质及其相互作用"原本被安排在第一课，而它的分解概念"原子核过程"需要课程1和课程2的内容，因此它被转移到课程3。"物质的结构和性质"与"化学反应"仍然留在课程一中，因为它们不需要来自其他分解概念。附录K—图3展示了重新分配课程中的分解概念后的最后结果。因为这种组织是基于《框架》的，它适用于6—8和9—12两个年级段。

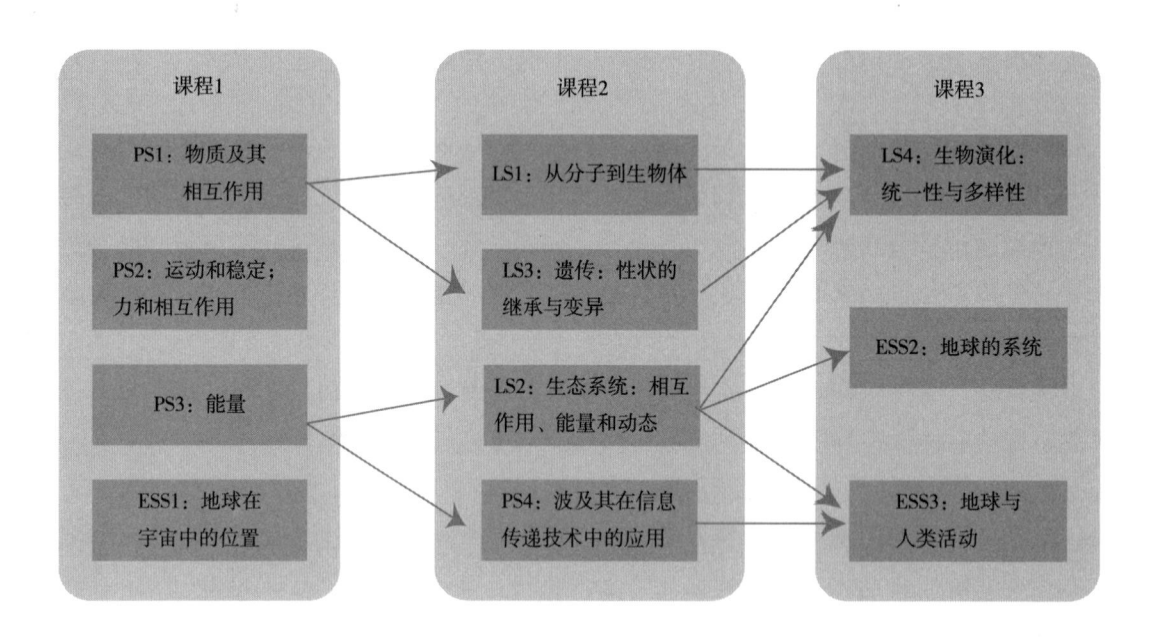

附录K—图2　课程图1中学科核心概念的组织

注：此图概述了将《新一代科学教育标准》组织到课程的第一步，这些课程基于《框架》学科核心概念中列出的科学内容的概念进程。

在构建示范课程图1的过程中，最后一步是重新评估该水平下预期表现自身的组织。下面的表格（附录K-表1）列出了这个过程的第一步，将分解概念与其预期表现相关联。这些表格是用《新一代科学教育标准》基础框中的信息搭建的，里面记录了预期表现和每个分解概念之间的联系。由于分解概念中的实质性内容是重叠的，有些预期表现被联系到了不止一个分解概念。在这些情况下，预期表现仅在表格的顶部列出一次。重复的预期表现（联系到一个课程或课程间的多个分解概念）和二级联系会在每个表格的底部说明。

课程图1的下一步

需要明确的是，课程图在课程开发的时候是需要修订的，但这一安排提供了一个良好的起

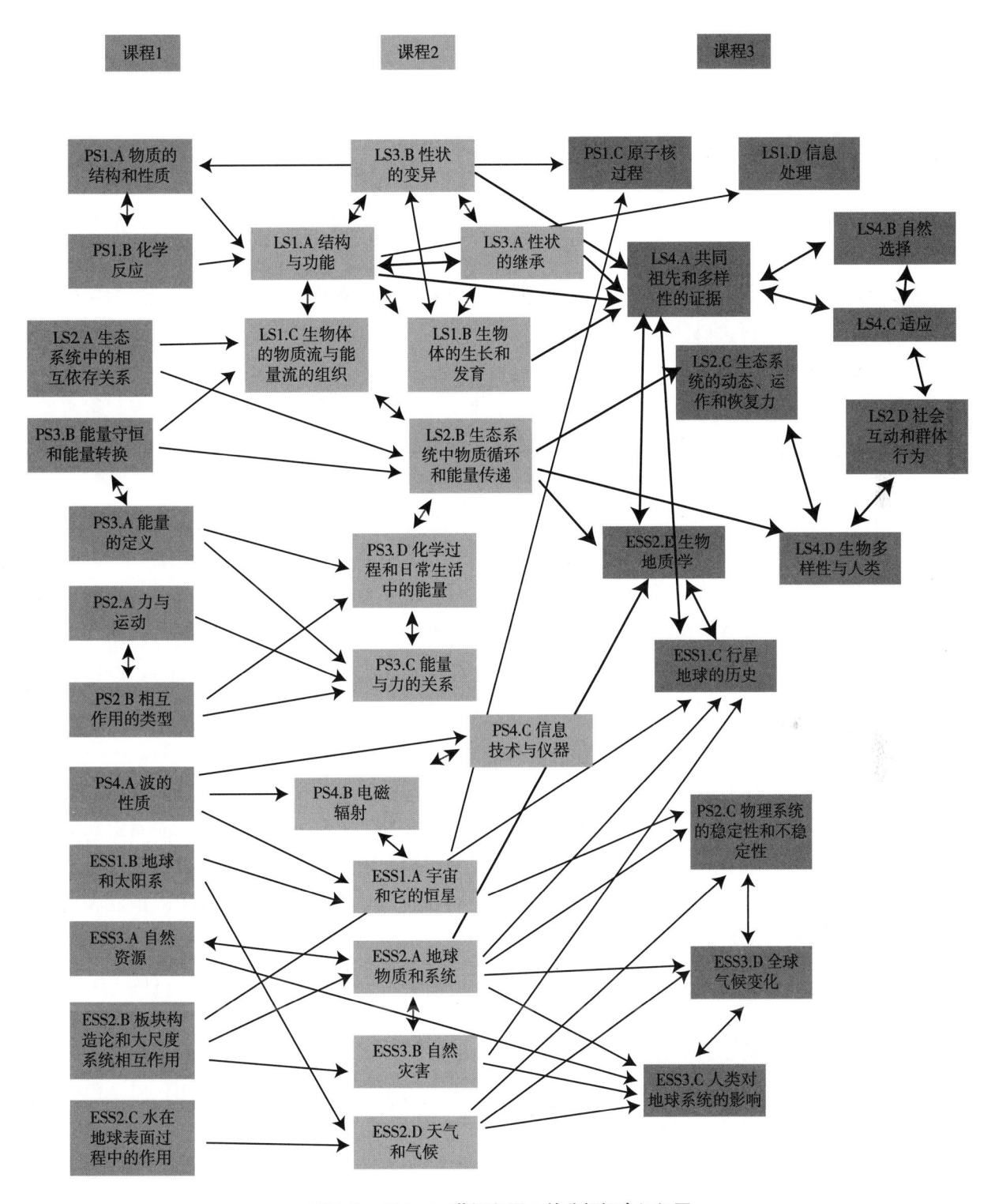

附录K—图3 示范课程图1的分解概念组织图

注：此图概述了将《新一代科学教育标准》计划入课程第二步的结果。通过评估更精细的、组成学科核心概念的分解概念来细化附录K—图2的安排。箭头说明了各种联系，用来将学科核心概念分配到各课程中，不是用来决定课程排序的。

点，即讨论关于什么时候教什么及为什么教。为了帮助引导这些讨论，这里有几个建议和步骤供需要从起点开始开发课程和教学单元计划的各个州和地区参考：

（1）重新回顾学科核心概念及其分解概念的建议安排，以确保他们以一个符合逻辑的方式从课程中来、到课程中去。在这个过程中，请务必阅读《框架》中核心概念和分解概念的描述，而不是只依赖过去对这些概念或主题的经验。这可能意味着以一个不同的安排结束，而不是这里显示的内容。但在这个过程中，让一组老师和管理人员协作参与，将会产生对学校、教师和学生都有效的课程，并为实施提供更大的支持。

（2）由于预期表现都与课程单元和计划绑定，重要的是在预期表现结构化的安排与课程和单元开发之间找到平衡，以让学生更好地参与及使课程具有较好的流动性。可使用开发好的最终预期表现布局（或一个示范课程图 1 提供的布局）作为构建教学单元的起点。由于预期表现中描述的学生学习成果与有意义的单元捆绑，以建立课程内和课程间的流动，预期表现很可能从图中的不同课程中抽取出来以实现。这里的课程图意味着当预期表现从一个课程转到另一个课程时，教学也会相应的转移，课程图并不一定是一个规范的、静态的文档。例如，我们可以决定是用一个教学单元把课程 1 的 HS-ESS2-3 和 HS-PS3-2 和课程 2 的 HS-PS3-3 连接起来。学生参与其中，讨论家里用来加热和冷却的能量来源（燃气、电、地热资源、太阳能等），这个教学单元作为课程 1 的一部分。其中 HS-ESS2-3：基于关于地球内部的证据开发一个模型，描述热对流引起的物质循环；HS-PS3-2：开发和使用模型，描述宏观尺度上的能量可以用与微粒（物体）运动有关的能量和与微粒（物体）相对位置有关的能量来解释；HS-PS3-3：设计、建造和改进一个装置，在给定约束条件下运作，将一种形式的能量转化成另一种形式的能量。

（3）由于预期表现是与教学单元绑定的，而教学单元又绑定在同一个课程中，这些教学单元可能需要从一个课程转到另一个课程，以确保课程间的平衡。这并不一定意味着该课程具有相同的预期表现的数量。预期表现少的课程单元可能比预期表现多的课程单元需要更长的时间，这取决于这些预期表现在课程计划中是如何被处理的。建议更多地关注该过程中，表格里所列出的重复的预期表现。连接多个分解概念的预期表现与只存在于一个课程中的预期表现绑定会比较好，而不是出现在两个课程中。

（4）当重新安排预期表现并建立教学单元时，需要记住的是，预期表现是年级段学生学习成果，并需要恰当地描述学生的课程预期。虽然一个预期表现设置在一个课程中，但可能在课程结束时学生都没有准备好展现预期表现的各个方面。例如，一个预期表现可能被设置在第一个课程中，因为其学科核心概念维度对于第二个课程中的预期表现起基础性作用，但是预期表现中描述的科学与工程实践的深度可能直到第 3 年还未达到。课程设计需要考虑到现实情况。换句话说，尽管期望是所有的科学与工程实践被设置在所有的课程中，使得 6 年级学生参与与 8 年级学生不同的课程显得有意义；且需要在初中学校课程序列中刻意设置实践的复杂性。示范课程图 1 试图以在课程之间搭建内容支架的方式来组织预期表现，但是当他们为了课程开发被重新安排时，一些预期表现中的核心概念可能需要在课程内建构以帮助学生准备好学习相关的内容。

附录 K—表 1　示范课程图的概念进程——初中

课程 1

PS1.A	MS-PS1-1
	MS-PS1-2
	MS-PS1-3
	MS-PS1-4
PS1.B	MS-LS1-5
	MS-LS1-6
PS2.A	MS-PS2-1
	MS-PS2-2
PS2.B	MS-PS2-3
	MS-PS2-4
	MS-PS2-5
PS3.A	MS-PS3-1
	MS-PS3-2
	MS-PS3-3
	MS-PS3-4
PS3.B	MS-PS3-5
PS4.A	MS-PS4-1
	MS-PS4-2
LS2.A	MS-LS2-1
	MS-LS2-2
ESS1.B	MS-ESS1-1
	MS-ESS1-2
	MS-ESS1-3
ESS2.B	MS-ESS2-3
ESS2.C	MS-ESS2-2
	MS-ESS2-4
	MS-ESS2-5
	MS-ESS2-6
ESS3.A	MS-ESS3-1
ETS1.A	MS-ETS1-1
ETS1.B	MS-ETS1-2
	MS-ETS1-3
	MS-ETS1-4
ETS1.C	MS-ETS1-3
	MS-ETS1-4

课程 1 中的重复

PS1.B	MS-PS1-2
	MS-PS1-3
PS3.A	MS-PS1-4
	MS-PS3-3
PS3.B	MS-PS3-4

课程 2

PS4.C	MS-PS4-3
LS1.A	MS-LS1-1
	MS-LS1-2
	MS-LS1-3
LS1.B	MS-LS1-4
	MS-LS1-5
LS1.C	MS-LS1-6
	MS-LS1-7
LS2.B	MS-LS2-3
LS3.A	MS-LS3-1
	MS-LS3-2
ESS2.A	MS-ESS2-1
ESS2.D	MS-ESS2-5
	MS-ESS2-6
ESS3.B	MS-ESS3-2

课程 2 中的重复

PS3.C	MS-PS3-2
PS3.D	MS-LS1-6
	MS-LS1-7
PS4.B	MS-PS4-2
LS1.B	MS-LS3-2
LS3.B	MS-LS3-1
	MS-LS3-2
ESS1.A	MS-ESS1-1
	MS-ESS1-2
ESS2.A	MS-ESS2-2
ETS1.A	MS-ETS1-1
ETS1.B	MS-ETS1-2
	MS-ETS1-3
	MS-ETS1-4
ETS1.C	MS-ETS1-3
	MS-ETS1-4

课程 3

LS1.D	MS-PS1-8
LS2.C	MS-LS2-4
	MS-LS2-5
LS4.A	MS-LS4-1
	MS-LS4-2
	MS-LS4-3
LS4.B	MS-LS4-4
	MS-LS4-5
LS4.C	MS-LS4-6
ESS1.C	MS-ESS1-4
ESS3.C	MS-ESS3-3
	MS-ESS3-4
ESS3.D	MS-ESS3-5

课程 3 中的重复

LS4.D	MS-LS2-5
ESS1.C	MS-ESS2-3
ESS2.D	MS-ESS2-5
	MS-ESS2-6
ETS1.A	MS-ETS1-1
ETS1.B	MS-ETS1-2
	MS-ETS1-3
	MS-ETS1-4
ETS1.C	MS-ETS1-3
	MS-ETS1-4

突出重点

预期表现在相同课程的两个学科核心概念中出现

预期表现在《新一代科学教育标准》中定义成一个分解概念的二级连接

预期表现将两个课程内的两个分解概念联系起来

注：此表将初中《新一代科学教育标准》预期表现与《框架》中的分解概念连接起来。这些连接基于《新一代科学教育标准》基础框中的信息。在该表中，分解概念都安排到课程中，而这些课程是基于附录 K—图 3 组织的。

附录K—表2 示范课程图的概念进程——高中

课程1

PS1.A	HS-PS1-1
	HS-PS1-2
	HS-PS1-3
	HS-PS1-4
PS1.B	HS-LS1-5
	HS-LS1-6
	HS-LS1-7
PS2.A	HS-PS2-1
	HS-PS2-2
	HS-PS2-3
PS2.B	HS-PS2-4
	HS-PS2-5
	HS-PS2-6
PS3.A	HS-PS3-2
	HS-PS3-3
PS3.B	HS-PS3-1
	HS-PS3-4
PS4.A	HS-PS4-1
	HS-PS4-2
	HS-PS4-3
	HS-PS4-5
LS2.A	HS-LS2-1
	HS-LS2-2
ESS1.B	HS-ESS1-4
ESS2.B	HS-ESS2-1
	HS-ESS2-3
ESS2.C	HS-ESS2-5
ESS3.A	HS-ESS3-2
ETS1.A	HS-ETS1-1
ETS1.B	HS-ETS1-3
	HS-ETS1-4
ETS1.C	HS-ETS1-2

课程1中的重复

PS1.B	HS-PS1-2
	HS-PS1-4
PS2.B	HS-PS1-1
	HS-PS1-3
PS3.A	HS-PS2-5
PS3.B	HS-PS3-1
PS4.A	HS-ESS2-3
ESS1.B	HS-ESS2-4
ESS2.B	HS-ESS1-5

课程2

PS3.C	HS-PS3-5
PS4.B	HS-PS4-4
LS1.A	HS-LS1-1
	HS-LS1-2
	HS-LS1-3
LS1.B	HS-LS1-4
	HS-LS1-5
LS1.C	HS-LS1-6
	HS-LS1-7
LS2.B	HS-LS2-3
	HS-LS2-4
	HS-LS2-5
LS3.A	HS-LS3-1
LS3.B	HS-LS3-2
	HS-LS3-3
ESS1.A	HS-ESS1-1
	HS-ESS1-2
	HS-ESS1-3
ESS2.A	HS-ESS2-1
	HS-ESS2-2
	HS-ESS2-3
	HS-ESS2-4
ESS2.D	HS-ESS2-6
ESS3.B	HS-ESS3-1

课程2中的重复

PS3.D	HS-PS3-3
	HS-PS3-4
	HS-PS4-5
	HS-LS2-5
	HS-ESS1-1
PS4.B	HS-PS4-3
	HS-PS4-5
	HS-ESS2-2
PS4.C	HS-PS4-5
ESS2.A	HS-ESS2-1
	HS-ESS2-3
ETS1.A	HS-ETS1-1
ETS1.B	HS-ETS1-3
	HS-ETS1-4
ETS1.C	HS-ETS1-2

课程3

PS1.C	HS-PS1-8
LS2.C	HS-LS2-6
	HS-LS2-7
LS2.D	HS-LS2-8
LS4.A	HS-LS4-1
LS4.B	HS-LS4-2
	HS-LS4-3
LS4.C	HS-LS4-4
	HS-LS4-5
LS4.D	HS-LS4-6
ESS1.C	HS-ESS1-5
	HS-ESS1-6
ESS2.E	HS-ESS2-7
ESS3.C	HS-ESS3-3
	HS-ESS3-4
ESS3.D	HS-ESS3-5
	HS-ESS3-6

课程3中的重复

PS1.C	HS-ESS1-5
	HS-ESS1-6
LS2.C	HS-LS2-2
LS4.C	HS-LS4-2
	HS-LS4-3
	HS-LS4-6
ESS2.D	HS-ESS2-4
	HS-ESS2-7
	HS-ESS3-6
ESS3.A	HS-ESS3-1
ETS1.A	HS-ESS1-1
ETS1.B	HS-ESS1-3
	HS-ESS1-4
ETS1.C	HS-ESS1-2

突出重点

预期表现在相同课程的两个学科核心概念中出现

预期表现在《新一代科学教育标准》中定义成一个分解概念的二级连接

预期表现将两个课程内的两个分解概念联系起来

注：此表将高中《新一代科学教育标准》预期表现与《框架》的分解概念连接起来。这些连接基于《新一代科学教育标准》基础框中的信息。在该表中，分解概念都安排到课程中，而这些课程是基于附录K—图3组织的。

（5）数学和英语语言艺术（ELA）的《新一代科学教育标准》连接框及其支撑附件（数学—附录 L；ELA—附录 M）应该提前咨询，以确保这些课程在科学体系课程之前没有在数学和英语语言艺术内容或练习中出现过。在高中水平，共同核心州标准（CCSS）也有年级段预期。所以需要在州、地区和课程撰写层面来保证，科学的课程图在数学和英语语言艺术对应的课程之前并不要求数学和英语语言艺术的表现。在初中水平，课程图中有两个预期表现（MS-PS3-1 和 MS-PS4-1）在州共同核心标准（CCSS）之前就出现了。这点会在下面对初中版的修订中详细阐述。

（6）可以确定的是，在高中水平，让所有的学生准备好所有的预期表现，需要三个以上的课程。将标准组织到四个科学课程仅仅意味着重复上面描述的过程，只是整理成了四门课而不是三门。为了这点与《框架》中所有学生预期表现的愿景一致，所有的四门课程需要面向全体学生。另外，一些教育系统，特别是那些以熟练为基础的系统，能在其他课程中解决一些预期表现，如职业和技术教育、农业教育、科学选修课程、综合数学或 STEM 课程、替代教育或在线模块。

下一步样例：初中修订

在这些模型中还有些工作要做，这似乎很多且很难实施，所以本节提供了一个决策的例子，以帮助修订。在这种情况下，重点是修订附录 K—表 1 中描述的概念性层级示范课程图。本次修订是从上面描述的几个建议中提出的，并给出一个修订过程的最终结果的样例。

由于不确定示范课程图的概念进程在初中是否管用，来自兰多夫中学 6—8 年级的科学教师约翰、德布和卡门决定研究中学课程图，看看他们重新整理后这个图会变成什么样子。这是一个有地方自主选择权的州，他们最近采用了《新一代科学教育标准》，初高中年级段标准具体以什么方式呈现还需要根据地区水平决定。同时，约翰、德布和卡门是该地区的初中教师，他们都在初中教了多年科学课程，约翰喜欢生物，卡门喜欢物质科学，德布喜欢地球和空间科学。但是，在最近的一个 K—12 年级地区级科学教育会议之后，他们尝试将学科核心概念分到课程中，初中和高中的教师在会议之后认真考虑使用示范课程图 1。在他们的下一个工作日，约翰、德布和卡门可以有半天时间来规划他们下一年的课程。

由于不知道从哪里开始，德布建议从示范课程图 1 的下一步这部分开始。在阅读步骤之后，三位老师表示他们对这个课程图在课堂上是什么样的，仍然没有一个具体的感觉。所以他们以寻找分解概念为出发点，这些分解概念能被绑定到统一的教学中。通过寻找相关的预期表现将其组织到教学单元中，他们对教授更多的跨学科课程变得得心应手。在进行分析时，他们发现一些分解概念只有几个预期表现，而且，这些分解概念与课程中的其他分解概念看起来没有什么密切联系。三位老师发现了所谓的"孤立预期表现"，只要这个重新定位没有改变概念流向，这个分解概念及其预期表现就会转移到有相关概念的课程中。例如，约翰注意到了课程2中的LS2.B（生态系统中的物质循环和能量流动）只有一个预期表现与其相关联（附录K—表1），尽管在课程2中还有其他生命科学的预期表现，卡门建议将LS2.B及其"孤立预期表现"转移到课程1中。因为这条可以跟LS2.A（生态系统中的相互依存关系）很好地绑定。约翰一开始对于将分解概念移到另一个课程也不是很确定，因为这个分解概念跟课程2中的其他分解概念还有一些联系。直到德布指出，LS2.A（和它的两个预期表现）是课程1中唯一的生命科学预期表现，增加另一个生命科学预期表现不仅为"孤立的预期表现"找到一个"家"，而且使得课程1显得更加连贯。他们迅速回顾了数学和英语语言艺术（ELA）的连接，在初中水平层面，并没有发现任何不将这个分解概念转移到课程1的理由。基于相同的逻辑，该小组将ESS2.D（天气和气候）从课程2转移到课程1，只有一个预期表现和这个分解概念连接。而且经过对相关预期表现的仔细检查，ESS2.D与ESS1.A（宇宙和它的恒星）和ESS2.C（水在地球表面过程中的作用）结合得非常好。

三位老师更仔细地检查了预期表现（他们先前工作主要针对《框架》），基于认知的复杂要求，他们担心有些预期表现没有出现在正确的课程中。有时候，分解概念在一个初中水平预期表现上强调的方面似乎与他们在K—12年级地区级会议上和高中同事的讨论不一样。例如，在初中水平，ESS1.A（宇宙和它的恒星）聚焦于太阳系的运动。德布建议他们将此分解概念转移到课程1，因为它正好跟分解概念ESS1.B（地球和太阳系）很吻合（在高中水平，ESS1.A包括有关大爆炸理论，跟课程2的PS4.B电磁辐射很吻合）。通过比较表K—1和表K—2，约翰指出了高中和初中的另一个差别：有些分解概念在初中阶段没有预期表现，所以他们在初中阶段去掉了以下分解概念：PS1.C原子核过程、LS2.D社会互动和群体行为、ESS2.E生物地质学和PS2.C物理系统中的稳定性和不稳定性。所有这一切都以原始分解概念组织形式放在课程3中。

经过把一些分解概念从课程2转移到课程1，并且从课程3中去掉一些分解概念，该小组担心课程会失去平衡，因此他们改变了方法。每次看一下特定内容区域的分解概念，以确定转移分解概念是个不错的选择。德布提出将PS3.B能量守恒和能量的转换，从课程1转移到课程2。这个分解概念只有唯——个预期表现，而且它跟课程2的化学预期表现连接更好，于是PS3.B被转移到课程2中。约翰建议将LS3.A（性状的继承）和 LS3.B（性状的变异）转移到课程 3，这两个概念与自然选择和生物演化的分解概念 LS4 连接很好。卡门提出将 ESS3.A（自然资源）转移到课程 3，因为它跟 ESS3.B（自然灾害）和 ESS1.C（行星地球的历史）中的预期表现很吻合。

考虑到他们正在接近一些有效的东西，三位老师把他们的想法在他们的学校转化成有效的东西。他们认识到，兰多夫中学的房间布置及 6—7 年级的日程安排的差别，在 6 年级不适合设置 PS1.B（化学反应）。他们没有化学实验室房间、安全设备或其他相关物品。他们决定，任何房间布置或日程安排的变化不是他们想要花精力的地方，所以他们把 PS1.B 转移到课程 2。在仔细看了 PS1.B 后，卡门注意到，几个预期表现分别与 PS1.A（仍在课程 1 中）和 PS1.B（现在在课程 2 中）都有关联。老师们决定评估 MS-PS1-2 和 MS-PS1-3，而不是把预期表现列入这两个课程，从而确定哪些课程能更好地绑定其他的预期表现。在比较了预期表现之后，他们决定将 MS-PS1-2 列入课程 2 的 PS1.B，将 MS-PS1-3 列入课程 1 的 PS1.A。

三位老师很明显地感觉到，已经成功地把科学内容安排到对学校起作用的概念进程中。他们决定再次检验所开发的示范课程图，以确保其中没有要求学生掌握他们还达不到的数学水平。通过检查《新一代科学教育标准》数学连接框和附录 L：州共同核心标准（数学），很明显几个预期表现需要重新考虑。MS-PS3-1（建立和解读数据图，描述动能与物体质量及速度的关系）令人关注因为平方的概念（将在动能的图形分析中找到）和线条的图形分析在 CCSS 中直到 8 年级才会教。在他们目前的安排（表 K—1）中，这个预期表现（连接到分解概念 PS3.A 能量的定义）被设置在课程 1。老师们决定把整个分解概念转移到课程 3，而不是单独地将预期表现转移到课程 3（图 K—4），但是他们对于这个分概念如何完全适合课程很关心。于是他们决定与学校的数学老师讨论关于跨学科单元的开发。如果数学老师认为可以，动能的概念将留在课程 1 中，并与相关的预期表现绑定。他们又协同开发了 8 年级的一个单元课程，其中，数学老师通过使用动能的科学概念作为教学情境（教平方和图表分析），来构建概念性基础。然后，当学生升至 8 年级，科学老师将和数学老师借助一些设备（及一些科普知识），使学生能够在他们的数学课收集数据并使用数据分析，教学生预期表现的数学部分，使学生能够在年级段终点展示预期表现。MS-PS4-1（用数学表现方式来描述一个关于波的简单模型，包括波的振幅是怎样关联着波中的能量的）要求 7 年级的数学水平且该预期表现也出现在课程 1 中。在这种情况下，决定将该预期表现转移到课程 2 中。在那里与分解概念 PS4.B（电磁辐射）和 PS4.C（信息技术与仪器）绑定得很好。

约翰、德布和卡门的修订还没有结束，因为可以用同样的思路，将示范课程图真正地适用于当地的实际情况。他们所做出的决定可能不适合另一个地方的实际情况，但在课程图的开发上，在各学校、地区和州之间继续协同参与这个类似的过程，以及继续研究对不同课程图实施的相对有效性，都将更好地为下一轮标准的修订提出建议。

在附录K—图4中（分结构概念图）及附录K—表3中，修订后的初中课程图展示了所有的变化。

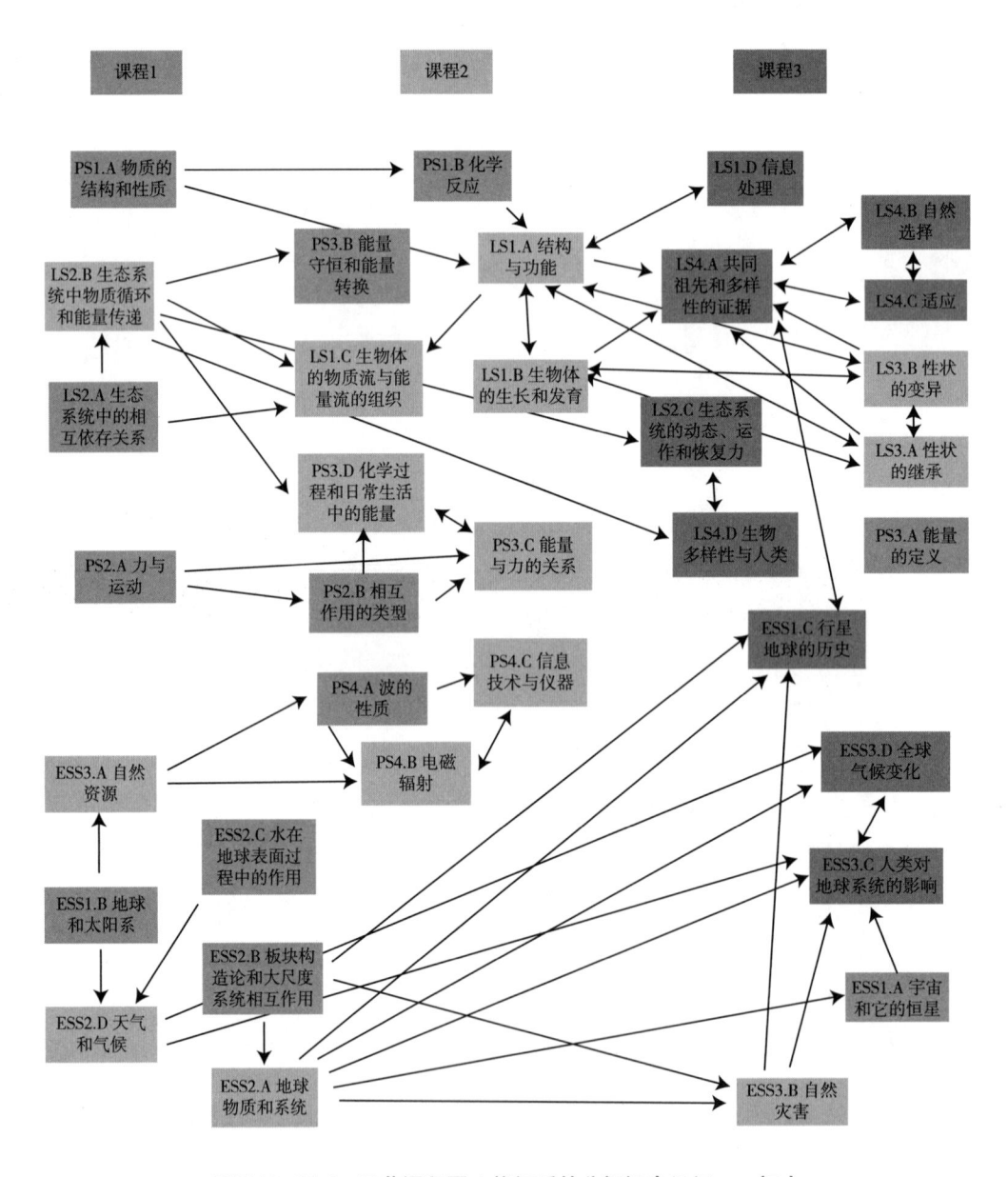

附录K—图4 示范课程图1修订后的分解概念组织——初中

注：这个图概述了对附录K—图3安排调整后的结果，此过程在"下一步样例：初中修订"中作了详细描述。

附录K—表3 修订后的示范课程图的概念进程——初中

课程1

PS1.A	MS-PS1-1
	MS-PS1-3
	MS-PS1-4
PS2.A	MS-PS2-1
	MS-PS2-2
LS2.A	MS-PS2-1
	MS-PS2-2
LS2.B	MS-PS2-3
ESS1.A	MS-ESS1-1
	MS-ESS1-2
ESS1.B	MS-ESS1-3
ESS2.A	MS-ESS2-1
	MS-ESS2-2
ESS2.B	MS-ESS2-3
ESSE.C	MS-ESS2-4
ESS2.C	MS-ESS2-5
	MS-ESS2-6
ETS1.A	MS-ETS1-1
ETS1.B	MS-ETS1-2
	MS-ETS1-3
	MS-ETS1-4
ETS1.C	MS-ETS1-3
	MS-ETS1-4

课程1中的重复

ESS1.B	MS-ESS1-1
	MS-ESS1-2
ESS2.C	MS-ESS2-2
ESS2.D	MS-ESS2-5
	MS-ESS2-6

突出重点
预期表现在相同课程的两个学科核心概念中出现
预期表现在《新一代科学教育标准》中定义成一个分解概念的二级连接
预期表现将两个课程内的两个分解概念联系起来

课程2

PS1.A	MS-PS1-2
	MS-PS1-5
	MS-PS1-6
PS2.B	MS-PS2-3
	MS-PS2-4
	MS-PS2-5
PS3.B	MS-PS3-3
	MS-PS3-4
	MS-PS3-5
PS3.C	MS-PS3-2
PS4.A	MS-PS4-1
	MS-PS4-2
PS4.C	MS-PS4-3
LS1.A	MS-LS1-1
	MS-LS1-2
	MS-LS1-3
LS1.B	MS-LS1-4
	MS-LS1-5
LS1.C	MS-LS1-6
	MS-LS1-7

课程2中的重复

PS3.D	MS-LS1-6
	MS-LS1-7
PS4.B	MS-PS4-2
LS1.B	MS-LS3-2
ETS1.A	MS-ETS1-1
ETS1.B	MS-ETS1-2
	MS-ETS1-3
	MS-ETS1-4
ETS1.C	MS-ETS1-3
	MS-ETS1-4

课程3

PS3.A	MS-PS3-1
LS1.D	MS-LS1-8
PS2.C	MS-LS2-4
	MS-LS2-5
LS3.A	MS-LS3-1
	MS-LS3-2
LS4.A	MS-LS4-1
	MS-LS4-2
	MS-LS4-3
LS4.B	MS-LS4-4
	MS-LS4-5
LS4.C	MS-LS4-6
ESS1.C	MS-ESS1-4
ESS3.A	MS-ESS3-1
ESS3.B	MS-ESS3-2
ESS3.C	MS-ESS3-3
	MS-ESS3-4
ESS3.D	MS-ESS3-5

课程3中的重复

PS3.A	MS-PS3-2
	MS-PS3-3
	MS-PS3-4
	MS-PS1-4
LS3.B	MS-LS3-1
	MS-LS3-2
LS4.D	MS-LS2-5
ESS1.C	MS-ESS2-3
ETS1.A	MS-ETS1-1
ETS1.B	MS-ETS1-2
	MS-ETS1-3
	MS-ETS1-4
ETS1.C	MS-ETS1-3
	MS-ETS1-4

注：此表将初中《新一代科学教育标准》预期表现与《框架》中的分解概念连接起来。这些连接是基于《新一代科学教育标准》基础框中的信息。在该表中，分解概念都安排到课程中，而这些课程是基于以上描述的修订后组织，如附录K—图4所示。

课程图2——科学领域模型（6—8年级和9—12年级）

过程与假设：课程图是怎么研发的？

建立这种示范课程图是通过将《新一代科学教育标准》的预期表现放到课程结构中，这个结构是由《框架》中列出的科学领域定义的。即一个课程会分配到《框架》中的各个科学领域：生命科学、物质科学、地球和空间科学。第四个课程是《框架》中不包括的第四个领域——工程，因为大部分与工程连接的《新一代科学教育标准》预期表现通过科学与工程实践和跨学科概念被整合到科学领域。其在《新一代科学教育标准》中的初中和高中年级段包含了4个预期表现，这些预期表现关注核心概念ETS1：工程设计。正如第六个基本理解中所述，这些单独的工程预期表现包含在所有的三大课程中，因为他们能帮助组织并推进统一的工程预期表现的教学。

该模型并未给这三类课程假定一个特定的顺序。在这一点上，也没有确凿的研究表明哪种顺序比较好；如果该示范课程图被选择作为一个起点，就可能会有多种因素影响到确定这些课程的顺序。模型展示之后，指导这次讨论的理念与观点也被包含在下一步的章节中。

相对于概念进程模型的课程图，该示范课程图在开发中会较大程度地简化。基本上是直接采纳了《框架》的组织形式。所有给定领域的分解概念和所有与每个分解概念连接的预期表现（在《新一代科学教育标准》基础框中提到）被汇编来定义每个课程。附录K—表4和附录K—表5展示了基于领域模型的课程组织结果。

示范课程图2的下一步

基于《框架》中定义的科学领域的界限，使课程设计得非常高效。某种意义上，课程之间预期表现的任何显著性混乱会使该模型的初始前提失效。但要达到高效的课程设计，主要是第一步就要指向课程。所以，在完善该模型时，需要考虑诸多事宜。正如在示范课程图1的下一步部分所述，重要的是在预期表现结构化的安排与课程和单元开发之间找到平衡，以让学生更好地参与及使课程流动性好。该示范课程图是建立教学单元的另一个潜在起点。当将学生的学习成果绑定到有意义的单元来建立课程的流动，预期表现仍可能从图中不同的课程抽出并使其有效。

（1）这些课程提供的顺序并不是课程图决定的，所以在课程开发前，先要决定课程的顺序。不能仅仅按照目前的课程来对课程进行排序，也要看计划到每个课程预期表现的细节（包括需要什么样的数学和英语语言艺术来完成预期表现），然后以对学生学习最有利的方式对课程进行排序。示范课程图1中的附录K—图3、附录K—表1和附录K—表2，深度洞察了分解概念的相互关联性质，以及它们在内容的进程中是如何相互支撑的。对于这些资源的仔细检查和第一个示范课程图下一步的建议，与决策过程息息相关。此外，与数学和英语语言艺术有关的连接框及其支撑的附录（数学—附录L；英语语言艺术—附录M），应当提前询问以确保这些课程在州共同核心标准预期的时间前没有在数学和英语语言（ELA）内容或实践中出现过。

附录K—表4 科学领域模型——初中

物质科学

PS1.A	MS-PS1-1
	MS-PS1-2
	MS-PS1-3
	MS-PS1-4
PS1.B	MS-PS1-5
	MS-PS1-6
PS2.A	MS-PS2-1
	MS-PS2-2
PS2.B	MS-PS2-3
	MS-PS2-4
	MS-PS2-5
PS3.A	MS-PS3-1
	MS-PS3-2
	MS-PS3-3
	MS-PS3-4
PS3.B	MS-PS3-5
PS4.A	MS-PS4-1
	MS-PS4-2
PS4.C	MS-PS4-3
ETS1.A	MS-ETS1-1
ETS1.B	MS-ETS1-2
	MS-ETS1-3
	MS-ETS1-4
ETS1.C	MS-ETS1-3
	MS-ETS1-4

物质科学中的重复

PS1.B	MS-PS1-2
	MS-PS1-3
PS3.A	MS-PS1-4
PS3.B	MS-PS3-3
	MS-PS3-4
PS3.C	MS-PS3-2
PS3.D	MS-LS1-6
	MS-LS1-7
PS4.B	MS-PS4-2

生命科学

LS1.A	MS-LS1-1
	MS-LS1-2
	MS-LS1-3
LS1.B	MS-LS1-4
	MS-LS1-5
LS1.C	MS-LS1-6
	MS-LS1-7
LS1.D	MS-LS1-8
LS2.A	MS-LS2-1
	MS-LS2-2
LS2.B	MS-LS2-3
LS2.C	MS-LS2-4
	MS-LS2-5
LS3.A	MS-LS3-1
	MS-LS3-2
LS4.A	MS-LS4-1
	MS-LS4-2
	MS-LS4-3
LS4.B	MS-LS4-4
	MS-LS4-5
LS4.C	MS-LS4-6

生命科学中的重复

LS1.B	MS-LS3-2
LS3.B	MS-LS3-1
	MS-LS3-2
LS4.D	MS-LS2-5
ETS1.A	MS-ETS1-1
ETS1.B	MS-ETS1-2
	MS-ETS1-3
	MS-ETS1-4
ETS1.C	MS-ETS1-3
	MS-ETS1-4

地球和空间科学

ESS1.A	MS-ESS1-1
	MS-ESS1-2
ESS1.B	MS-ESS1-3
ESS1.C	MS-ESS1-4
ESS2.A	MS-ESS2-1
	MS-ESS2-2
ESS2.B	MS-ESS2-3
ESS2.C	MS-ESS2-4
	MS-ESS2-5
	MS-ESS2-6
ESS3.A	MS-ESS3-1
ESS3.B	MS-ESS3-2
ESS3.C	MS-ESS3-3
	MS-ESS3-4
ESS3.D	MS-ESS3-5

地球和空间科学中的重复

ESS1.B	MS-ESS1-1
	MS-ESS1-2
ESS1.C	MS-ESS2-3
ESS2.C	MS-ESS2-2
ESS2.D	MS-ESS2-5
	MS-ESS2-6
ETS1.A	MS-ETS1-1
ETS1.B	MS-ETS1-2
	MS-ETS1-3
	MS-ETS1-4
ETS1.C	MS-ETS1-3
	MS-ETS1-4

突出重点

预期表现在相同课程的两个学科核心概念中出现
预期表现在《新一代科学教育标准》中定义成一个分解概念的二级连接
预期表现将两个课程内的两个分解概念联系起来

注：此表将《新一代科学教育标准》中初中部分的预期表现与《框架》的分解概念连接起来。这些连接基于《新一代科学教育标准》基础框中的信息。在该表中，分解概念都安排到课程中，而这些课程是基于被描述为科学领域模型的组织形式的，即被分到《框架》的各个科学领域（生命科学、物质科学、地球和空间科学）的课程。

附录 K—表 5 科学领域模型——高中

物质科学

PS1.A	HS-PS1-1
	HS-PS1-2
	HS-PS1-3
	HS-PS1-4
PS1.B	HS-PS1-5
	HS-PS1-6
	HS-PS1-7
PS1.C	HS-PS1-8
PS2.A	HS-PS2-1
	HS-PS2-2
	HS-PS2-3
PS2.B	HS-PS2-4
	HS-PS2-5
	HS-PS2-6
PS3.A	HS-PS3-1
	HS-PS3-2
	HS-PS3-3
PS3.B	HS-PS3-4
PS3.C	HS-PS3-5
PS4.A	HS-PS4-1
	HS-PS4-2
	HS-PS4-3
	HS-PS4-5
PS4.B	HS-PS4-4
ETS1.A	HS-ETS1-1
ETS1.B	HS-ETS1-3
	HS-ETS1-4
ETS1.C	HS-ETS1-2

物质科学中的重复

PS1.B	HS-PS1-2
	HS-PS1-4
PS1.C	HS-ESS1-5
	HS-ESS1-6
PS2.B	HS-PS1-1
	HS-PS1-3
PS3.A	HS-PS2-5
PS3.B	HS-PS3-1
PS3.D	HS-PS3-3
	HS-PS3-4
	HS-PS4-5
	HS-LS2-5
	HS-ESS1-1
PS4.A	HS-ESS2-3
PS4.B	HS-PS4-3
	HS-PS4-5
	HS-ESS1-2
PS4.C	HS-PS4-5

生命科学

LS1.A	HS-LS1-1
	HS-LS1-2
	HS-LS1-3
LS1.B	HS-LS1-4
LS1.C	HS-LS1-5
	HS-LS1-6
	HS-LS1-7
LS2.A	HS-LS2-1
	HS-LS2-2
	HS-LS2-3
LS2.B	HS-LS2-4
	HS-LS2-5
LS2.C	HS-LS2-6
	HS-LS2-7
LS2.D	HS-LS2-8
LS3.A	HS-LS3-1
LS3.B	HS-LS3-2
	HS-LS3-3
LS4.A	HS-LS4-1
LS4.B	HS-LS4-2
	HS-LS4-3
LS4.C	HS-LS4-4
	HS-LS4-5
	HS-LS4-6

生命科学中的重复

LS2.C	HS-LS2-2
LS4.C	HS-LS4-2
	HS-LS4-3
LS4.D	HS-LS4-6
ETS1.A	HS-ETS1-1
ETS1.B	HS-ETS1-3
	HS-ETS1-4
ETS1.C	HS-ETS1-2

地球和空间科学

ESS1.A	HS-ESS1-1
	HS-ESS1-2
	HS-ESS1-3
ESS1.B	HS-ESS1-4
ESS1.C	HS-ESS1-5
	HS-ESS1-6
ESS2.A	HS-ESS2-1
	HS-ESS2-2
	HS-ESS2-3
	HS-ESS2-4
ESS2.C	HS-ESS2-5
ESS2.D	HS-ESS2-6
	HS-ESS2-7
ESS3.A	HS-ESS3-1
	HS-ESS3-2
ESS3.C	HS-ESS3-3
	HS-ESS3-4
ESS3.D	HS-ESS3-5
	HS-ESS3-6

地球和空间科学中的重复

ESS1.B	HS-ESS2-4
ESS2.B	HS-ESS1-5
	HS-ESS2-1
	HS-ESS2-3
ESS2.D	HS-ESS2-4
	HS-ESS3-6
ESS2.E	HS-ESS2-7
ESS3.B	HS-ESS3-1
ETS1.A	HS-ETS1-1
ETS1.B	HS-ETS1-3
	HS-ETS1-4
ETS1.C	HS-ETS1-2

突出重点

预期表现在相同课程的两个学科核心概念中出现
预期表现在《新一代科学教育标准》中定义成一个分解概念的二级连接
预期表现将两个课程内的两个分解概念联系起来

注：此表将《新一代科学教育标准》中高中部分的预期表现跟基于《框架》的分解概念连接起来。这些连接基于《新一代科学教育标准》基础表格中的信息而来。在这个表中，分解概念都安排到课程中，而这些课程是基于被描述为科学领域模型的组织形式的，即被分配到框架的各个科学领域（生命科学、物质科学、地球和空间科学）的课程。

（2）不管课程的最终顺序怎样，很可能是来自其他领域的一些分解概念需要引入每个课程。例如，如果生命科学是在物质科学之前教的，一些物质科学的概念需要包含在生命科学的课程中，作为理解生物过程的前提条件。由于预期表现是与课程单元和教学计划绑定的，重要的是在预期表现结构化的安排与课程和单元开发之间找到平衡以让学生更好地参与及使课程流动性好。该示范课程图被用作建立教学单元的起点。将学生的学习成果绑定到有意义的教学单元以建立课程的流动性，预期表现仍可能从图中不同的课程抽出，使其起作用。该课程图并不意味着一个规定的、静态的文档，其目的是给决策提供支撑。

（3）在重新安排预期表现和设计教学单元的同时，重要的是要记住，预期表现是按年级段区分的学生学习成果，并且需要恰当地计划到学生的课程预期中。尽管一个预期表现被放在某个课程中，学生可能在课程结束还没有准备好展现预期表现的所有方面。例如，可能一个预期表现被放在第一课中，是因为学科核心概念维度对第二课中的预期表现起基础性作用，但是预期表现中描述的科学与工程实践深度直到第三年才能达到。课程设计需要以考虑实际情况的方式来进行。换句话说，虽然预计所有的科学与工程实践需要出现在所有的课程中，让 6 年级学生参与与 8 年级学生不同的课程才更有意义。在初中课程序列中刻意构建实践的复杂性是必要的。

（4）如果在实施过程中，限制 9—12 年级段学习这三门课程并不满足当地的需求，则可以发展第四门课程。如果所有的四门课程都是需要的，像这样的课程图的变化仍可能满足《新一代科学教育标准》和《框架》的愿景。因为三个领域跟课程的配合相当好，也没有明显的方法将预期表现纳入第四门课时，对示范课程图 1 的检测可以为该过程提供一个方向。因为那个序列的第三门课程的预期表现，与其他的预期表现相比是独立的。这可能是一个好的起点，决定考虑哪些预期表现可以成为第四课的一部分。

课程图 3——改进的科学领域模型（9—12 年级）

过程与假设：课程图是怎么研发的？

这里提出的示范课程图是基于经常教的课程（生物、化学和物理）来组织 9—12 年级段的预期表现。这些课程展现了许多州常见的课程分布（通过法律、法规、传统修订的），这些例子作为评估工具，用来评估这些常用的课程序列与《新一代科学教育标准》期望的重合程度。该示范课程图的挑战是要解决地球和空间科学的问题，因为这是《框架》中列出的领域，但在这个组织中并没有自己的课程。对于《新一代科学教育标准》和所有示范课程图的基本理解是面向所有学生的所有预期表现。因为目前只有少数州要求四门高中科学课程，该模型还研究了地球和空间科学中的预期表现是如何分布在已经描述的三门课程中。

《新一代科学教育标准》中大多数有关工程的预期表现是整合在其他领域的。然而，在《新一代科学教育标准》的最终草案中，每个年级段有 4 个预期表现专注于工程设计。这些独立的工程设计预期表现包含在三门课程中，因为它们要帮助组织和推动在所有课程中统一的工程预期表现的教学。

将预期表现计划到课程的第一步是检查学科核心概念分解概念的水平，并决定哪门课程与分解概念（及《新一代科学教育标准》基础框中提到的相关分解概念）最匹配，这些决定是通过对《框架》中各年级段每个分解概念描述的仔细阅读后做出的。这对于生命科学的分解概念最简单，因为他们仅在生物学课程中出现。但这对物质科学的分解概念就难多了，因为它们在化学和物理课程中都有涉及。

把领域组织到这三门课程中，最具挑战性的领域是地球和空间科学，因为这些预期表现没有一门它们自己的课程。由于所有的示范课程图是面向所有学生的一个基本假设，并且许多州不要求在高中毕业前完成这四门科学课程，于是大家决定把地球和空间科学以逻辑的方式分配到生物、化学和物理课程中。其分两个步骤完成过程：首先，12个地球和空间科学的学科核心概念的分解概念被分配到概念上最适合的课程；然后通过与那些分解概念的校准，对单独的地球科学预期表现进行重排。将预期表现和《新一代科学教育标准》中学科核心概念基础框的分解概念进行校准，这样完成了上述过程。

像示范课程图2，在模型中没有假定课程序列。

基于传统的课程描述，把生命科学的学科核心概念放到生物学是很明显的，与地球科学学科核心概念的分解概念ESS2.E（生物地质学）的分配一致。把分解概念ESS3.B（自然灾害）放到生物学中，因为可以研究地球系统对于生物体的影响。相反地，ESS3.C（人类的影响）作为生物学的附件，从而让学生研究人类作为生物对其他生物体和地球系统的影响。ESS1.C（行星地球的历史）也包括在内，因为地球和生物体的共同进化有相互依存的本质。

学科核心概念的分解概念ESS3.A（自然资源）包括在化学中，因为在化学反应中，许多自然资源的重要作用对现代人类社会至关重要。ESS3.A（全球气候变化）也与化学相关联，因为许多基于地球的和大气化学过程驱动的系统会影响气候。ESS2.D（天气和气候）的教学是一个逻辑的过程，学生更好地理解其驱动机制。ESS2.C（水在地球表面过程中的作用）也包含其中，因为许多水的地质影响是由水的分子结构和化学特性决定的。

力、相互作用、波、电磁辐射及能量一直以来都是物理课程的分解概念。学科核心概念的分解概念ESS1.A（宇宙和它的恒星）及ESS1.B（地球和太阳系）定位于物理学中。因为对运动和力的理解需要解释它们的相互作用。类似地，理解能量流和力的相互作用有助于解释ESS2.A（地球物质和系统）和ESS2.B（板块构造论）中描述的机制。

课程图3的下一步

课程图3在课程图1和课程图2之间做了必要完善。图中的课程主要是由《框架》中定义的科学领域驱动的。但是它们的设计受限于地球和空间科学分散在生物、化学和物理课程中。正如前面两个示范课程图下一步部分所述，重要的是在预期表现结构化的安排与课程和单元开发之间找到平衡，以让学生更好地参与及使课程流动性好。预期表现的安排可以用作构建教学单元的起点。当将学生的学习成果绑定到有意义的单元来建立课程的流动时，预期表现仍可能从图中不同的课程抽出并使其有效。

在修订该模型时还有一些其他点需要考虑：

（1）如示范课程图 2，课程序列不是预设的，所以首先要决定一个顺序。重要的是不能仅仅按照目前的课程来排序，也要看计划到每个课程预期表现的细节（包括需要什么样的数学和英语语言艺术来完成预期表现），然后以对学生学习最有利的方式对课程进行排序。示范课程图 1 中的附录 K—图 3、附录 K—表 1 和附录 K—表 2 深度洞察了分解概念的相互关联性，以及它们在内容进程中是如何相互支撑的。对于这些资源的仔细检查和第一个示范课程图下一步的建议将支持这一决策过程。此外，数学和英语语言艺术连接框及其支撑的附录（数学—附录 L；英语语言艺术—附录 M），应当提前询问以确保这些课程在州共同核心标准预期的时间前没有在数学和英语语言艺术的内容或实践中出现过。

（2）被分离了的地球和空间科学的预期表现也需要仔细的研究，确定这些预期表现被有效地安排，并且适合州或当地课程。该课程序列可能对地球和空间科学的预期表现被放到哪个课程有显著影响。

（3）附录 K—表 6 概述了预期表现是如何组织在示范课程图中的，并明确了该图在各个课程中的预期表现是不平衡的。这值得研究，因为是预期表现被绑定到教学单元中来决定是否有些预期表现（或整个分解概念）应该转移到其他课程。地球和空间科学的预期表现将准备好此移动，但它也可能是一个分解概念，如 LS1.C（生物体的物质流与能量流的组织），可能会从生物学（拥有最多的预期表现）移动到化学（拥有最少的预期表现）。此举非常有意义，因为 LS1.C 和一些化学概念紧密相连。这里应该注意到，简单地计算一个课程预期表现的数量，并不一定是让学生展现预期表现的一个好时机，而开发教学单元的授课时长会是一个更好的决定因素。

（4）在重新安排预期表现和设计教学单元的同时，重要的是要记住，预期表现是按年级段区分的学生学习成果，并且恰当地计划到学生的课程预期中。尽管一个预期表现被放在某个课程中，学生可能在课程结束还没有准备好展现预期表现的所有方面。例如，可能一个预期表现被放在第一课中，因为学科核心概念维度对第二课中的预期表现起基础性作用，但是预期表现中描述的科学与工程实践的深度直到第三年才能达到。课程设计需要以考虑实际情况的方式来进行。换句话说，虽然预计所有的科学与工程实践需要出现在所有的课程中，让 6 年级学生参与不同于 8 年级学生的课程才更有意义。在初中课程序列中刻意构建实践的复杂性是必要的。

（5）让《新一代科学教育标准》和现有的课程序列（包含生物、化学和物理课程）吻合的另一种解决方案，可能是在该序列中增加第四个课程（地球和空间科学）。如果所有四门课程都要求，此变化仍然能满足《框架》的愿景，那就是所有预期表现是面向所有的学生。请记住，这些"课程"没有一个规定的时长，四门课程并不意味着 4 年内完成。

下一步样例：修订改进的科学领域模型——四门课程

下面这段文字描述了一个高中在决定使用科学领域模型时可能会有的体验，它经过了修订，以便其能用于四门课程模型。

附录 K—表 6　改进的科学领域模型——高中

生物

LS1.A	HS-LS1-1
	HS-LS1-2
	HS-LS1-3
LS1.B	HS-LS1-4
LS1.C	HS-LS1-5
	HS-LS1-6
	HS-LS1-7
LS2.A	HS-LS2-1
	HS-LS2-2
LS2.B	HS-LS2-3
	HS-LS2-4
	HS-LS2-5
LS2.C	HS-LS2-6
	HS-LS2-7
PS2.D	HS-LS2-8
PS3.A	HS-LS3-1
PS3.B	HS-LS3-2
	HS-LS3-3
LS4.A	HS-LS4-1
LS4.B	HS-LS4-2
	HS-LS4-3
LS4.C	HS-LS4-4
	HS-LS4-5
	HS-LS4-6
ESS1.C	HS-ESS1-5
	HS-ESS1-6
ESS2.E	HS-ESS2-7
ESS3.B	HS-ESS3-1
ESS3.C	HS-ESS3-3
	HS-ESS3-4
ETS1.A	HS-ESS1-1
ETS1.B	HS-ESS1-3
	HS-ESS1-4
ETS1.C	HS-ESS1-2

化学

PS1.A	HS-PS1-1
	HS-PS1-2
	HS-PS1-3
	HS-PS1-4
PS1.B	HS-PS1-5
	HS-PS1-6
	HS-PS1-7
PS1.C	HS-PS1-8
PS3.B	HS-PS3-1
	HS-PS3-4
PS3.D	HS-PS3-3
ESS2.C	HS-ESS2-5
ESS2.D	HS-ESS2-4
	HS-ESS2-6
ESS3.A	HS-ESS3-2
ESS3.D	HS-ESS3-5
	HS-ESS3-6

化学中的重复

PS1.B	HS-PS1-2
	HS-PS1-4
PS1.C	HS-ESS1-5
	HS-ESS1-6
PS3.D	HS-PS3-4
	HS-PS4-5
	HS-LS2-5
	HS-ESS1-1
ESS2.D	HS-ESS2-7
	HS-ESS3-6
ESS3.A	HS-ESS3-1
ETS1.A	HS-ESS1-1
ETS1.B	HS-ESS1-3
	HS-ESS1-4
ETS1.C	HS-ESS1-2

物理

PS2.A	HS-PS2-1
	HS-PS2-2
	HS-PS2-3
PS2.B	HS-PS2-4
	HS-PS2-5
	HS-PS2-6
PS3.A	HS-PS3-2
PS3.C	HS-PS3-5
PS4.A	HS-PS4-1
	HS-PS4-2
	HS-PS4-3
	HS-PS4-5
PS4.B	HS-PS4-4
ESS1.A	HS-ESS1-1
	HS-ESS1-2
	HS-ESS1-3
ESS1.B	HS-ESS1-4
ESS2.A	HS-ESS2-1
	HS-ESS2-2
	HS-ESS2-3

物理中的重复

PS2.B	HS-PS1-2
	HS-PS1-3
PS3.A	HS-PS3-1
	HS-PS3-3
	HS-PS2-5
PS3.B	HS-PS3-1
	HS-PS3-4
PS4.A	HS-ESS2-3
PS4.B	HS-PS4-3
	HS-PS4-5
	HS-ESS1-2
ESS1.B	HS-ESS2-4
ESS2.A	HS-ESS2-4
ESS2.B	HS-ESS1-5
	HS-ESS2-1
	HS-ESS2-3
ETS1.A	HS-ETS1-1
ETS1.B	HS-ETS1-3
	HS-ETS1-4
ETS1.C	HS-ETS1-2

生物中的重复

LS2.C	HS-LS2-2
LS4.C	HS-LS4-2
	HS-LS4-3
LS4.D	HS-LS4-6

突出重点

预期表现在相同课程的两个学科核心概念中出现

预期表现在《新一代科学教育标准》中定义成一个分解概念的二级连接

预期表现将两个课程内的两个分解概念联系起来

注：此表将《新一代科学教育标准》中高中部分的预期表现与《框架》的分解概念连接起来。这些连接基于《新一代科学教育标准》基础框中的信息。在该表中，分解概念都安排到课程中，而这些课程是基于被描述为科学领域模型的组织形式的，即被分配到框架的各个科学领域（生命科学、物质科学、地球和空间科学）的课程。

一个学区决定，改进的科学领域模型是最容易实施的，因为它非常符合所在州和所在地区的教师资格证体系，况且当地大学系统的合格录取标准是不能灵活修改的。在这个州，教师资格证被限制在特定的内容范围（没有通用科学的认可范围），且添加新的认可范围是一件特别难的事。当地大学的录取标准详细说明了"生物学"这门课程成功完成的指标。调节这些录取标准的机构历来拒绝对这些标准做任何改动。该地区受到了《框架》和《新一代科学教育标准》愿景的影响，决定为了改善学生水平快速实施，但他们也认为在短期内上述这些障碍是不可逾越的，或者超出了其控制范围。K—12年级科学小组已经决定将修改后的科学领域模型作为其出发点，并将在5年内基于它的效果来重新评估这个决定。任何在宏观层面评估课程图的新研究，任何教师资格证和录取标准的改变，这些使用其他示范课程图作为起点时感到的困难，都将成为检验模型是否有效的参考。

随着K—12年级科学小组评估改进的科学领域模型，团队成员在关于地球与空间科学的预期表现如何分配到各个课程中无法达成一致。由于无法提出一个他们觉得可以接受的不同安排，然后他们决定，将地球与空间科学的分概念提取出来组成一个单独的第四课。为了确保这个安排是稳妥的，K—12年级科学小组聚集了战略利益相关团队，包括当地教师、教授、科学相关的企业和行业代表、当地学校的某个董事会成员（对科学教育感兴趣的）及当地儿童科技博物馆的教育者，一起来将《新一代科学教育标准》组织到四个课程中。该科学小组成员知道，为了仍能满足《新一代科学教育标准》中所有标准面向全体学生的愿景，他们必须改变高中毕业标准，因为目前高中毕业只要求生物学和选修两个其他的科学课。K—12年级科学小组和当地学校董事会之间有非常紧密的关系，特别是在小组内有跟董事会的直接联系。团队成员都希望这是有可能的，至少他们认为这是他们能潜在影响的领域。这种本地控制的州有州毕业要求，但如果它们超过了州的要求，是允许进行本地修改的。

通过战略利益相关团队的讨论，科学小组决定将生命科学和物质科学的预期表现中的内容与改进的课程领域模型中保持基本相同，但把地球与空间科学中的预期表现抽出列入自己的课程。除了把预期表现分配到四门课程中，小组修订过的模型课程图也遵循接下来步骤中第三个推荐的样例（同上），并把LS1.C从生物学移到化学。科学小组也同意，尽管这是一个生命科学分概念，但它的内容跟化学也有很多交叉点，而且这能更好地平衡课程。

在给课程图确定了预期表现的安排后（附录K—表7），该科学小组决定给出一个4年的试验性实施计划，以突出显示在课程、教学、专业学习机会和当地毕业要求方面的必要变化。在科学团队的支持下，K—12年级科学小组给当地的学校董事会展示了课程体系和实施计划，作为请求将四门科学课程增加为高中毕业要求的一部分。

附录 K—表 7　修正后改进的科学领域模型——高中四门课程

生物

LS1.A	HS-LS1-1
	HS-LS1-2
	HS-LS1-3
LS1.B	HS-LS1-4
LS1.C*	HS-LS1-5
	HS-LS1-6
	HS-LS1-7
LS2.A	HS-LS2-1
	HS-LS2-2
LS2.B	HS-LS2-3
	HS-LS2-4
	HS-LS2-5
LS2.C	HS-LS2-6
	HS-LS2-7
LS2.D	HS-LS2-8
LS3.A	HS-LS3-1
LS3.B	HS-LS3-2
	HS-LS3-3
LS4.A	HS-LS4-1
LS4.B	HS-LS4-2
	HS-LS4-3
LS4.C	HS-LS4-4
	HS-LS4-5
	HS-LS4-6
ETS1.A	HS-ETS1-1
ETS1.B	HS-ETS1-3
	HS-ETS1-4
ETS1.C	HS-ETS1-2

化学

PS1.A	HS-PS1-1
	HS-PS1-2
	HS-PS1-3
PS1.B	HS-PS1-4
	HS-PS1-5
	HS-PS1-6
	HS-PS1-7
PS3.B	HS-PS3-1
	HS-PS3-4
PS3.D	HS-PS3-3

LS1.C 从生物中移出

LS1.C*	HS-LS1-5
	HS-LS1-6
	HS-LS1-7

物理

PS2.A	HS-PS2-1
	HS-PS2-2
	HS-PS2-3
PS2.B	HS-PS2-4
	HS-PS2-5
	HS-PS2-6
PS1.C	HS-PS1-8
PS3.A	HS-PS3-2
PS3.C	HS-PS3-5
PS4.A	HS-PS4-1
	HS-PS4-2
	HS-PS4-3
	HS-PS4-5
PS4.B	HS-PS4-4

地球和空间科学

ESS1.A	HS-ESS1-1
	HS-ESS1-2
	HS-ESS1-3
ESS1.B	HS-ESS1-4
ESS1.C	HS-ESS1-5
	HS-ESS1-6
ESS2.A	HS-ESS2-1
	HS-ESS2-2
	HS-ESS2-3
	HS-ESS2-4
ESS2.C	HS-ESS2-5
ESS2.D	HS-ESS2-6
	HS-ESS2-7
ESS3.A	HS-ESS3-1
	HS-ESS3-2
ESS3.C	HS-ESS3-3
	HS-ESS3-4
ESS3.D	HS-ESS3-5
	HS-ESS3-6

化学中的重复

PS1.B	HS-PS1-2
	HS-PS1-4
PS3.D	HS-PS4-5
	HS-LS2-5
	HS-ESS1-1
	HS-PS3-4
ETS1.A	HS-ETS1-1
ETS1.B	HS-ETS1-3
	HS-ETS1-4
ETS1.C	HS-ETS1-2

物理中的重复

PS2.B	HS-PS1-1
	HS-PS1-3
PS3.A	HS-PS3-1
	HS-PS3-3
	HS-PS2-5
PS3.B	HS-PS3-1
	HS-PS3-4
PS4.A	HS-ESS2-3
PS4.B	HS-PS4-3
	HS-PS4-5
	HS-ESS1-2
ETS1.A	HS-ETS1-1
ETS1.B	HS-ETS1-3
	HS-ETS1-4
ETS1.C	HS-ETS1-2

地球和空间科学中的重复

ESS1.B	HS-ESS2-4
ESS2.B	HS-ESS1-5
	HS-ESS2-1
	HS-ESS2-3
ESS2.D	HS-ESS2-4
	HS-ESS3-6
ESS2.E	HS-ESS2-7
ESS3.B	HS-ESS3-1
ETS1.A	HS-ESS1-1
ETS1.B	HS-ESS3-3
	HS-ESS1-4
ETS1.C	HS-ESS1-2

生物中的重复

LS2.C	HS-LS2-2
LS4.C	HS-LS4-2
	HS-LS4-3
LS4.D	HS-LS4-6

突出重点

预期表现在相同课程的两个学科核心概念中出现
预期表现在《新一代科学教育标准》中定义成一个分解概念的二级连接
预期表现将两个课程内的两个分解概念联系起来

注：在这个表中，分解概念都安排到课程中，而这些课程是基于被描述为科学领域模型的组织形式的。这个领域模型包括生物、化学、物理，以及为了地球和空间科学而增加的第四门课程。此表使用了《新一代科学教育标准》基础框中的信息，将高中《新一代科学教育标准》中的预期表现跟《框架》中的分解概念连接起来。

*LS1.C 从生物移到了化学。

课程图和实施

1. 选择一个课程图

当然,这些课程图不是终端产品,它们是过程模型,是将预期表现计划到课程和下一步工作的出发点。它们绝不是唯一可能的安排,而是意在以一个具体的例子来谈谈关于学校、地区和州不同层次的科学教育方向。本节重点介绍使用一个示范课程图模型决策时、在不同年级段使用多个示范课程图模型决策时,以及不使用示范课程图模型时需要考虑的因素。

任何课程图都会有优势和挑战,这些优势和挑战涉及制定出它们的基本假设、过程及实施它们的当地环境。当然,"优势"和"挑战"取决于个人的观点。如果挑战点就是决定哪个对学生最有利,那么某个东西被确定为"挑战"可能实际上就是选择一个模型的主要原因。例如,如果一个州教育机构已经在规划对教师资格证标准进行重新设计,然后选择了一个跟教师资格证体系并不匹配的示范课程图,这也许并不一定是个阻碍,甚至可能是做出选择的原因,因为它跟资格证重新设计的方向是一致的。

同样,有些人可能认为是"优势"的,其他人可能会把它当成不选课程图的理由。有些人可能以一个特别的课程图开始,因为它包含的课程类似于目前现有的课程,但其他人可能认为这有更多的弊端,因为它可能会导致教师不太相信他们需要做任何改变,从而难以确保其完整而连贯地执行《框架》的愿景。因各州和当地地方教育机构的现状和需求有很大的不同,以下列出在决定如何将年级段的预期表现计划到符合《新一代科学教育标准》的课程时需要考虑的因素。

2. 应考虑的因素

(1)预期表现是否以最大化学生学习的方式来组织?

课程图1(概念性理解)是唯一有意识地进行这样设计的模型。为了允许学生在逻辑发展中建构知识,学科核心概念的分解概念及其相关的预期表现进行了特意的排序。这个模型支持学生参与到科学与工程实践中,并将跨学科概念应用于随着时间的推移而加深学生对物质科学、生命科学及地球和空间科学核心概念的理解(NRC,2012,P8)。根据《框架》:"到12年级结束时,学生应充分地获得关于实践、跨学科概念和科学与工程的核心概念的知识,以使他们能够参与到与科学有关的问题的公共讨论中,批判地吸收与他们日常生活相关的科学信息,并能终身学习科学。"(NRC,2012,P9)

这并不意味着通过有效的课程规划和教案开发,其他的示范课程图就不能最大化学生学习的方式,即使它们的基础架构的设计不是以此为重点。随着从《框架》领域(课程图2)或传统科学划分(课程图3)直接构建课程结构,该因素会一直努力确保能随着时间推移帮学生发展概念性的知识,特别是针对跨学科的概念。

（2）预期表现是否按照提高教学效率来组织？

在改进K—12年级课程的一致性和有效性的许多建议中，《科学素养的设计》（AAAS，2001）中采用了跨学科的组织形式，用来消除不必要的重复主题，即同一个情境中的相同概念往往使用相同的活动和同样的问题。学生常常抱怨，在连续的年级中会出现相同的主题，并且往往是以同一种方式出现。同样，老师常常抱怨，学生在上一个年级没有获得重要主题的教学，所以这些主题必须在当前的年级教，导致在接下来的年级中形成了一个教学的断层（AAAS，2001）。

在课程图1中，经过深思熟虑的学科核心概念分解概念和预期表现体系限制了不必要的重复，同时为学生在后续科学课程中的成功提供必备的知识。课程图2和课程图3在设计时没考虑这一点，虽然在这两种模型中的课程排序可以减轻一些这方面的影响，但是每个课程中还有一些预期表现期望学生知道一些在其他课程中教的概念。如果这在课程设计时就考虑清楚了，那它可以提供跨学科连接的机会，但在教学效率方面，它就意味着教师不得不时不时地分配班级教学时间，让学生加快学习必要的背景概念，以便能进展到在任何一门特定课程学习中涉及的概念。

（3）预期表现的组织是否以展现科学相互联系的方式进行？

从1983年组建的十号委员会演化而来的科研组织，已经变得非常复杂，它围绕天文学、气象学、植物学、动物学、生理学、解剖学、卫生、化学和物理等来组织K—12年级的科学教育。课程图1的跨学科组织使得《框架》中的科学领域自然衔接，对教师和学生来说更加的明显，并且提供了更灵活、更连贯和更现实的途径，以发展对科学的深层理解。课程图2和课程图3在设计时却没有考虑这一点，虽然细致的课程和教学计划开发可以建立这些连接。

（4）在课程题目、课程体系、教师资格证、毕业学分和大学录取预期方面，课程图如何与当前的州方针、法规、政策相一致？

虽然各州在制定这些政策及改变这些政策的流程方面各不相同，但这些却是选择和开发一个课程图时需要考虑的重要因素。例如，某些州只要求毕业时有两个科学学分，但《新一代科学教育标准》的预期表现是面向所有学生写的，而且没有一个示范课程图包含的课程少于三门。"学分"和"课程"并不能描述学生知道什么或能做什么，但《新一代科学教育标准》中面向所有学生的预期表现却系统详细阐述了将会实现什么。

（5）什么是教学岗位的影响？

任何课程图模型（根据目前的师资培养、资格证的政策、课程设置、毕业要求、课程体系及提出的变化）对准备授课教师的数量都有着显著影响，这也可能受到课程图2和课程图3中提出的课程体系的影响。例如，某州采用生物-化学-物理的课程体系，且其毕业标准仅对生物做了要求。如果让该州换成用课程图2模型并采用物质科学-生命科学-地球科学这样的课程体系，为了让教师达到授课要求，就会对系统产生不同的需求。这也将潜在地影响教师资格认证、教师资格证的政策、教师培养和专业学习机会。

（6）这些课程图如何影响职前教师培养和专业学习机会的重点？

不管使用了哪种课程图，从当前状态的科学标准过渡到《新一代科学教育标准》为推动科学教学提供了重要的机会。为了能让学生适应《新一代科学教育标准》中定义的预期表现的挑战，科学教师都需要密集的、持续的和融入工作的专业发展。因此，教师需要解决如下问题：

- 我们希望学生学习什么?
- 我们怎么知道学生在学习什么?
- 学生不学的时候我们如何应对?

课程图1的跨学科方法跟当前教师的职前培养和专业发展中的普通做法有些不同。职前教师在学习中不太可能经历一个明确的跨学科课程,这意味着,那些负责把他们培养成教师的人,必须明确将其融入教学和学习中。许多教师都非常热衷于所教的特定领域。他们可能已经在某个内容范围积累了大量实践和核心概念的知识,而在此之外的内容范围他们并没有经验。如果使用了课程图1,需要精心策划教师的专业学习机会,以使这些专业知识得到重视并支持教师在学科间进行切换。

对于课程图2除了要关注如何过渡到《新一代科学教育标准》外,不要求特别关注职前教师培养或专业学习。

课程图3也将重点关注教师培养和专业的学习机会。

在地球和空间科学预期表现中融入生物、化学和物理课程,可能跟当前的实践并不一致。在过渡时期,需要明确设计职前教师培养及专业学习的机会来支持教师。

(7)课程图是否影响与利益相关者沟通科学教育的计划?

在采用《新一代科学教育标准》时(这是个假设步骤,如果现在选择这些标准中的一个课程图),与主要的利益相关者进行沟通,包括学生、家长、教师、行政人员、学校董事会、商业和工业等,对于支持有效地执行将是最重要的。特别是当课程图需要显著的系统变化时,可能需要与利益相关群体进行额外的沟通。

(8)所选的课程如何受现有资源的影响?

现有的资源,如教科书、练习册,甚至网上资源,常常根据一个类似于课程图2和课程图3的方式来分类信息。对于那些将课程设置在指定教材上的州或地区,这可能会影响如何规划课程图的决策;但对于那些从各种资源抽出课程、已经使用教科书作为课程的支持而不是作为课程的地区来说,影响可能并不大。随着新的资源被写入《新一代科学教育标准》和现有资源因《新一代科学教育标准》被修改,它们可能会更频繁地按照一门课程图来设计,或是考虑其他课程图。但这也可能由于开发更灵活的资源而较少关注,如开放式教育资源、可编辑的数字教科书等。

结　论

这似乎已经有了定论,特别设计的课程图旨在随着时间的推移连贯地建立学生对概念的理解、最大限度地有效利用课堂时间,并让学生做好准备面对这一跨学科现实:科学研究是每个人都会选择的,但也可能有很好的理由去选择一个不同的模式(包括什么都不选)。事实上,设计有效的学习计划是一项复杂而充满挑战的任务,这取决于诸多因素,如教师在教学内容和教育学方面的知识、支持有效教学的材料、学习进程的决策与实施、形成性和总结性的评测,甚至是学校的氛围,这些远远超出了本附录的目标。希望上述因素能在州和地区引起关于科学教育系统的有意义对话。采用《新一代科学教育标准》需要在实施时进行系统性的改变，以忠于《框架》的愿景。这是个很好的机会，让我们深思熟虑地决定学校制度的设计是否能更好地帮助学生实现这个愿景。在这个过程中，选择一个课程图只是重要决策之一，但由于其对整个系统的潜在影响，仍需要慎重考虑。

许多州和地区有使用同样标准但不同课程图的情况，这也具有显著的让我们理解学生如何学习科学的潜力。如这一章开头提到的，所有教育者实施《新一代科学教育标准》时不得不兼顾多种课程图的原因是没有充分的研究证明可以推荐某个特定体系。在有 50 套不同的州立标准的情况下，很难界定某个体系是否比另一个更有效。但是随着许多州考虑采用这些标准，就有了历史研究的基础来推进我们的理解。

1. 开发一个新的课程图

也可能这里展现的课程图没有一个达到某个特定州或当地教育机构的需求。如果是这样的话，设计一个新的、单独的课程图会非常有意义，而不是简单地对原有的课程图进行优化。《新一代科学教育标准》多维度的特点肯定考虑到一个课程图不仅仅基于学科核心概念，也可以基于其他维度，或三个维度的组合。开发替代课程图模型的这些和其他原因当然是有效的，但是希望上面的描述足够让开发过程顺畅一点。检查这些课程图的基本假设、回顾使用过的创建课程图的过程、权衡考虑上述因素，就可提供一个框架来启动新课程图的开发，以满足当地教育机构或本州学生的需要。

2. 完善一个课程图

选择了一个课程图并不意味着工作完成了，这仅仅是"旅程"的第一步。课程图将需要进一步完善以满足当地需求。那么真正的工作开始于根据课程图开发课程体系和课程，需要使用或开发必要的专业学习机会，以支撑实施的准确性。另外，随着所有科学方面的努力，如何确定其是否成功也需要规划。什么类型的数据可以确定新安排是否有效？通过什么过程改进课程图以提高其有效性？即使这些问题都得到了回答，随着课程单元和教案在课堂上的设计和完善，很可能仍需要进一步改进课程图。

在上述每个模型详细说明的最后，给出了完善每个课程图的建议。如果在此章开头描述的基本假设是不能接受的，那就需要进行更显著的修订。例如，如果一个州要求有四门科学课程，并且无意改变这种情况，那么对于一个高中三门课的序列，可能无法满足其需求。这可能意味着呈现在此的模型需要完善，也许简单地将示范课程图 1 中的预期表现重新排列到四门课程中，或使用示范课程图 3 和一个独立的地球和空间科学课程（而不是将地球和空间科学预期表现分配到生物、化学和物理中），或可能意味着得从头开始。

额外的工作将需要在当地完成，以考虑在初中和高中年级段都有数学预期表现。由于当地的数学课程可能有所不同，特别是在高中阶段。跨学科的讨论是非常重要的，以确保学生能在跨学科领域接受补充教学。《新一代科学教育标准》中的连接框应已说明该讨论。

参考文献

AAAS (American Association for the Advancement of Science). (2001). *Designs for science literacy.* New York: Oxford University Press.

NRC (National Research Council). (2012). *A framework for K-12 science education: Practices. crosscutting concepts, and core ideas.* Washington, DC: The National Academies Press.

附录 L

与州共同核心标准（数学）的联系

与州共同核心标准（数学）的一致性

科学是一门量化的学科，所以对教育工作者来说确保学生的科学学习很好地与数学学习结合[1][2]非常重要。为了实现这一目标定位，《新一代科学教育标准》开发团队与州共同核心标准（数学，CCSSM）写作团队合作，以确保《新一代科学教育标准》不超过或以其他方式错位于CCSSM按年级划分的标准的一致性做了很大的努力。至关重要的是，在《新一代科学教育标准》的解释和实施中，数学不能超过或错位于CCSSM按年级划分的标准（这包括与《新一代科学教育标准》相符的教学材料和评估）。

为方便起见，附录L—表1展示了与科学相关的关键主题在CCSSM中的年级设置。此表可以帮助科学教育工作者确保学生在科学领域工作时，只需要达到CCSSM中展现的相应年级水平标准即可，不要求超越。

- 有关K—5年级展示和解读数据的额外信息，可以查看以下文档：
  http://commoncoretools.files.wordpress.com/2011/06/ccss_progression_md_k5_2011_06_20.pdf。
- 有关K—5年级进行测量的额外信息，可以查看以下文档：
  http://commoncoretools.files.wordpress.com/2012/07/ccss_progression_gm_k5_2012_07_21.pdf。

---

[1] 关于这点的更多信息，查看《州共同核心标准（数学）》（K—8出版社标准版）第17页和《州共同核心标准（数学）》（高中出版社标准版）第15页，具体信息可以查看网站 www.corestandards.org。

[2] 例如，在小学阶段，物理测量概念总是跟学生对算术的理解发展交织在一起，可以查看以下网站的文档：http://commoncoretools.files.wordpress.com/2012/07/ccss_progression_gm_k5_2012_07_21.pdf，以及简介：单位在测量、和分数和十进制中是统一的概念，http://commoncoretools.me/2013/04/19/units-a-unifying-idea。

附录 L—表 1　与科学相关的关键主题及它们在 CCSSM 中预期出现的年级

数字运算	预期出现的年级
整数的乘法和除法	3
分数的概念（a/b）	3
开始分数算术	4
平面坐标	5
比值、速率（如速度）、比例关系	6
简单的百分比问题	6
有理数系统，符号数——概念	6
有理数系统，符号数——算术	7
测量	预期出现的年级
标准长度单位（如英寸、厘米）	2
面积	3
在同一系统中从一个大单位转化为小单位	4
一个给定测量系统内的单位转换	5
体积	5
跨测量系统的单位转换（如英寸到厘米）	6
统计与概率	年级第一预期
统计分布（包括中心、变量、集合、异常值、平均数、中位数、模式、范围、四分位数）和统计相关或趋势（包括双向表、双变量的数据测量、散射图、趋势线、最佳拟合线、相关性）	6—8
概率论，包括可能性、期望、概率模型	7

注：查看 CCSSM 以获得确切的预期表述。

在初中和高中阶段，学生培养了一系列强大的量化工具，从比率和比例关系到基本的代数和方程，再到基本统计与概率。这样的工具在数学课堂之外也适用。通过在各种环境中应用，也可以更好地理解和更牢固地掌握这些工具。幸运的是，美国国家研究委员会（NRC）的报告《框架》，在科学与工程实践（分析和解读数据，利用数学与计算思维）中明确指出，统计和数学在科学中有突出的作用。《新一代科学教育标准》的目标是给初中和高中的科学教育者一个明确的路线图，让他们的学生为大学和职业的定量需求做好准备，学生需要在应用背景或科学背景中应用量化工具[1]。

---

[1] 注3：表1，《州共同核心标准（数学）》（高中出版社标准版），显示了对于高校大学和职业生涯中表现为广泛适用的先修课程。可以查看网站：www.corestandards.org。

为了所有这些原因，《新一代科学教育标准》要求为6—8年级提供关键工具，也要求将高中州共同核心标准（CCSS）整合到初中、高中科学教学材料和评估中。对于额外的细节，参见表L—2和《新一代科学教育标准》简明实践（附录F）及在《新一代科学教育标准》中出现的CCSS连接表格。

附录L—表2 初高中的科学与工程实践要求将CCSSM的数学或统计
工具整合到与《新一代科学教育标准》相符的教学材料和评估中

科学与工程实践	6—8年级	9—12年级
分析和解读数据	将CCCSS（根据6—8年级.SP）中统计和概率的概念应用于科学问题和工程难题，在可行的情况下使用数字化工具	将高中CCCSS（在S中可见）中统计和概率的概念应用到科学问题和工程难题，在可行的情况下使用数字化工具
使用数学和计算思维	将比值、比率、百分比、基本运算、简单代数的概念应用到科学问题与工程难题（查看CCSS中6—7年级.RP，6—8年级.NS，6—8年级.EE）	应用代数技术和方程来呈现和解决科学和工程难题（查看CCSS中的A和F） 应用6—8年级数学的关键小贴士，如比值、比率、百分比和单位换算（在复杂测量问题情境中，涉及派生或混合单位的数量，如毫克/毫升、千克/立方米、英亩-英尺）[a]

注：参阅《新一代科学教育标准》科学与工程实践背景及CCSSM关于标准注释的信息：http://www.corestandards.org/Math
a. 参看《州共同核心标准（数学）》（高中出版社标准版）中的表1，可查看网站：www.corestandards.org

连接CCSSM标准中的数学实践

CCSSM有关数学实践的标准中可以发现《新一代科学教育标准》与CCSSM的普遍联系。与科学直接相关的三个CCSSM实践标准是：
- MP.2. 抽象和定量的推理。
- MP.4. 使用数学建模。
- MP.5. 策略性地使用适当的工具。

数学实践标准MP.2和MP.4都是在某个情境下使用数学。第一个实践标准MP.2是在"抽象地操作符号"和"操作时关注符号的含义"之间的往复。例如，幼儿园的学生可能会把"6>4"这样一个符号语句与这样的事实联系起来：一个给定集合中的物体比另一集合中的多。初中生可能会将关于汽车运动的方程$d=65t$，改写成等价形式$d/t=65$，认识到新的公式抽象表现了求汽车速度的计算步骤。高中生可能会将公式中$N=2^n$的2与这样的事实联系起来：每个细胞的一次分裂都会产生两个子细胞。

第二个实践标准MP.4也与应用数学有关，但更多的是专注于结果而较少涉及思维过程：
- 在K—2年级，数学建模通常意味着要用数学图表来展现一个情况或解决一个一步加减法的应用题。
- 在3—5年级，数学建模通常意味着要表现或解决一个一步或多步应用题。

- 在6—8年级，数学建模通常意味着要表现或解决一个一步或多步应用题，可能其中会有一个需要用数学公式来表达问题的必要假设，但事先不向学生详细说明。
- 在高中阶段，数学建模通常包含6—8年级段出现的各种问题，以及"全模式"类型的问题。这类问题的建模周期会包括更多步骤。（全国州长协会中心、首席州立学校官员委员会，2010年，PP72—73）

最后，第三个实践标准MP.5，不仅涉及技术上的工具，还包括从幼儿园开始绘制图表的方法，以及在以后的年级中使用公式和平面坐标这样的有力表示形式。这些工具及如何用好它们的技能和判断力，对于科学上的定量工作十分重要。

关于CCSSM实践标准MP.3：没有与CCSSM中的实践标准MP.3连接的表格，MP.3可以解读为"进行可行性的论证和批判他人的推理"。缺少与MP.3的连接可能令人惊讶，因为科学也需要进行论证并批判他人。然而，数学论证和科学论证之间存在着本质的差别，以至于将任何标准连接到MP.3都可能产生误导。所不同的是，科学论证总是基于证据，而数学论证永远不是这样。正是这种差异导致人们认为，科学的发现是暂时的，而数学的发现是永恒的。随着艾萨克·阿西莫夫在数学史的前言写道"托勒密开发的行星系统图像可能错误百出，但是他探索出的、帮助计算的三角几何学却永远保持正确"（Boyer和Merzbach，1991，PPvii–viii）。模糊了数学论据和科学论据之间的区别，会引起对科学到底是什么的误解。有关科学论证的更多信息，请参阅《新一代科学教育标准》科学与工程实践"参与基于证据的论证"。

有关数学实践标准的更多信息，可参阅CCSSM6—8页。另请参阅72—73页的在特定情况的建模信息。本附录的其余部分呈现了连接表格的剩余部分，并对一系列的连接提供了说明性的科学实例，其中部分实例标出了与标准对应的注释。

K-PS2 运动和稳定：力和相互作用

作为这项工作的一部分，教师应给学生**使用直接测量**的机会：

K.MD.A.1 描述物体的可测量属性，如长度或重量。描述单个物体的几个可测量属性。

K.MD.A.2 直接比较两个物体相同的、可测量的属性，看哪个物体具有更多/更少的该种属性并描述差异。例如，直接比较两个孩子的高度，并描述一个孩子高/矮。**科学实例：学生做一个简单的滑轮，利用一个物体提起另一个物体。他们描述一个物体比另一个重，试图预测哪个将上升，哪个将下降。通过改变第一物体的重量进行连续试验（保持第二物体不变）。学生得出结论，更重的物体将更快地提起一个给定的物体。**

注释：①用图表和柱状图显示数据直到2年级才要求。②标准长度单位，如厘米或英寸直到2年级才要求；非标准单位（例如，用一个回形针作为一个长度单位）直到1年级才要求。

K-PS3 能量

作为这项工作的一部分，教师应给学生**使用直接测量**的机会：

K.MD.A.2 直接比较两个物体相同的、可测量的属性，看哪个物体具有更多/更少的该种属性并描述差异。例如，直接比较两个孩子的高度，并用高矮来描述一个孩子。**科学实例：直**

接比较在太阳下的石头和留在阴凉处的石头，并描述一个石头比另一个更暖或更冷。

K-LS1 从分子到生物体：结构与过程

作为这项工作的一部分，教师应给学生**使用直接测量**的机会：

K.MD.A.2 直接比较两个物体相同的、可测量的属性，看哪个物体具有更多／更少的该种属性并描述差异。例如，直接比较两个孩子的高度，并用高矮来描述一个孩子。**科学实例：直接比较生长在太阳下的向日葵和生长在阴凉处的向日葵，哪个长得更高？观察到这些植物需要阳光才能茁壮成长。**

注释：①用图表和柱状图显示数据，直到 2 年级才要求。②标准长度单位，如厘米或英寸，直到 2 年级才要求。

K-ESS2 地球的系统

作为这项工作的一部分，教师应给学生**使用数字、计数、直接测量和分类的机会**：

K.CC.A.[①] 知道数的名称并能顺数。**科学实例：学生记下上个月晴天或阴雨天的天数。**

K.MD.A.1 描述物体的可测量属性，如长度或重量。描述单个物体的几个可测量属性。**科学实例：描述烧杯中的水既重又冷。**

K.MD.B.3 将物体按要求进行分类；数清每种类别物体的数量并按照数量对这些类别进行排序。**科学实例：建立一个记录图表来展示一个月中晴天或雨天的天数。计算此前一个月中雨天或晴天的天数（参见 K.CC.B），是否有更多的阴雨天或晴天（参见 K.CC.C）？**

注释：①用图表和柱状图显示数据直到 2 年级才要求。②标准长度单位，如厘米或英寸，直到 2 年级才要求。

K-ESS3 地球与人类活动

作为这项工作的一部分，教师应给学生机会计算和比较数字（参见 K.CC）的机会：**科学实例：①计算两张照片中树的数量。在哪张照片中有更多的树？在哪个地方你可能会发现更多的小松鼠。②保存好极端天气天数的记录（预测和实际情况），在年底计算极端天气的天数。**

1-PS4 波及其在信息传递技术中的应用

作为这项工作的一部分，教师应给学生**用非标准单位测量的机会**：

1.MD.A.1 根据长度对三个物体进行排序；通过第三个物体间接比较两个物体的长度。**科学实例：玛丽亚的土电话（线连电话）线长度超过苏的，苏的土电话线长度超过蒂亚的，所以不用测量，我们直接知道，玛丽亚的线比蒂亚的更长。**

1.MD.A.2 通过将较短物体（长度单位）首尾相连地置于一个物体上，以该长度单位的整

[①] "K.CC.A"中的大写字母"A"指在领域 K.CC 的第一组标题。参看 CCSSM 的第 11 页：http://www.corestandards.org/assets/CCSSI_Math%20Standards.pdf。

数数量表示该物体的长度；理解对某个物体的长度测量可以看作将特定数量的同尺寸的长度单位无间隙或无重叠地连在一起。这里所说的测量被限制在可以用大量的单位长度无间隙或重叠起来进行的情境中。**科学实例：用鞋作为长度单位，苏的土电话的线长度为 11 个单位长度。**

注释：标准长度单位，如厘米或英寸，直到 2 年级才要求。

1-LS1 从分子到生物体：结构与过程

作为这项工作的一部分，教师应给学生**使用两位数**的机会：

1.NBT.B.3 基于十位数和个位数的含义，比较两个两位数，用符号">""="和"<"记录比较的结果。

1.NBT.C.4 使用具体模型或绘图，以及基于位值、运算属性加法和减法之间关系的策略，完成 100 以内的加法，包括两位数和一位数的加法，以及两位数和 10 的倍数的加法；将策略与书面方法联系起来并解释使用的理由。理解在两位数加法中，十位数与十位数相加，个位数与个位数相加，某些情况下必须构成 1 个 10。

1.NBT.C.5，给定一个两位数，在不计数的情况下，分别心算出比这个数大 10 或小 10 的数，解释使用的推理过程。

1.NBT.C.6，使用具体模型、绘图及基于位值、运算属性或加法和减法的关系的策略，将两个在 10—90 范围内的 10 的倍数相减（差值是正数或 0）。将该策略和书面计算的方法联系起来并解释使用的理由。

科学实例：①母狼蛛的背上有 40 个宝宝，她的蛋囊中有 50 个卵。有多少未孵化的蜘蛛？②在繁殖季节，雌棉尾兔生了几窝兔子，每窝分别有 5 只、6 只、5 只、4 只。在这期间这只兔子一共生了多少小兔子？

1-LS3 遗传：性状的继承与变异

作为这项工作的一部分，教师应给学生**使用非标准单位测量和间接测量**的机会：

1.MD.A.1 根据长度对三个物体进行排序，通过**使用**第三个物体间接比较两个物体的长度。**科学实例：每个向日葵都比尺子高，每株雏菊都比尺子矮。所以不用直接测量，我们就知道每一个向日葵要比每株雏菊高。向日葵和雏菊与它们周围的植物长得并不完全一样，但它们也与周围植物有类似的地方，要么都很高，要么都很矮。**

注释：标准长度单位，如厘米或英寸，直到 2 年级才要求。

1-ESS1 地球在宇宙中的位置

作为这项工作的一部分，教师应给学生**练习加减法、展示和解读数据**的机会：

1.OA.A.1 用 20 以内的加法和减法来解决涉及增加、减少、组合、拆分和比较情境的应用题，未知数可出现在任何位置（如使用物品、绘图和方程式来表示问题）。**科学实例：昨天有 16 小时的日照，12 月 21 日有 8 个小时的日照，昨天的日照多了几个小时？**

1.MD.C.4 组织、表示和解释最多三个类别的数据；提出和回答有关数据点总数、每个类别数据点数量及类别之间数据点数量差异的问题。**科学实例：根据目前收集到的数据，并将其张贴在公告板上，提问：哪一天是目前为止一年中最长的白天？哪一天最短？**

注释：①本年级的学生预计能流利地进行 10 以内的加减法。②图形和柱状图到 2 年级才要求。③折线图到 2 年级才要求。④坐标平面到 5 年级才要求。

2-PS1 物质及其相互作用

作为这项工作的一部分，教师应给学生**展示和解读分类数据**的机会：

2.MD.D.10 画统计图或柱状图（单一单位刻度），以最多 4 个类别表示一个数据集。使用柱状图解决简单的组合、分离和比较问题①。**科学实例：**①用单一单位刻度制作一个柱状图，分别表示一个矿物集合中有多少样品是红色、绿色、紫色或其他颜色；根据该图表，总共有多少样本？②对于不同用途使用哪种材料最好的相关调查，制作一个单一单位刻度的图表表示一个工具箱中有多少工具是用金属做的、有多少工具是用木头做的、有多少工具是用橡胶（塑料）做的、有多少工具是用了多种材料做的；根据该图表，一共有多少工具？

注释：①按比例的柱状图到 3 年级才要求。②整数的乘除法到 3 年级才要求。

2-LS2 生态系统：相互作用、能量和动态

作为这项工作的一部分，教师应给学生机会**展示和解读分类数据**：

2.MD.D.10 画统计图或柱状图（单一单位刻度），以最多 4 个类别表示一个数据集。使用柱状图解决简单的组合、分离和比较问题。**科学实例：用单一单位刻度制作一个柱状图，表示浇水的种子和没有浇水的种子的发芽数量。**

注释：①按比例的柱状图到 3 年级才要求。②整数的乘除法到 3 年级才要求。

2-LS4 生物演化：统一性与多样性

作为这项工作的一部分，教师应给学生机会**展示和解读分类数据**：

2.MD.D.10 画统计图或柱状图（单一单位刻度），以最多 4 个类别表示一个数据集。使用柱状图解决简单的组合、分离和比较问题②。**科学实例：用单一单位刻度制作一个柱状图，表示在一个实地考察（或一张照片）中发现的植物种类、脊椎动物种类和无脊椎动物种类；观察到的植物种类比动物种类多多少？**

注释：①按比例的柱状图到 3 年级才要求。②整数的乘除法到 3 年级才要求。

---

① 在 CCSSM 中查看第 85 页的术语表和第 88 页的表 1，详情查看：http://www.corestandards.org/assets/CCSSI_Math%20Standards.pdf。

② 同①。

2-ESS1 地球在宇宙中的位置

作为这项工作的一部分，教师应给学生机会用到 1000 以内的数字。

2.NBT.A.[①] 理解位值。**科学实例**：作为确定地球事件可能发生的时间尺度，学生能理解几千年比几百年要长得多，而几百年又比几十年长得多。

注释：四舍五入到 3 年级才要求。

2-ESS2 地球的系统

作为这项工作的一部分，**教师应给学生机会用到 1000 以内的数字，使用标准长度单位并涉及长度的加减法：**

2.NBT.A.3 基于十进制、数字名称和扩展形式进行 1000 内数字的读写。**科学实例**：学生会写下一个湖有 550 英尺深、一条河有 687 英里长、一片森林约从 200 年前开始不断成长等。

2.MD.B.5 使用 100 以内的加减法解答涉及具有相同单位的长度的应用题。[通过作图（如用直尺作图）和包含未知数符号的方程式来表示问题]**科学实例**：在暴雨之前，小溪深 17 英寸，暴雨后小溪深 42 英寸，小溪在暴雨中深度增加了多少？

注释：在 2 年级结束时，这个年级的学生预计能流畅地进行 20 以内加减法的心算，并能凭记忆知道个位数的总和；学生预计能使用基于整数数位、运算属性或加减法之间的关系，流利地进行 100 以内的加减法。

K-2-ETS1 工程设计

作为这项工作的一部分，**教师应给学生机会展示和解读分类数据：**

2.MD.D.10 画统计图或柱状图（单一单位刻度），以最多 4 个类别表示 1 个数据集。使用柱状图解决简单的组合、分离和比较问题。**科学案例**：用单一单位刻度制作一个柱状图，表示 2—3 种不同播种方案中的种子数量。

注释：①按比例的柱状图到 3 年级才要求。②整数的乘除法到 3 年级才要求。

3-PS2 运动和稳定：力和相互作用

作为这项工作的一部分，**教师应给学生机会用到连续数：**

3.MD.A.2 使用克、千克和升等标准单位测量和估计液体的体积和物体的质量[②]。用加、减、乘、除解决涉及具有相同单位的质量或体积的一步应用题。[使用绘图（有刻度的量杯）表示问题][③]。

[①] "2.NBT.A" 中的大写字母 "A" 指 2.NBT. 领域的第一组标题。

[②] 不包括复合单位（立方厘米）及找出容器的几何体积。查看 CCSSM 中的第 25 页：http://www.corestandards.org/assets/CCSSI_Math%20Standards.pdf。

[③] 不包括乘法比较问题（涉及几倍的概念问题）。查看术语表第 85 页和第 89 页的表 2，在 CCSSM：http://www.corestandards.org/assets/CCSSI_Math%20Standards.pdf。

科学实例：在力的作用效果的调查中，估计两个物体的质量，然后测量。可以观察到：由不平衡的力导致的运动变化，质量越小，变化越大（学生无须以牛顿运动定律来解释或量化这个观察）。

3-LS1 从分子到生物体：结构与过程

作为这项工作的一部分，教师应给学生机会**给出定量的描述**：

3.NF. 数与运算——分数。3.NBT. 十进制数与运算。**科学实例：描述生物的生命周期时要定量，如它们不同的寿命（从很短的时间到长达数千年）和它们不同的生殖能力（从少数后代到数以千计的后代）。**

3-LS2 生态系统：相互作用、能量和动态

作为这项工作的一部分，教师应给学生机会能给出定量的描述：

3.NBT. 十进制数与运算。**科学实例：描述动物的群体行为时需要定量（按群组大小，从一小撮到数以千计的动物来描述群体）。**

3-LS3 遗传：性状的继承与变异

作为这项工作的一部分，教师应给学生机会**展示和解读数据**：

3.MD.B.4 使用以 1/2 英寸和 1/4 英寸为刻度的尺子测量长度并生成数据。制作折线图（横坐标用适当的单位，即整数、1/2 或 1/4 为刻度）来展示数据。**科学实例：①做一个折线图显示由同一株植物繁殖而来的一批植物中每株的高度；观察到，并不是所有的植物后代都是同样的高度；比较母体和后代的高度。②给浇水不足的植物做一个类似的折线图。**

3-LS4 生物演化：统一性与多样性

作为这项工作的一部分，教师应给学生机会**展示和解读数据**：

3.MD.B.3 绘制具有刻度的统计图或条形图来表示具有多个类别的数据集。使用条形图表示信息，解决 1 步和 2 步多多少和少多少的问题。例如，画一个条形图，图表中的每个正方形可能表示 5 个宠物。**科学实例：①给定一个条形图，上面显示了在几个不同地方找到的花卉品种的数量，确定在草地、平原找到的花卉种类比在茂密森林的多多少？如果生长地扩散到森林，花卉种类是否会受影响？②用带刻度的条形图表示带有有利性状和不带有利性状的个体存活数量，存活下来的带有有利性状的个体，多了多少？**

3.MD.B.4 使用以 1/2 英寸和 1/4 英寸为刻度的尺子测量长度来生成数据。制作折线图（横坐标用适当的单位，即整数、1/2 或 1/4 为刻度）来呈现数据。**科学实例：做一个折线图表示一块页岩中能看到的每个化石的长度。除了尺寸方面，有没有化石类似现代生物？**

3-ESS2 地球的系统

作为这项工作的一部分，教师应给学生机会**使用连续数量及展示和解读分类数据**：

3.MD.A.2，利用克、千克和升等标准单位测量和估计液体的体积和物体的质量①。用加、减、乘、除解决涉及具有相同单位的质量或体积的一道应用题。[如使用绘图（有刻度的烧杯）来展示问题]②。**科学实例：①估计能砸坏停车场二手汽车的冰雹质量。②按升来测量在暴雨中收集的水的体积。**

3.MD.B.3 绘制具有刻度的统计图和条形图来表示具有多个类别的数据集。利用条形图表示的信息，解决1步和2步"多多少"和"少多少"的问题。**科学实例：利用图表或条形图来表示12月、1月、2月、3月最高温度在零度以下的天数，这个冬天有多少天低于零度？**

注释：①统计思想如平均、平均值、中位数到6年级才要求。②坐标平面的绘图到5年级才要求。

3-ESS3 地球与人类活动

作为这项工作的一部分，教师应给学生机会使用**连续数**，包括**面积**：

3.MD.A.2利用克、千克和升等标准单位测量和估计液体的体积和物体的质量③。用加、减、乘、除解决涉及具有相同单位的质量或体积的一道应用题。[如使用绘图（有刻度的烧杯）来展示问题]④。

3.MD.C.5 认识到面积是平面图的一个属性，理解面积测量的概念。

（1）一个正方形的边长是一个长度单位，那么这个正方形称为"单位面积"，也作为用来测量面积的一个平方单位，可用于测量面积。

（2）一个平面图能够被 n 个单位面积无缝隙和重叠地覆盖，就说这个面积有 n 个平方单位。

（3）MD.C.6 通过计算单位正方形的数量来测量面积（平方厘米、平方米、平方英寸、平方尺和临时单位）。**科学实例：在夏威夷，一些房屋被装在支柱上以降低海啸的冲击。如果这个支柱面向波浪的方向面积越大，海啸对它的冲击力越大。基于一个支柱房屋的图表，确定支柱面向波浪方向要多大面积？如果房屋不在支柱上，那么这个房屋面向波浪的方向要多大面积？**

---

① 不包括复合单位（立方厘米）及找出容器的几何体积。查看 CCSSM 中的第25页：http://www.corestandards.org/assets/CCSSI_Math%20Standards.pdf。

② 不包括乘法比较问题（涉及几倍的概念问题）。查看术语表第85页和第89页的表2，在 CCSSM：http://www.corestandards.org/assets/CCSSI_Math%20Standards.pdf。

③ 不包括复合单位（立方厘米）及找出容器的几何体积。查看 CCSSM 中的第25页：http://www.corestandards.org/assets/CCSSI_Math%20Standards.pdf。

④ 不包括乘法比较问题（涉及几倍的概念问题）。查看术语表第85页和第89页的表2，在 CCSSM：http://www.corestandards.org/assets/CCSSI_Math%20Standards.pdf。

4-PS3 能量

作为这项工作的一部分，教师应给学生机会**用整数的四则运算来解决问题**：

4.OA.A.3 使用四则运算来解决多步整数（答案也要是整数）应用题，包括必须解释余数的应用题。用以一个字母代表未知数的方程来表示这些问题。使用包括舍入在内的心算和估算策略来评估答案的合理性。**科学案例**：共有144条橡皮筋，用来制作橡皮筋汽车。如果每辆汽车使用6条橡皮筋，一共能做多少辆车？如果一共有28名学生，最多每辆车能有几条橡皮筋（每辆车使用的橡皮筋数一样）？

注释：4年级学生，预计能流利进行多位整数的加减法，能将一个整数跟4位以内的整数相乘，能将两个2位数相乘，找到4位数除以个位数的商和余数。

4-PS4 波及其在信息传递技术中的应用

作为这项工作的一部分，教师应给学生机会**绘制并识别线与角度**：

4.G.A.1 绘制点、直线、线段、射线、角（直角、锐角及钝角）、垂直和平行线，分辨这些二维图形。**科学实例**：在绘制波的传播图时确定射线和角度。

4-LS1 从分子到生物体：结构与过程

作为这项工作的一部分，教师应给学生机会认识到**对称性**：

4.G.A.3 识别二维图形中可以作为对称轴的直线，使绘图可以沿该直线折叠后完全重合。识别轴对称图形并画出对称轴。**科学实例**：在动植物的内外部结构中识别对称性或非对称性，这个对称性或非对称性是否有助于生物体的功能？（如双侧对称对很多动物来说是生殖健康的一个信号；猫头鹰的脸的不对称性有助于它查明猎物的位置）

4-ESS1 地球在宇宙中的位置

作为这项工作的一部分，教师应给学生机会**解决涉及测量的问题**：

4.MD.A.1 了解单一计量单位系统内的各个测量单位之间的比例关系，包括千米、米和厘米；千克和克；磅和盎司；升和毫升；小时、分钟和秒。在单一测量系统中，用较小的单位来表示较大单位的测量值。在两列表格中记录不同单位的等值测量值。例如，知道1英尺为1英寸的12倍。一条4英尺长的蛇也是48英寸。形成一个英尺和英寸的转换表，列出数组（1，12）（2，24）（3，36）。**科学实例**：在大峡谷，有海相化石的石灰岩层随处可见。一本参考书中列出了该岩层为300英尺厚，另一本参考书中列出了该岩层为100码厚。这两个引用是否一致？

注释：到5年级学生才能用相同系统中的较大单位来表达较小单位表示的测量结果。

4-ESS2 地球的系统

作为这项工作的一部分，教师应给学生机会**解决涉及测量的问题**：

4.MD.A.1 了解单一计量单位系统内的各个测量单位之间的比例关系，包括千米、米和厘米；千克和克；磅和盎司；升和毫升；小时、分钟和秒。在单一测量系统中，用较小的单位来表示较大单位的测量值。在两列表格中记录不同单位的等值测量值。例如，知道 1 英尺为 1 英寸的 12 倍。一条 4 英尺长的蛇也是 48 英寸。形成一个英尺和英寸的转换表，列出数组（1，12）(2，24)(3，36)。**科学实例：一个地图显示海洋中的某个特定点有 1600 米深，而另一地图显示相同的点为 1.5 千米深。这两个地图是否一致？**

4.MD.A.2 使用四则运算解答涉及距离、时段、液体体积、物体质量和货币的应用题，包括涉及简分数或小数的应用题，以及需要用较小单位来表示较大测量值的应用题。使用具有刻度的数轴等图表来呈现测量数据。**科学实例：一条海岸线平均每年减少 4 英尺。在 18 个月期间，约已经失去了多长的海岸线？**

注释：到 5 年级学生才能用相同系统中的较大单位来表达较小单位表示的测量结果。

4-ESS3 地球与人类活动

作为这项工作的一部分，教师应给学生机会**用定量描述**：

4.OA.A.1 将乘法算式解释为比较（将 35=5×7 解释为 7 的 5 倍和 5 的 7 倍）。将乘法的比较型语言陈述表示为乘法算式。**科学实例：在讨论环境影响时要量化。例如，不能仅仅说某个特定的石油泄漏很多，还要说 500 万加仑的油已经泄漏了，比第二严重的漏油事件多 40 倍。**

5-PS1 物质及其相互作用

作为这项工作的一部分，教师应给学生机会**用到非常大和非常小的数量的位值、除法、测量单位转换和体积**：

5.NBT.A.1 解释当一个数乘以 10^n 时，乘积就是在该数后面加 n 个 0；解释当一个小数乘以或除以 10^n 时小数点位置的变化。使用整数指数来表示 10 的指数。

5.NF.B.7 应用和拓展先前对除法的理解，用单位分数除以整数或用整数除以单位分数[①]。

（1）解释一个单位分数除以一个非零整数的除法，计算商数。例如，给（1/3）÷4 创建一个故事情境，通过一个可视化的分数模型来展示商。使用乘除法之间的关系来解释（1/3）÷4 = 1/12，因为（1/12）×4 = 1/3。

（2）解释整数除以单位分数，并计算商数。例如，给 4÷（1/5）创建一个故事情境，并通过一个可视化的分数模型来展示商。使用乘除法的关系来解释 4÷（1/5）= 20，因为 20×（1/5）= 4。

（3）解决真实的应用问题，涉及单位分数除以非零整数和整数除以单位分数（使用可视化的分数模型和方程来表示问题）。例如，如果三个人分享 1/2 磅巧克力，每人平均会得到多少巧克力？2 杯葡萄干能分成多少份 1/3 杯的葡萄干？

---

① 能够进行分数乘法的学生一般能发展分数除法的策略，通过乘除法之间关系的推理。但分数除以分数在这个年级还不要求，具体参见 CCSSM 的第 36 页：http://www.corestandards.org/Math/Content/5/NF。

科学实例：①如果将 1 毫克的盐颗粒分成 10 等份，求每份的重量（用毫克来回答）。如果你将每一小份再分成 10 等份，求新的每一小份的重量（用毫克回答）。最后一共有多少份？②假设将 1 毫克的盐颗粒分成 10 等份，之后将每一份再分成 10 等份，一直分下去直到分成 108 份。那么每个微小的部分有多重？把每个微小部分的重量写下来，用整数表示，不用指数。

5.MD.A.1 在给定测量系统内，对不同大小的标准测量单位进行转换。（如 5 厘米转换成 0.05 米），通过这些转换来解决多步的现实生活中的问题。**科学实例**：将 100 克糖溶解于 0.5 千克的水中，系统总重量是多少？用克来回答，然后用千克来回答。水蒸发后，称一称剩下的糖有多重？

5.MD.C.3 认识到体积是立体性状的一个属性，理解体积测量的概念。

（1）一个立方体具有长度单位的边长，称为"单位立方体"，也可以说是有"一个立方单位"的体积，可以用于体积测量。

（2）一个立体形状，可以用 n 个单位立方体无间隙或重叠塞满，就是说这个立体形状有 n 个立方单位的体积。

5.MD.C.4 使用立方厘米、立方英寸、立方英尺和临时单位等基本立方单位测量体积。**科学实例**：将气缸内的体积压缩至其一半。用绘图来表示压缩前后的体积，并解释你如何知道新体积是原来体积的一半。你还能再压缩一半的体积吗？为什么这样做很困难？

注释：①比率到 6 年级才要求。②科学记数法到 8 年级才要求。

5-PS2 运动和稳定：力和相互作用

无

5-PS3 能量

无

5-LS1 分子到生物体：结构与过程

作为这项工作的一部分，教师应给学生机会**转换测量单位**：

5.MD.A.1 在给定测量系统内，对不同大小的标准测量单位进行转换（如 5 厘米转换成 0.05 米），通过这些转换来解决多步的现实生活中的问题。**科学实例**：在一个实验中，为了排除土壤不是植物食物的来源，苏以克为单位来称重，但卡佳以千克为单位来称重。土壤少了 4 克，而植物获得 0.1 千克。植物获得了远远超过土壤减少的重量吗？远少于吗？还是差不多呢？（一个好的表达方法是都以克来表示这两个数字）。

注释：①测量系统之间的单位转换（如厘米到英寸）到 6 年级才要求。②比率到 6 年级才要求，如生态系统产量的年增长率。③5 年级学生能读、写和比较精度为千分之一的小数，并能进行精度为百分之一的小数运算。

5-LS2 生态系统：相互作用、能量和动态

作为这项工作的一部分，教师应给学生机会**定量描述**：

科学实例：在一个表示系统中物质流动的图表中，给图表中的箭头赋值以表示流量。

5-ESS1 地球在宇宙中的位置

作为这项工作的一部分，教师应给学生机会，让他们把非常大和非常小的数量联系起来，并**使用坐标平面**：

5.NBT.A.2 解释当一个数乘以 10^n，乘积就是在该数后面加 n 个 0；解释一个小数乘以或除以 10^n 时小数点位置的变化。使用整数指数来表示 10 的指数。**科学实例**：太阳距离地球约 10^{11} 米。另一颗恒星（天狼星），约距离地球 10^{17} 米。不用指数来写这两个数字。将一个数字直接放在另一个数字的下方，对齐数字 1。地球到天狼星的距离是地球到太阳的距离的几倍？

5.G.A.2 在坐标平面的第一个象限中绘制点来表示现实世界和数学问题，并在情景背景下解释点的坐标值的含义。**科学实例**：①学生汇编一个学年中日长的数据，当数据放到坐标平面中时能观察到什么模式？如何用太阳和地球模型来解释这个模式？②在地球绕太阳公转周期中以相等间隔给出地球的 6 个位置的 (x, y) 坐标，学生通过绘制点来展示地球在空间运动的快照。

注释：科学记数法到 8 年级才要求。

5-ESS2 地球的系统

作为这项工作的一部分，教师应给学生机会使用**坐标平面**：

5.G.A.2 在坐标平面的第一个象限中绘制点来表示现实世界和数学问题，并在情景背景下解释点的坐标值的含义。**科学实例**：绘制两个地方的最高和最低温度的每月数据。一个在沿海地区，一个在内陆地区（如旧金山和萨克拉门托）。你能看见什么模式？在观察到的模式中如何看到海洋的影响？

注释：①百分比到 6 年级才要求。②散点图趋势和关联模式双向表到 8 年级才要求。

5-ESS3 地球与人类活动

作为这项工作的一部分，教师应给学生机会**给出定量描述**：

科学案例：在描述各社区用科学理念保护地球资源和环境的方式中，提供定量信息，如节省多少能量和这个节省过程的成本。

3-5-ETS1 工程设计

作为这项工作的一部分，教师应给学生机会**用四则运算来解决问题**：

OA：运算和代数思维（用四则运算表示和解决问题；在 CCSSM 中查看每个年级的详细期望值）。科学实例：分析材料、时间或成本的限制，给出对设计方案的影响。例如，如果一项设计需要 20 个螺丝，而螺丝是以每盒 150 个出售的，那么可以重复多少次这样的设计？

MS-PS1 物质及其相互作用

作为这项工作的一部分，教师应给学生机会**使用比率和比例的关系，使用正负数，写下并解方程，使用数量级思维及基本统计**：

比率和比例关系（6—7.RP）。科学实例：①一堆盐的质量为 100 毫克，其中含氯多少克？（用毫克回答）。如果是一堆 500 毫克的盐，答案是多少？②两倍的水就是两倍的质量。解释为什么两倍的水不是两倍的密度。③基于一个水分子模型，认识到任何水样本中氢原子和氧原子的比例都是 2∶1。④测量反应试剂样本的质量和体积，并计算其密度。⑤比较一个测量（或计算）的密度和标准（或教科书）上的值，需要的话可以转换单位。确定两者之间的百分比差异。

数字系统（6—8.NS）。科学实例：①在一个化学反应中（能量释放或吸收的现象），通过正负量来表示温度的变化。②对于 7 年级或 8 年级：解一个含未知（正负）数的简单方程。例如，一个解决方案一开始是室温，在第一个反应后，温度变化了负 8℃。在第二个反应之后，温度低于室温 3℃。求第二个反应过程中的温度变化。第二个反应是吸收还是释放能量的？在数轴/温度计刻度上展示所有给定的信息。同样用方程来表示问题。

公式和方程式（6—8.EE）。科学实例：①对于 8 年级的学生：利用坚固的脚手架，用代数和数量思维来确定结晶盐原子间距离。②对于 8 年级的学生：用科学计数法表示原子质量、大量的原子及其他远大于或远小于 1 的量。还可以通过便利的单位，如采用统一原子质量单位。

统计与概率（6—8.SP）。科学实例：汇集所有学生测量的沸点，绘制成折线图。以聚类和异常值来讨论分布。为什么所有的测量值不是相等的？平均值跟标准值/教科书上的值有多接近？在折线图中标示平均值和标准值。

MS-PS2 运动和稳定：力和相互作用

作为这项工作的一部分，教师应给学生机会**使用正负数，并解释表达式**：

数字系统（6—8.NS）。科学实例：①展现一对第三定律的力，作用于一个物体上的力为 +100N，作用于另一个物体上的力为 –100N。②在单个物体上表示平衡的力，可以用 ±5N 大小相等、符号相反的数。③用正负数表示两个或多个力的净作用结果。例如，给定一个大的力和相反方向的小的力，代表了净力（+100N）+（–5N）=+95N。将这种数字描述与这样的事实联系起来：运动的净效应跟只有一个大的力作用是近似的。

公式和方程式（6—8.EE）。科学实例：用物理情境来解释一个表达式。例如，图表中的表达式 F1+ F2，可以解释为作用在一个物体上的净作用力。

MS-PS3 能量

作为这项工作的一部分，教师应给学生机会使用比率和比例关系、基本统计：

比率和比例关系（6—7.RP）和函数（8.F）。科学实例：①分析一组理想的动能和质量（控制速度不变）二元测量数据。确定两个量是否具有比例关系（测试其是否是等比例的，或在一个坐标平面上作图，观察这个图是否是通过原点的一条直线）。②用同样的方法分析一组理想化的动能和速度（控制质量不变）二元测量数据。对于 8 年级的学生，可以从数据认出，这个关系不是按比例的，动能是速度的一个非线性函数。可以得出这样的结论，速度加倍，动能增加一倍以上。这对于行车安全可能有一些什么影响？

统计与概率（6—8.SP）。科学实例：实施一项设计好的实验时，可以用散点图来表示，随着冰块质量的增加，水样本温度的变化。对于 8 年级的学生来说，如果数据表明线性关联，形成一条直线，通过判断数据点跟线的接近程度，来非正式地评估模型的拟合程度。如有兴趣，可以计算该线的斜率并讨论单位是什么。

MS-PS4 波及其在信息传递技术中的应用

作为这项工作的一部分，教师应给学生机会使用比率和比例关系及函数：

比率和比例关系（6—7.RP）及函数（8.F）。科学实例：①分析理想化的二元测量数据集——波能与波振幅。决定两个量是否呈正比关系（测试其是否是等比例的，或在一个坐标平面上作图，观察这个图是否是通过原点的一条直线）。对于 8 年级的学生，认识到波能是振幅的非线性函数，并能得出这样结论：幅度增加一倍，能量增加一倍以上。讨论在暴风雨中，这对在海洋中涉水安全有什么影响？②解释理想化的二元测量数据集——波能和波速。

MS-LS1 从分子到生物体：结构与过程

作为这项工作的一部分，教师应给学生机会使用数量级思维、写下并求解方程、分析数据、使用概率的概念：

公式和方程式（6—8.EE）。科学实例：①用合适的单位量化各组细胞和部分细胞的尺寸，如微米及科学记数法（8 年级）。②体会到细胞、分子和原子之间数量级的大小差异。③当食物通过一个生物体时，写一个数字句子来表达质量守恒。在图表中给箭头赋值来表示流量。④通过守恒的概念写出并解一个有变量的方程，从而推断一个未知的质量。

统计与概率（6—8.SP）。科学实例：①8 年级的学生，在一个双向表中，以数据作为证据来支持环境和遗传因素是如何影响生物的生长；②8 年级的学生，在一个双向表中，以数据作为证据来支持对不同当地环境条件对生物生长的影响的解释。③对于 7 年级或 8 年级的学生，以概率概念和语言来描述和量化动物行为特征对繁殖成功率的可能影响。

MS-LS2 生态系统：相互作用、能量和动态

作为这项工作的一部分，教师应给学生机会使用比率和比例关系，写下并求解方程，使用**基本统计**：

比率和比例关系（6—7.RP）。**科学实例**：以比率和单位比率作为投入来评估维持生物多样性和生态系统服务的计划［如开发一块湿地的净成本或净价值；如各种湿地服务的价值，按照每亩每年多少美元结算；而在分析城市生物多样性时，按照绿化空间占整个面积的比例来排名世界城市；分析社会因素以确定人均绿地量（平方米／人）］。

公式与方程式（6—8.EE）。**科学实例**：①随着物质或能量流进、流出或在内部流动，写一个数字句子，表达物质和能量在一个系统中守恒；在图表中给箭头赋值来表示流量。②通过守恒的概念写出并解一个有变量的方程，从而推断出一个系统内流动的未知物质和能量。

统计与概率（6—8.SP）。**科学实例**：对于 8 年级的学生来说，在一个双向表中，以数据作为证据来解释社会行为和群体互动如何使生物的生存和繁殖能力受益。

MS-LS3 遗传：性状的继承与变异

作为这项工作的一部分，教师应给学生机会**使用概率的概念**：

统计与概率（6—8.SP）。**科学实例**：①认识庞尼特方格是概率模型的一部分，并用该模型计算简单的概率。②使用计算机模拟来自有性繁殖的变量，从模拟中确定性状的概率。

MS-LS4 生物演化：统一性与多样性

作为这项工作的一部分，教师应给学生机会**使用比率和比例关系、使用概率概念**，并利用**数量级思维**：

比率和比例关系（6—7.RP）、统计和概率（6—8.SP）。**科学实例**：①用几个比率的组合来确定净存活率。例如，一个动物种群里面有 50 只动物有特征 A，有 50 只动物有特征 B。每个冬天，特征 A 的动物存活率是 80%，特征 B 动物的存活率是 60%。一个冬天过后，每个特征的动物有多少存活下来？经过两个冬天呢？六个冬天呢？②利用按比例的直方图来概括很多代以后的自然选择模拟结果。③对于 7、8 年级的学生，用概率来解释一个种群的性状变异会导致种群中某些性状增加及种群中其他性状减少。

公式和方程式（6—8.EE）。**科学实例**：①在解释化石记录时，量化时间的宽度。②对于 8 年级学生，用科学记数法来表示长时间间隔，或较久远的时间，也可以用更方便的单位（Myr、Gyr、MA、Ga）。③体会到自然选择的时间跨度。

注释：①指数函数到高中才要求。②概率的定律，如 $p(AB)=p(A)p(B\mid A)$ 到高中才要求。

MS-ESS1 地球在宇宙中的位置

作为这项工作的一部分，教师应给学生机会使用比率和比例关系，以及数量级思维：

比率和比例关系（6—7.RP）。科学实例：对于 7 年级学生：①创建一个比例模型或比例图来表示太阳系或银河系。②创建尺度的说明，如"如果将太阳能系统收缩到地球的大小，那么地球将缩小到＿＿＿"；计算相关的比例因子，并利用它们来确定合适的物体。

公式和方程式（6—8.EE）。科学实例：对于 8 年级的学生：①用科学记数法来表示长时间间隔或较久远的时间，也可以用更方便的单位（如 Myr、Gyr、MA、Ga）。体会到涉及地球历史的时间跨度。②玩具气球中的分子多还是银河系的星星多？

MS-ESS2 地球的系统

作为这项工作的一部分，教师应给学生机会使用正数和负数，以及数量级思维：

数字系统（6—8.NS）。科学实例：①以正负量来量化物理量的变化，如大气压力和温度。如果温度从 24℃降到 11℃，温度变化是 –13℃。②解跟单一物理量变化相关的应用题。例如，高速气流的移动会使温度在一天内上升 10℃，如果在移动前温度是 –32℃，那么现在温度是多少？

公式和方程式（6—8.EE）。科学实例：对于 8 年级学生：①用科学记数法来表示长时间间隔较久远的时间，也可以用更方便的单位（如 Myr、Gyr、MA、Ga）。②使用海底扩张速率的数量级数据，以便估计两个大陆已经分离多久了。③体会到涉及地球历史的时间跨度。认识到，一段时间它本身既不"长"也不"短"，仅仅是跟其他时间段相比，它相对长或相对短。例如，夏威夷群岛的形成花了几百万年，而这个时间段不长也不短。跟上一个冰河时期比，它是很长的时间，但跟地球的整个历史相比，它很短。

MS-ESS3 地球与人类活动

作为这项工作的一部分，教师应给学生机会使用比率和比例关系，以及数量级思维：

比率和比例关系（6—7.RP）。科学实例：使用通过除法产生的测量量，如大气的二氧化碳浓度、平均每桶油的（不同形式的）开采成本、人均消费资源、淡水河流的流速。

公式和方程式（6—8.EE）。科学实例：对于 8 年级的学生来说，以数量级和数量级估算作为部分口头和书面的参数。从技术文本评估数据，设计解决方案，并解释人口增长和人均年消费量对地球系统的影响。

MS-ETS1 工程设计

作为这项工作的一部分，教师应给学生机会解决数量问题及基本的统计：

7.EE.3 策略性地使用工具解决多步骤的现实生活和数学问题，该问题涉及任何形式的正负有理数（整数、分数和小数）。应用运算性质来计算任何形式的数字，酌情在不同的形式之间进行转换，利用心算和预估策略评估答案的合理性。例如，如果一个时薪 25 美金的女士，获得 10% 的加薪，这会让她原来的小时工资增加 1/10，或者 2.5 美金，新的小时工资为 27.50 美金。如果你想把 9¾ 英寸长的毛巾架挂在宽 27½ 英寸的门中央，你需要把毛巾架挂在约离门的边缘 9 英寸的地方。这样估计可以用来作为对准确计算一个核查。**科学实例：用公差、成本约束和其他定量因素来评估竞争的设计方案。**

统计与概率（6—8.SP）。开发一个概率模型，并用它来评估的事件发生的概率。比较模型模拟的概率和观测频率。如果匹配度不好，解释可能的误差源。**科学实例：对于 7 年级的学生来说，使用模拟生成的数据，可用于修改提出的对象、工具或工艺。**

HS-PS1 物质及其相互作用

作为这项工作的一部分，教师应给学生机会**定量推理，使用单位解决问题，并应用 6—8 年级数学的关键知识点：**

数量（N-Q）/定量推理和使用单位解决问题：

N-Q.1 把单位作为了解问题、引导多步骤问题解决方案的方法；选择和解释一直在公式里的单位；选择和解释图表的比例、原点，以及数据显示。

N-Q.2 定义适当量来描述模型。

N-Q.3 当报告数量的时候，可以选择适当水平的精度来限制测量。

科学实例：①认识密集量和广泛量之间的区别（如一个以焦耳/千克为单位的量，对于问题中样品的整体尺寸是不敏感的，不像以焦耳为单位的量）。②当使用公式时要恰当地处理单位，如密度 = 质量/体积。③注意数据显示和图表的格式，关注原点、比例、单位和其他基本项目。

应用 6—8 年级数学的关键知识点。**科学实例：**①转换一个量的基准值，以匹配在课堂实验中所使用的单位。②解释、写出或解一个方程，表示化学反应中能量和质量的守恒。

HS-PS2 运动和稳定：力和相互作用

作为这项工作的一部分，教师应给学生机会**使用数学模型，使用基本代数，定量推理，使用单位解决问题及应用 6—8 年级数学的关键知识点：**

数量（N-Q）/定量推理和使用单位解决问题：

N-Q.1 把单位作为了解问题、引导多步骤问题解决方案的方法；选择和解释一直在公式里的单位；选择和解释图表的比例、原点，以及数据显示。

N-Q.2 定义适当量来描述模型。

N-Q.3 当报告数量的时候，可以选择适当水平的精度来限制测量。

科学实例：①将加速度的单位（米/秒^2）与速度随着时间变化这一事实联系起来。②通过参考公式 $F = Gm_1m_2/r^2$，重构万有引力的单位常数 G，而不必去记住单位。③当使公式时要恰当地处理单位，如动量 = 质量 × 速度。④注意数据显示和图表的格式，关注原点、比例、单位和其他基本项目。

看懂表达式结构（A-SSE）。科学实例：通过解读代数式的结构，得出关于重力或其他力的结论。例如，得出在引力场的力正比于它的质量的结论，把公式 $F = Gm_{source} m_{object}/r^2$ 看作 $F = (Gm_{source}/r^2)(m_{object})$，并认识到相同的代数结构 $y = kx$。

建立方程（A-CED）。科学实例：①重新排列一个公式（如 $F = ma$ 或 $p = mv$），以突出感兴趣的量。②写出线性方程并求解，解决匀速运动的问题。

解读函数（F-IF）、解读分类数据和定量数据（S-ID）。科学实例：①一个二次函数与购物车在斜坡上滚动的位置 – 时间数据大致吻合（如车往上爬时速度会变慢，倒转方向，车下滑时速度会加快）。用代数表达式来拟合函数，确定购物车的加速度大小和初始速度。经过多次试验，绘制不同数量（如加速度和角度或最大位移和初始速度平方）并解释结果。②通过距离 – 时间图表中的数据，计算并解读运动物体的平均速度。

应用 6—8 年级数学的关键知识点。科学实例：①计算距离和时间的比值以区分匀速运动、加速运动。在此基础上定性推理（如一个下降的石头在 $t = 1$ 秒和 $t = 2$ 秒之间比 $t = 0$ 秒和 $t = 1$ 秒之间下降得快）。②对于一个匀速运动的对象，通过从距离 – 时间图表中的一个点来计算速度。

HS-PS3 能量

作为这项工作的一部分，教师应给学生机会**定量推理和使用单位解决问题**，并应用 **6—8 年级数学的关键知识点**：

数量（N-Q）/ 定量推理和使用单位解决问题：

N-Q.1 把单位作为了解问题、引导多步骤问题解决方案的方法；选择和解释一直在公式里的单位；选择和解释图表的比例、原点，以及数据显示。

N-Q.2 定义适当量来描述模型。

N-Q.3 当报告数量的时候，可以选择适当水平的精度来限制测量。

科学实例：①分析 mgh 和 $\frac{1}{2}mv^2$ 这类表达式中的单位，表明它们都指能量的形式。②观察科学范畴的情况，那些能相互加减的量一般是相同类型的数量（能量、长度、时间、温度）；加减之前，要用相同的单位来表达这些形式。③注意数据显示和图表的格式，关注原点、比例、单位和其他基本项目。

应用 6—8 年级数学的关键知识点。科学实例：①用线性函数对数据集进行拟合，反映以下关系：往水样本中放入热的球状轴承（初始温度相同），水的温度变化与球状轴承数量之间的关系。找出曲线图的斜率，并用它来确定金属的比热。②解读、写出或解一个方程表示某个给定过程中的能量守恒。

HS-PS4 波及其在信息传递技术中的应用

作为这项工作的一部分，教师应给学生机会使用基本代数，并应用 6—8 年级数学的关键知识点：

看懂表达式结构（A-SSE）。科学实例：①写下等价形式的表达式来解决问题。例如，将公式 $c = \lambda f$ 和 $c = \lambda/T$ 联系起来，把 λ/T 看作 $\lambda(1/T)= \lambda f$，而不是两种形式分别记忆。②从概念和结构上看到公式的相似性，如 $c = \lambda/T$ 和 $v = d/T$。这些公式与田径运动指导手册中经常出现的公式运行速度 = 步幅长度 × 步频有什么关系？

建立方程（A-CED）。科学实例：①重新排列一个公式以突出感兴趣的量。②写入并求解方程来解决一个关于波的运动的问题。如作为活动的一部分，使用地震数据来定位地震的震中。

应用 6—8 年级数学的关键知识点：将几个比例关系组合应用。科学实例：①结合以下因素：太阳能电池每平方米成本、收集效率、每平方米太阳能光通量、传统电力每千瓦小时的成本，估计太阳能电池的安装得花多长时间才能收回成本。②将 4 英镑食物放在微波炉里加热到预期温度所用的时间，是加热 1 英镑食物到预期温度所用时间的 4 倍吗？为什么是或不是这样？这跟传统烤箱的烹饪有何相似或不同？

HS-LS1 从分子到生物：结构与过程

作为这项工作的一部分，教师应给学生机会**使用数学模型**：

解读函数（F-IF）和构建函数（F-BF）[①]。科学实例：使用电子表格或其他技术来模拟细胞分裂的加倍过程，将结果图形化；写下一个表达式，以预先给定细胞数的形式来表示分裂后的细胞数；可以用时间这种封闭的形式表示细胞群大小。根据随时间推移而变化的指数模型，讨论真实世界导致偏差的因素。

HS-LS2 生态系统：相互作用、能量和动态

作为这项工作的一部分，教师应给学生机会**定量推理，使用单位解决问题，展示定量数据**，并应用 6—8 年级数学的关键知识点：

数量（N-Q）/定量推理和使用单位解决问题：

N-Q.1 把单位作为了解问题、引导多步骤问题解决方案的方法；选择和解释一直在公式里的单位；选择和解释图表的比例、原点，以及数据显示。

N-Q.2 定义适当量来描述模型。

N-Q.3 当报告数量的时候，可以选择适当水平的精度来限制测量。

科学实例：①认识密集量和广泛量之间的区别（如当问题中出现整个面积时，用吨/英亩单位量不如用吨作为总量描述来得直接）。②注意数据显示和图表的格式，关注原点、比例、单位和其他基本项目。

解读分类数据和定量数据（S-ID）、推断和得出结论（S-IC）。科学实例：在关于生态系统变化的调查中，可以使用电子表格或其他技术来分析和展示其历史数据或模拟数据。

应用 6—8 年级数学的关键知识点。科学实例：①在对生态系统变化的解释中，可以计算

[①] 同线性函数，二次函数和指数函数（F-LE）。

变量在一段历史数据中的百分比变化（如农药的施用、发病率、水温、入侵物种种群的数量等）。②通过转换一个数据集的值以匹配另一个数据集使用的单位，将两个数据集合并为一个。③解读、写出或求解方程表示能量守恒，因为能量是从一个营养级转换到另一个营养级的。

HS-LS3 遗传：性状的继承与变异

作为这项工作的一部分，教师应给学生机会应用6—8年级数学的关键知识点：

应用6—8年级数学的关键知识点（参见7.SP.B、7.SP.C和8.SP.4）。**科学实例**：①给定有关父母性状的背景知识和假设，利用概率模型来估算一个孩子遗传疾病或其他性状的概率。②利用观察到的或仿真模拟的频率来识别非孟德尔遗传的病例。

HS-LS4 生物演化：统一性与多样性

作为这项工作的一部分，教师应给学生机会应用6—8年级数学的关键知识点：

应用6—8年级数学的关键知识点（参见6.SP）。**科学实例**：利用对每个群体中心量和变化量的测量来评估两个群体之间的差异。分析性状数值分布的偏移，以这些偏移作为支持解释的证据。

HS-ESS1 地球在宇宙中的位置

作为这项工作的一部分，教师应给学生机会使用数学模型，使用基本代数、定量推理，使用单位解决问题，并应用6—8年级数学的关键知识点：

解读函数（F-IF）和解读分类数据和定量数据（S-ID）[①]。**科学实例**：将指数模型与放射性定年法的概念和数据联系起来进行工作。

建立方程（A-CED）。**科学实例**：①重新排列一个公式（$E=mc^2$）以突出感兴趣的量。②利用开普勒第三定律求方程，解决轨道运动问题。

看懂表达式结构（A-SSE）。**科学实例**：通过解读公式的代数结构，得出有关天文现象的结论。例如，从$\lambda_{max}T=b$得出结论，温度低的恒星更红，温度高的恒星更蓝。从开普勒第三定律得出结论：地球和月球围绕太阳公转的时间是一样的，即使它们具有不同的质量（因为只有太阳的质量出现在第三定律中，而不是绕动体的质量）。

数量（N-Q）/定量推理和使用单位解决问题：

N-Q.1 把单位作为了解问题、引导多步骤问题解决方案的方法；选择和解释一直在公式里的单位；选择和解释图表的比例、原点，以及数据显示。

N-Q.2 定义适当量来描述模型。

N-Q.3 当报告数量的时候，可以选择适当水平的精度来限制测量。

科学实例：①确认mc^2有能量单位（跟mgh和mv^2具有相同的单位）。②采用国际单位制及方便的单位（如海底扩张速度毫米/年，Gya为地球的早期历史日期）。③当用公式恰当

[①] 同线性函数，二次函数和指数函数（F-LE）。

地处理单位，如能量 = 质量 × 速度^2。④注意数据显示和图表的格式，关注原点、比例、单位和其他基本项目。

应用六年级至八年级数学的关键知识点。**科学实例**：①当尖塔国家纪念碑建立的时候，圣安德烈亚斯断层在 2300 万年间将火山的一部分向北移动了 195 英里。这个火山部分平均移动速度有多快？（以厘米/年为单位）。②将答案表达成米/秒（用科学记数法）。③用电子表格绘制行星轨道周期与轨道半轴的散点图，并解释这些数据是如何表现非线性关系的。然后将轨道周期的平方和轨道半径的立方绘制成散点图，展示出线性关系。

HS-ESS2 地球的系统

作为这项工作的一部分，教师应给学生机会**定量推理和使用单位解决问题**，并应用 6-8 年级数学的关键知识点：

数量（N-Q）/定量推理和使用单位解决问题：

N-Q.1 把单位作为了解问题、引导多步骤问题解决方案的方法；选择和解释一直在公式里的单位；选择和解释图表的比例、原点，以及数据显示。

N-Q.2 定义适当量来描述模型。

N-Q.3 当报告数量的时候，可以选择适当水平的精度来限制测量。

科学实例：①当测量海岸侵蚀的时候，它是用什么单位？当说到某某量正在被测量时，这是什么意思？②采用国际单位制及方便的单位（如 My 为时间间隔或 Gya 为地球早期历史的日期）。③注意数据显示和图表的格式，关注原点、比例、单位和其他基本项目。

应用六年级至八年级数学的关键知识点。**科学实例**：用数量级思维来体会地球系统和地球上生命共同演化的相对时间尺度。例如，光合作用的生物是什么时候改变大气的？自那开始多久以后，开始出现陆地植物？

HS-ESS3 地球与人类活动

作为这项工作的一部分，教师应给学生机会**定量推理和使用单位解决问题**，并应用 6—8 年级数学的关键知识点：

数量（N-Q）/定量推理和使用单位解决问题：

N-Q.1 将单位作为了解问题、引导多步骤问题解决方案的方法；选择和解释一直在公式里的单位；选择和解释图表的比例和原点，以及数据显示。

N-Q.2 定义适当量来描述模型。

N-Q.3 当报告数量的时候，可以选择适当水平的精度来限制测量。

科学实例：①量化人类活动对自然系统的影响。例如，如果某项活动造成了污染，超过了定性声明中量化的污染量和破坏程度，这反过来会破坏森林。②注意数据显示和图表的格式，关注原点、比例、单位和其他基本项目。

应用 6—8 年级数学的关键知识点。**科学实例**：①利用概率的概念来描述影响人类活动的自然灾害的风险（火山爆发、地震、海啸、飓风、干旱）。②利用成本效益比来评估竞争的设计方案。③利用人均测量，如消耗，成本和资源需求。

HS-ETS1 工程设计

作为这项工作的一部分，教师应给学生机会**用数学建模和应用 6—8 年级数学的关键知识点**：

建模。科学实例：①确定变量，并选择那些代表基本要素的变量去理解、控制或优化。②利用技术来改变假设，探究结果，并用数据比较预测结果。

应用 6—8 年级数学的关键知识点。科学实例：利用公差、成本约束、定量影响和其他定量因素来评估竞争的设计方案。

参考文献

Boyer, C. B., and Merzbach, U. C. (1991). *A history of mathematics,* Second Edition. New York: Wiley and Sons. pp. vii-viii.

National Governors Association Center for Best Practices, Council of Chief State School Officers. (2010). *Common Core State Standards Mathematics.* Washington, DC: National Governors Association Center for Best Practices, Council of Chief State School Officers. pp. 72-73.

参考资源

Woodward, R. T., and Wui, Y.-S. (2001). The economic value of wetland services: A meta-analysis. *Ecological Economics* 37:257-270.

http://en.wikipedia.org/wiki/Atomic_mass_unit

http://en.wikipedia.org/wiki/Topsoil

http://learn.genetics.utah.ed u/content/begin/cells/scale

http://learningcenter.nsta.org

http://libinfo.uark.edu/aas/issues/1964v18/v18a5.pdf

http://serc.carleton.edu/NAGTWorkshops/time/activities/61171.html

http://soils.usda.gov/technical/manual

http://www.agiweb.org/nacsn/40890_a rticles_article_file_1641.pdf

http://www.amazon.com/Complete-Guide-Running-How-Champion/dp/1841261629

http://www.clemson.edu/extension/natural_resources/wildlife/publications/fs8_cottontail%20rabbit.html

http://www.ewg.org/losingground/report/erosion-adds-up.html

http://www.fws.gov/economics/Discussion %20Papers/USFWS_Ecosystem%20Services_Phase%201%20 Report_04-25-2012.pdf

http://www.geo.mtu.edu/UPSeis/locating.html

http://www.nps.gov/pin n/naturescience/index.htm

http://www.nrcs.usda.gov/wps/portal/nrcs/detail/national/technical/nra/nri/?cid=stelprdb1041887

http://www.nyc.gov/html/dot/html/a bout/knowthespeedlimit.shtml

http://www.rssweather.com/climate/California/Sacramento
http://www.rssweather.com/climate/California/San%20Francisco%20County
http://www.teebweb.org/local-and-regional-policy-makers_report
http://www.thaiscience.info/Article%20for%20ThaiScience/Article/5/Ts-5%20coastal%20erosion%20and%20mangrove%20progradation%200f%20southern%20thailand.pdf
http://www.uky.edu/Ag/CritterFiles/casefile/spiders/wolf/wolf.htm

附录 M
为了科学和技术主题中的读写能力与州共同核心标准的衔接

与州共同核心标准（数学）的一致性

读写能力对于建构科学知识至关重要。为了确保州共同核心标准（CCSS）中提出的读写标准与《新一代科学教育标准》中提出的具体内容需求相匹配，《新一代科学教育标准》开发团队与州共同核心标准写作团队一起工作，识别出与《新一代科学教育标准》中列出的具体内容要求相关联的关键读写能力。正如州共同核心标准所言，科学阅读需要对科学学科的规范和惯例的尊重，其中包括理解所使用的证据的性质；注重精密度和细节；还有生成和评估复杂论点、整合复杂信息、认真践行繁复的程序及解释事件的概念的能力。学生还需要能够从传递信息和阐明科学概念的复杂图表和数据中获得知识。同样，撰写和口头表达信息是学生发表和捍卫科学的主张，展示他们对概念的理解，并传达他们所经历、想象、思考和学习内容的关键途径。

我们已经尽所有努力确保州共同核心标准和《新一代科学教育标准》的一致性。与数学标准一样，《新一代科学教育标准》应该以不会超出州共同核心标准中各个年级标准的读写能力的方式来解读和实施（这包括研发与《新一代科学教育标准》相一致的教学资源和评价）。下面是《新一代科学教育标准》科学与工程实践和相关的州共同核心标准读写能力基准标准，以及科学和技术学科的部分标准。

与州共同核心标准英语语言艺术的联系，包含《新一代科学教育标准》最后版本中的所有学科和年级段。然而，本附录专注于科学与技术主题中与读写能力标准的联系，这覆盖了6—12年级。因此，这个附录也仅仅列出了6—12年级的联系。更多有关读写能力标准的信息，请参阅共同核心州立标准网站 http://www.corestandards.org/ELA-Literacy。

科学与工程实践：提出问题和定义问题
关于阅读到的文字、观察到的现象特征及他们从模型或科学研究中得到的结论，每个年级的学生都应该能够互相提问。对工程而言，学生应该提出问题，以明确要解决的问题，并引发有关解决方案的限制和要求的想法。（NRC，2012，P56）

支持CCSS读写能力基准标准及科学和技术学科的部分相关标准	连接科学与工程实践
大学和职业准备（CCR）阅读基准 # 1： 仔细阅读，以确定该文本明确表达什么，并进行逻辑推理；当写作或说话来支持从文本中得出的结论时，列举具体的文本证据 ● RST.6-8.1：支持科学和技术的文本分析 ● RST.9-10.1：支持科学和技术的文本分析，关注解释或描述的准确细节 ● RST.11-12.1：支持科学和技术的文本分析，关注作者提出的主要区别，关注陈述的任何差距或不一致之处	在各种类型的问题、收集到的资料、科学发现报告和技术文本中证据起着至关重要的作用 仔细读阅读标准1的概念，强调对提出问题和精炼问题的运用，目的是用明确或隐含的证据来回答它们
大学和职业准备（CCR）阅读基准 # 7： 整合并评估在不同的形式和媒体上展现的内容，包括视觉上的、定量的及文字类的 ● RST.6-8.7：在一个文本版本中，用可视化的方式整合语言表达的定量或技术信息（如流程图、图表、模型、曲线图或表格） ● RST.9-10.7：将文字表达的定量或技术信息转化成视觉形式的文本（如表格或图表），将视觉化或数学化表达的信息转化成文字（如方程） ● RST.11-12.7：为了回答一个疑问或解决一个问题，评估在不同的形式和媒体上展现的信息源（如量化的数据、视频、多媒体）	科学家和工程师以大量可视化的形式来展现数据，以揭示有意义的模式和趋势 阅读标准7直接阐明了提问和评估不同展现形式数据的重要性
大学和职业准备（CCR）阅读基准 # 8： 描述和评论文章中的论证和具体主张，包括推理的有效性及证据的相关性和充分性 ● RST.6-8.8：区别事实、根据研究结果作出的判断，以及推断 ● RST.9-10.8：评估文本中的推理和证据在多大程度上支持作者的主张或支持给出解决科学和技术问题的建议 ● RST.11-12.8：评估科学与技术文本中的假设、数据、分析和结论，在可能的情况下验证数据或通过其他信息源证实或质疑该结论	挑战或澄清科学假设、争论、实验或结论（以及支持这些的证据与前提）是实践的关键 阅读标准8强调评估参数的正确性，以及提供的证据是否能有逻辑地支持论点
大学和职业准备（CCR）写作基准 # 7： 基于聚焦的问题，进行短期的及更持久的研究项目，表明对于研究主题的理解 ● RST.6-8.7：回答问题（包括自己提出的问题），产生额外相关的、聚焦的问题，以探索多种途径 ● RST.9-12.7：在适当的时候缩小或扩大探究	生成重点问题及精心打磨的科学探究是进行调查和定义问题的关键 写作标准7反映的研究实践，说明了能成功完成此类以基于研究的探究需要的技能
大学和职业准备（CCR）口语和听力基准 # 1： 在一系列与不同伙伴的对话和合作中，进行有效的准备并参与，在他人基础上建立自己的想法并清楚而有说服力地表达自己 ● SL.8.1：通过有助于讨论的评论提出具体问题 ● SL.9-10.1：提出并回应跟目前的讨论相关的问题来拓宽主题或问题 ● SL.11-12.1：提出并回应用来调查推理和证据的问题	提出相关问题，澄清或详细阐述别人的想法，或者请求别人的信息，这些能力对于在科学课堂的学习和开展科学调查是至关重要的 口语和听力基准1直接指出提出和精炼问题的重要性，目的是澄清产生解决方案和解释的概念
大学和职业准备（CCR）口语和听力基准 # 3： 评估一个演讲者的观点、推理、证据和修辞的使用 ● SL.8.3：评价推理的合理性和证据的充分性，并确定在什么时候引入不相关的证据 ● SL.9-10.3：识别错误的推理、夸张或扭曲的证据 ● SL.11-12.3：评估立场、前提、概念中的联系、选词和强调的观点	评估演讲者的推理，关于科学理论的证据和一系列探究概念的合理性，教育学生成为独立思考者 口语和听力基准3直接断言，从给定证据和推理的角度，学生必须能够批判一个观点

科学与工程实践：计划和开展研究	
学生在 K—12 年级中应有机会去计划和开展不同类型的研究。他们应该参与各种水平的研究，从那些由教师架设的——用来揭示某个他们不大可能自己去探索的问题（测量材料的特定属性），到那些由学生自己的问题引发的研究（NRC，2012，P61）	
支持 CCSS 读写能力基准标准及科学和技术学科的部分相关标准	连接科学与工程实践
大学和职业准备（CCR）阅读基准 # 3： 分析个人、事件或概念如何或为什么在文本中得以发展和互动 ● RST.6-8.3：在进行实验、实施测量或执行技术任务时，精确依照多步骤的过程 ● RST.9-10.3：在进行实验、实施测量或执行技术任务时，精确依照多步骤的过程。关注文本中定义的特殊或例外情况 ● RST.11-12.3：在进行实验、实施测量或执行技术任务时，精确依照多步骤的过程；基于文本的解释分析具体的结果	在现场或实验室进行的系统调查是科学探究的核心 阅读标准 8 强调了精度在执行复杂的实验和程序时的重要性，在实践过程中，将提供最好的证据支持结论
大学和职业准备（CCR）写作基准 #7： 基于聚焦的问题，进行短期的及更持久的研究项目，表明对于研究主题的理解	计划并展开调查以测试假设或设计，这是科学与工程活动的核心 写作标准 7 反映的研究实践，说明了能成功完成此类基于研究的探究所需要的技能
大学和职业准备（CCR）写作基准 # 8： 收集来自多个纸质出版物和数字来源的相关信息，评估每个来源的可信度和准确性，整合信息的同时避免抄袭 ● WHST.6-8.8：引用或复述别人的数据和结论 ● WHST.9-10.8：在回答所研究的问题时，评估每个来源的有效性 ● WHST.11-12.8：以特殊任务、目的和受众的角度，评估每个来源的优势和局限性	以系统的方式更广泛地收集相关信息，是科学实践的一个重要部分 写作标准 8 阐明了收集适用信息的重要性，这些信息从多个可靠渠道而来，以支持相关论点
大学和职业准备（CCR）口语和听力基准 # 1： 在一系列与不同伙伴的对话和合作中，进行有效的准备并参与，在他人的基础上建立自己的想法并清楚地有说服力地表达自己 ● SL.8.1：做研究时已经看过或研究过的材料；通过引用关于话题、文字或问题的证据，明确地利用这种准备来探究和反思讨论中的想法……需要的时候定义个体角色 ● SL.9-10.1：做研究时已经看过或研究过的材料；通过参考来自文档和其他研究的话题或论点的证据，作为明确的准备来激发一个深思熟虑的、理由充分的交流观点……鉴于提出的证据和推理建立新的连接 ● SL.11-12.1：确定需要哪些附加信息或研究以加深调查或完成任务	以协作的方式开展调查，在科学课堂和工程环境中的学习至关重要 口语和听力标准 1 直接阐明了协作交换理论和证据的重要性，以及协作展开调查的重要性

科学与工程实践：分析和解读数据
采集到数据后，必须将它们以一种形式呈现出来，使其能够显示一些规律和关联，并便于与他人交流结果。因为原始数据几乎不能表现出意义，科学家的一项主要实践就是通过表格、图表或统计分析来对数据进行组织与解读的。这些分析可以呈现出数据的意义及它们的关联，从而使它们可以作为证据
工程师也要基于证据给出某种设计是否可行的判断，他们几乎不会依靠试误的方法。工程师在分析设计时通常需要建立模型或原型，并收集大量运行数据，包括极端条件下的数据。分析这类数据不仅可以为设计决策提供信息、预测或评价设计性能，而且有助于明确或澄清问题、确定经济可行性、评价备选方案和调查故障（NRC，2012，PP61—62）

支持CCSS读写能力基准标准及科学和技术学科的部分相关标准	连接科学与工程实践
大学和职业准备（CCR）阅读基准 # 7： 整合并评估在不同的形式和媒体上展现的内容，包括可视化的、定量的及文字类的 ● RST.6-8.7：在一个文本版本中，用可视化的方式整合语言表达的定量或技术信息（如流程图、图表、模型、曲线图或表格） ● RST.9-10.7：将文字表达的定量或技术信息转化成视觉形式的文本（如表格或图表），将可视化或数学化表达的信息转化成文字（方程） ● RST.11-12.7：为了回答一个疑问或解决一个问题，评估在不同的形式和媒体上展现的信息源（如量化的数据、视频、多媒体）	科学家和工程师以大量可视化的形式来展现数据，以揭示有意义的模式和趋势 阅读标准7直接阐明了理解和展示信息的重要性，这些信息是通过多种形式收集到的以显示模式和关系，并允许深入解释和分析
大学和职业准备（CCR）阅读基准 # 9： 分析两个或两个以上的文本是如何处理类似的话题或主题，目的是建立知识或比较作者所采用的方法 ● RST.6-8.9：比较和对比从实验、模拟、视频或多媒体中获得的信息与从相同主题的文字阅读中获得的信息 ● RST.9-10.9：比较和对比在文本中和从其他来源（包括自己实验）发现的调查结果，当发现支持或反驳先前的解释或理由时，给出注释 ● RST.11-12.9：将各种来源的信息（如文本、实验、模拟）综合成一个对进程、现象或概念的连贯理解，可能时要解决有冲突的信息	科学家和工程师使用技术，让他们可以根据多个信息源来创建数据集 阅读标准9分析多个来源，以告知设计的决定并创造一个对工艺或概念的连贯理解，要能识别出这两方面的重要性
大学和职业准备（CCR）口语与听力基准 # 2： 整合和评估不同的媒体和形式的信息，包括视觉的、定量的和口头的 ● SL.8.2：分析在不同的媒体和形式展现信息的目的（如视觉的、定量的和口头的） ● SL.9-10.2：整合不同媒体或格式（如视觉的、定量的和口头的）的信息，评估每个来源的可信度和准确性 ● SL.11-12.2：评估每个来源的可信度和准确性，并指出数据之间的差异	将从多个来源收集的数据整合到一起，以建立一个紧密结合的愿景，说明这些数据到底意味着什么，这是科学与工程实践的核心 口语听力标准2阐明了诸如通过整合活动来建立知识、定义和澄清问题的重要性，这包括评估数据的可信性和准确性，以及识别可能的误差来源
大学和职业准备（CCR）口语和听力基准 # 5： 策略地利用数字媒体和数据的可视化展示来表达信息，并加强对展示的理解 ● SL.8.5：将多媒体和可视化的显示整合到演示中，以此来澄清信息、增强论点和证据 ● SL.9-12.5：策略性地在展示中利用数字媒体（如文本、图形、音频、视频和交互元素），以增强对发现、推理和证据的理解	以交叉对比的目的来呈现数据，对于确定最好的设计方案和科学解释是基本的 口语和听力标准5强调了在数据展示中可视化显示的重要性，能增强对于证据相关性的理解。这样，其他人就能基于数据给出的论点做出关键性的决定

科学与工程实践：建构解释和设计解决方案
要让学生基于观察或搭建的模型，来形成他们自己对某一现象的解释，以此来展示他们对某个科学概念意义的理解。这样一来，学生就能步入"概念转变"的关键程序
工程的目标是设计而不是解释。形成设计的过程是反复的、系统化的，就像科学解释或理论的形成过程一样。然而，工程师有一些区别于科学家的特有的活动。这包括为方案达到预期质量明确约束条件和标准、制定一个设计计划、制作并检测模型或原型、为了最优化地达到设计标准而选择合适的设计要素，以及基于原型或模型的性能来完善设计思路（NRC, 2012, PP68—69）

支持CCSS读写能力基准标准及科学和技术学科的部分相关标准	连接科学与工程实践
大学和职业准备（CCR）阅读基准 # 1： 仔细阅读，以确定该文本明确表达什么，并进行逻辑推理；当写作或口语来支持从文本中得出的结论时，引用具体的文本证据 ● RST.6-8.1：支持科学和技术的文本分析 ● RST.9-10.1：支持科学和技术的文本分析，关注解释或描述的准确细节 ● RST.11-12.1：支持科学和技术的文本分析，关注作者提出的主要区别，或者关注陈述中的任何差异或不一致之处	证据在决定科学中的一个理论和工程中的一个解决方案时，起了关键的作用 仔细读阅读标准1的概念，以明示或暗示的证据为基础，强调了对所支持的理论和设计方案的调查
大学和职业准备（CCR）阅读基准 # 2： 确定文本的中心主题思想，并分析其发展；总结支持细节和想法的关键点 ● RST.6-8.2：提供与先验知识和观点不同的精确概括的文本 ● RST.9-10.2：追踪文本中对复杂过程、现象或概念的解释或描述 ● RST.11-12.2：用简单但精确的术语来总结文本中展现的复杂概念、过程和信息	科学理论或工程设计的部分能力在于它们能够被解释得通且令人信服 确定和清晰表达一个概念的能力是阅读标准2的核心
大学和职业准备（CCR）阅读基准 # 8： 界定和评估争论和文本中的特定要求，包括推理的有效性、证据的相关性和充分性 ● RST.6-8.8：区分事实、基于研究发现的理性判断及推断 ● RST.9-10.8：评估文本中的推理和证据在多大程度上支持作者的论点或支持给出解决科学和技术问题的建议 ● RST.11-12.8：评估科学或技术文本中的假设、数据、分析和结论。在可能的情况下验证数据，或通过其他信息源证实或质疑该结论	构建理论和设计解决方案，既需要根植于理性论证的分析，又需要基于对世界的理解的证据 阅读标准8强调评估参数的正确性，以及提供的证据是否能有逻辑地支持论点
大学和职业准备（CCR）写作基准 # 2： 通过有效的选择、组织和分析内容，写下信息和说明性的文字，以清晰并准确地检查和传递复杂概念和信息 ● WHST.6-8.2：用相关的、精心挑选的事实、定义、具体的细节、引用或其他信息和案例来开发一个主题 ● WHST.9-10.2：用精心挑选的、相关的、充分的事实、扩展的定义、具体的细节、引证或其他适合作者有关知识的信息和案例来开发主题 ● WHST.11-12.2：通过选择最显著和最相关的事实、扩展的定义、具体的细节、引证或其他适合作者有关知识的信息和案例，来完整地开发一个主题	建立一个解释自然世界的理论或模型，需要密切关注如何将多个证据源结合起来。通过严格的挑选，安排和分析信息，专注于清晰地交流复杂概念和信息 写作标准2要求学生以形成能反映自己想法的解释为最终目标来发展理论
大学和职业准备（CCR）写作基准 # 8： 收集多个纸质出版物和数字来源的相关信息，评估每个来源的可信度和准确性，整合信息的同时避免抄袭。 ● WHST.6-8.8：引用或复述别人的数据和结论 ● WHST.9-10.8：在回答所研究的问题时，评估每个来源的有效性。有选择地将信息整合到文本中，以保持思想的流畅 ● WHST.11-12.8：以特殊任务、目的和受众的角度，评估每个来源的优势和局限性，有选择地将信息整合到文本中，以保持思想的流畅	以系统的方式更广泛地收集相关信息，是构建一个令人信服的理论或完成一个满足各种限制的设计的重要部分 写作标准8阐述了为了给出一个精心打磨的解释，从多个可靠源收集可用信息的重要性
大学和职业准备（CCR）写作基准 # 9： 从文学或信息文本提取证据来支持分析、思考和研究 ● WHST.6-12.9：从信息文本中提取证据来支持分析、思考和研究	构建严谨解释的路线，核心是获得必要的经验性证据来支持一个理论或设计 聚焦于收集可供分析的证据是写作标准9的核心

(续表）

科学与工程实践：建构解释和设计解决方案	
要让学生基于观察或搭建的模型，来形成他们自己对某一现象的解释，以此来展示他们对某个科学概念意义的理解。这样一来，学生就能步入"概念转变"的关键程序 工程的目标是设计而不是解释。形成设计的过程是反复的、系统化的，就像科学解释或理论的形成过程一样。然而，工程师有一些区别于科学家的特有的活动。这包括为方案达到预期质量明确约束条件和标准、制定一个设计计划、制作并检测模型或原型、为了最优化地达到设计标准而选择合适的设计要素，以及基于原型或模型的性能来完善设计思路（NRC，2012，PP68—69）	
大学和职业准备（CCR）口语和听力基准 # 4： 通过呈现信息、调查结果和支持证据，使听众能够做出更合乎任务、目的和对象的一系列推理、语言组织、进展及风格 ●SL.8.4：呈现论点和发现，集中强调要点。这与呈现相关证据、进行合理有效推理的做法是一致的 ●SL.9-10.4：清楚、简洁、有逻辑地展示信息、发现和支持性证据 ●SL.11-12.4：通过呈现信息、发现和支持性证据，传达一个明确而独特的观点，也可以提出其他观点或反对观点	一个科学理论和一项工程设计理性解释了这个世界是如何基于证据来工作的 口语和听力标准 4 强调了如何展示你的发现，就如同在阐明解释时如何利用证据进行一系列推理一样

科学与工程实践：参与基于证据的论证
对科学与工程的学习应该让学生理解论证的过程，知道论证对于改进和辩护一个新观点或对现象的解释是必需的，还应该形成开展这种论证的规范。本着这种精神，学生应该为自己建构的解释进行论证，为自己对相关数据的阐述辩护，捍卫自己提出的设计（NRC，2012，P73）

支持 CCSS 读写能力基准标准及科学和技术学科的部分相关标准	连接科学与工程实践
大学和职业准备（CCR）阅读基准 # 6： 对观点或目的如何塑造一个文本的内容和风格进行评估 ● RST.6-8.6：从文本中提供的解释、描述的过程或讨论的实验来分析作者的目的 ● RST.9-10.6：从文本中提供的解释、描述的过程或讨论的实验来分析作者的目的，确定作者寻求解决的问题 ● RST.11-12.6：从文本中提供的解释、描述的过程或讨论的实验来分析作者的目的，确定尚未解决的重要问题	科学家和工程师的核心动机是对一个自然现象或设计方案提出他们认为的最好解释，通过精心打造的论点进行论证 理解科学家和工程师的观点，以及观点如何塑造一个解释的内容，这就是阅读标准 6 要求学生习惯的
大学和职业准备（CCR）阅读基准 # 8： 界定和评估论点和文本中的要求，包括推理的有效性及证据的相关性和充分性 ● RST.6-8.8：区别事实、根据研究结果作出判断及推断 ● RST.9-10.8：评估文本中的推理和证据在多大程度上支持作者的主张或支持给出解决科学和技术问题的建议 ● RST.11-12.8：评估科学与技术文本中的假设、数据、分析和结论，在可能的情况下验证数据，或通过其他信息源证实或质疑该结论	给一个问题或现象制定最好的解释或解决方案，源于提出一个合理的、有证据支持的论点 阅读标准 8 强调评估论证的有效性，以及所提供的证据是否能从逻辑上支持这个论点
大学和职业准备（CCR）阅读基准 # 9： 分析两个或两个以上的文本是如何处理类似的话题或主题，目的是建立知识或比较作者所采用的方法 ● RST.6-8.9：比较和对比从实验、模拟、视频或多媒体中获得的信息与从相同主题的文字阅读中获得的信息 ● RST.9-10.9：比较和对比在文本中和从其他来源（包括自己实验）发现的调查结果，当发现支持或反驳先前的解释或理由，给出注释 ● RST.11-12.9：将各种来源的信息（如文本，实验，模拟）综合成一个对进程、现象或概念的连贯理解，可能时要解决有冲突的信息	在确认最好的解释或设计方案的实践中隐含了一些信息，这些信息在竞争提案中被比较和对比 阅读标准 9 指出，在形成对现象、概念或设计方案的一致性理解的过程中，比较不同来源的重要性
大学和职业准备（CCR）写作基准 # 1： 在对真实主题或文本的分析中，用有效的推理和充分的相关证据来支持论点 ● WHST.6-8.1：在信息源可靠的前提下，用逻辑推理、相关的准确数据和证据来支持论点，能够展示对主题和文本的理解 ● WHST.9-10.1：公平发展两个相反的论点，通过指明两者的优势和限制、以学科的规范形式提出反对要求、用适应预期听众的知识水平和关注点的方式为两者提供数据和证据 ● WHST.11-12.1：公平发展两个相反的论点，通过指明两者的优势和限制，以学科的规范形式提出反对要求，用适应预期观众的知识水平、关注点、价值观和可能的偏见为两者提供数据和证据	从事科学思考和工程实践过程最重要的焦点概念是：所出现的东西是由严格的论证支持的 写作标准 1 将科学和技术学科作为 CCSS 的核心进行了探讨，强调逻辑推理、相关证据和可靠的消息来源的重要性

(续表)

科学与工程实践：参与基于证据的论证 对科学与工程的学习应该让学生理解论证的过程，知道论证对于改进和辩护一个新观点或对现象的解释是必需的，还应该形成开展这种论证的规范。本着这种精神，学生应该为自己建构的解释进行论证，为自己对相关数据的阐述辩护，捍卫自己提出的设计（NRC，2012，P73）	
大学和职业准备（CCR）口语和听力基准 # 1： 在一系列与不同伙伴的对话和合作中，进行有效的准备并参与，在他人基础上建立自己的想法并清楚而有说服力地表达自己 ● SL.8.1：提出跟几位发言者的思路都有联系的问题，用相关的证据、观察或概念回应别人的提问和评论。确认他人表达的新信息，必要时从呈现的证据中认定或论证自己的观点 ● SL.9-10.1：积极将其他人纳入讨论，澄清、核实或质疑观点和结论。对不同的观点进行深思熟虑，总结一致点和分歧点，必要时根据呈现的证据和推理过程来认定或论证自己的观点和理解，并作出新的联系 ● SL.11-12.1：对不同观点深思熟虑；基于问题的各个方面对评论、论点和证据进行综合；尽可能解决矛盾；确定还需要什么额外信息或研究来加深调查或完成任务	推理和论证需要认真聆听和协作的技能，以便为一个自然现象确定最好解释或为一个设计问题确定最好的解决方案 口语和听力标准 1 直接阐明比较和评估竞争概念的重要性，通过论证，以合作或协作的方式确定最好的解释或方案
大学和职业准备（CCR）口语和听力基准 # 3： 评估一个演讲者的观点、推理及证据和修辞的使用 ● SL.8.3：评价推理的合理性和证据的充分性，并确定在什么时候引入了不相关的证据 ● SL.9-10.3：识别错误的推理、夸张或扭曲的证据 ● SL.11-12.3：评估立场、前提、概念中的联系、选词和强调的观点	基于展示的证据，评估论证中的推理，这对确定最好的设计或科学解释至关重要 口语和听力基准 3 直接断言，学生必须能够从他人提出的证据和推理的角度来批判某个口头陈述观点
大学和职业准备（CCR）口语和听力基准 # 4： 通过呈现信息、调查结果和支持证据，使得听众能够做出更合乎任务、目的和对象的一系列推理、语言组织、进展及风格 ● SL.8.4：呈现论点和发现，集中强调要点。这与呈现相关证据、进行合理有效推理的做法是一致的 ● SL.9-10.4：清楚、简洁、有逻辑地展示信息、发现和支持性证据 ● SL.11-12.4：通过呈现信息、发现和支持性证据，传达一个明确而独特的观点，也可以提出其他观点或反对观点	从证据入手参与论证，这样的实践是一个关键因素，它决定了一个自然现象的最好解释，或一个设计问题的最佳解决方案 口语和听力标准 4 强调了如何展示你的发现，就如同在阐明解释时如何利用证据进行一系列推理一样

科学与工程实践：获取、评价和交流信息
任何科学与工程教育都必须发展学生阅读和创作专业领域文献的能力。从这一点看，每节科学或工程课都包含一部分语言课内容，典型的情况是教授如何阅读和创作科学与工程所固有的文献体裁（NRC，2012，P76）

支持 CCSS 读写能力基准标准及科学和技术学科的部分相关标准	连接科学与工程实践
大学和职业准备（CCR）阅读基准 # 2： 确定文本的中心主题思想，并分析其发展；总结支持细节和想法的关键点。 ● RST.6-8.2：提供与先验知识和观点不同的精确概括的文本 ● RST.9-10.2：追踪文本中对复杂过程、现象或概念的解释或描述 ● RST.11-12.2：用简单但精确的术语来总结文本中展现的复杂概念、过程和信息	科学理论或工程设计的部分能力在于它们能够被解释得通且令人信服 能够确定并清楚地陈述或总结一个显著的科学概念或现象是阅读标准 2 的核心
大学和职业准备（CCR）阅读基准 # 7： 整合并评估在不同的形式和媒体上展现的内容，包括可视化的、定量的及文字类的 ● RST.6-8.7：在一个文本版本中，用可视化的方式整合语言表达的定量或技术信息（如流程图、图表、模型、曲线图或表格） ● RST.9-10.7：将言语表达的定量或技术信息转化成可视形式的文本（表格或图表），将可视化或数学化表达的信息转化成文字（如方程） ● RST.11-12.7：为了回答一个疑问或解决一个问题，评估在不同的形式和媒体上展现的信息源（如量化的数据、视频、多媒体）	在科学和工程领域的一个重要的做法是通过表格、图表、曲线图和模型的使用来交流相关数据 阅读标准 7 直接阐明了理解信息的重要性，研究员用可视化形式收集这些信息，揭示更深层次的解释和分析
大学和职业准备（CCR）阅读基准 # 9： 分析两个或两个以上的文本是如何处理类似的话题或主题，目的是建立知识或比较作者所采用的方法 ● RST.6-8.9：比较和对比从实验、模拟、视频或多媒体中获得的信息与从相同主题的文字阅读中获得的信息 ● RST.9-10.9：比较和对比在文本中和从其他来源（包括自己实验）发现的调查结果，当发现支持或反驳先前的解释或理由，给出注释 ● RST.11-12.9：将各种来源的信息（如文本、实验、模拟）综合成一个对进程、现象或概念的连贯理解，可能时要解决有冲突的信息	科学和工程实践的最终目的是让科学家和工程师能够评估论点、方法和设计的优点与有效性 阅读标准 9 指出了从综合各种来源的信息到对现象或概念的连贯理解这一过程的重要性
大学和职业准备（CCR）阅读基准 # 10： 独立并熟练地阅读和理解复杂的文学和信息文本 ● RST.6-8.10：在 8 年级结束时，能独立并熟练地阅读和理解 6—8 年级文本复杂度的科学和技术文章 ● RST.9-10.10：在 10 年级结束时，能独立并熟练地阅读和理解 9—10 年级文本复杂度的科学和技术文章 ● RST.11-12.10：在 12 年级结束时，能独立并熟练地阅读和理解 11 年级大学和职业准备文本复杂度的科学和技术文章	当阅读科学和技术文章时，学生需要从具有挑战性的文章中获取知识，这些文章经常大量使用复杂的图表和数据来传递信息和阐明概念 阅读标准 10 要求学生独立自信地在这些领域阅读复杂的说明性文本
大学和职业准备（CCR）写作基准 # 2： 通过有效地选择、组织和分析内容，写下信息或说明性文字，以清晰并准确地检验和传递复杂概念和信息 ● ● WHST.6-8.2：当有助于理解时，可以将格式（标题）、图形（图表和表格）及多媒体包括进来……用相关的、精心挑选的事实、定义、具体的细节、引用或其他信息和案例来开发一个主题 ● WHST.9-10.2：当有助于理解时，可以将格式（标题）、图形（图表和表格）及多媒体包括进来……用精心挑选的、相关的、充分的事实、扩展的定义、具体的细节、引证或其他适合作者有关知识的信息和案例来开发一个主题 ● WHST.11-12.2：当有助于理解时，可以将格式（标题）、图形（图表和表格）及多媒体包括进来……通过选择最显著和相关事实、扩展的定义、具体的细节、印证或其他适合作者有关知识的信息和案例，来完整地开发一个主题	对于精确表达的需求是对科学家和工程师必不可少的要求，而利用多种手段是实践这一期望的关键 通过严格的挑选、整理和分析信息，特别是可视化手段的使用，聚焦于清晰地交流复杂概念和信息 写作标准 2 要求学生发展他们的论点，最终目的是要让学生形成能反映自己想法的解释

（续表）

科学与工程实践：获取、评价和交流信息	
任何科学与工程教育都必须发展学生阅读和创作专业领域文献的能力。从这一点看，每节科学或工程课都包含一部分语言课内容，典型的情况是教授如何阅读和创作科学与工程所固有的文献体裁（NRC，2012，P76）	
大学和职业准备（CCR）写作基准 # 8： 收集来自多个纸质出版物和数字化来源的相关信息，评估每个来源的可信度和准确性，整合信息同时避免抄袭 ● WHST.6-8.8：有效地使用搜索条件，引用或复述别人的数据和结论 ● WHST.9-10.8：有效地使用高级搜索，在回答所研究的问题时，评估每个来源的有效性。有选择地将信息整合到文本中，以保持思想的流畅 ● WHST.11-12.8：有效地使用高级搜索，以特殊任务、目的和受众的角度，评估每个数据源的优势和局限性，有选择地将信息整合到文本中，以保持思想的流畅	以系统的方式在一个广泛的来源中收集信息是评估论点、方法和设计的主要部分 写作标准 8 阐明了从多个可靠来源收集可适用的信息的重要性，以使信息可被准确传递
大学和职业准备（CCR）口语和听力基准 # 1： 在一系列与不同伙伴的对话和合作中，进行有效的准备并参与，在他人基础上建立自己的想法并清楚而有说服力地表达自己 ● SL.8.1：提出跟几位发言者的思路都有联系的问题，用相关的证据、观察或概念回应别人的提问和评论。确认他人表达的新信息，必要时从呈现的证据中认定或论证他们自己的观点 ● SL.9-10.1：积极将其他人纳入到讨论中，澄清、核实或质疑观点和结论。对不同的观点深思熟虑，总结一致点和分歧点，必要时根据呈现的证据和推理过程来认定或论证他们自己的观点和理解，并作出新的联系 ● SL.11-12.1：对不同观点深思熟虑；基于问题的各个方面对评论、论点和证据进行综合；尽可能解决矛盾；确定还需要什么额外信息或研究来加深调查或完成任务	推理和论证需要认真聆听和协作的技能，以便评估论点、方法和设计的优点和有效性 口语和听力标准 1 通过基于证据的扩展讨论，直接阐明比较和评估竞争概念的重要性
大学和职业准备（CCR）口语和听力基准 # 4： 通过呈现信息、调查结果和支持证据，使得听众能够做出更合乎任务、目的和对象的一系列推理、语言组织、进展及风格 ● SL.8.4：呈现论点和发现，集中强调要点。这与呈现相关证据、进行合理有效推理的做法是一致的 ● SL.9-10.4：清楚、简洁、有逻辑地展示信息、发现和支持性证据 ● SL.11-12.4：通过呈现信息、发现和支持性证据，传达一个明确而独特的观点，也可以提出其他观点或反对观点	科学家和工程师专业活动的核心相似点是清晰并且有说服力的交流他们的研究成果 口语和听力标准 4 强调了，如何展示你的发现，就如同在阐明解释时如何利用证据进行一系列推理一样
大学和职业准备（CCR）口语和听力基准 # 5： 策略性地利用数字媒体和数据的可视化展示来表达信息，并加强对展示的理解 ● SL.8.5：将多媒体和可视化的显示整合到演示中来澄清信息、增强论点和证据 ● SL.9-12.5：策略性地在展示中利用数字媒体（如文本、图形、音频、视频和交互元素），以增强对发现、推理和证据的理解	为了交流目的而展现数据，对于评估论点、方法和设计的优点和有效性是必不可少的 口语和听力标准 5 强调了数据可视化或数字化展示的重要性，能够增强对证据的理解。这样，其他人就能基于数据所给出的论点作出关键性的决定

参考文献

NRC (National Research Council). (2012). *A framework for K-12 science education: Practices, crosscutting concepts, and core ideas.* Washington, DC: The National Academies Press.

译后记

犹记 2020 年初，面对突如其来的疫情，所有人都措手不及。在那段充满不确定性的时期，美国新一代科学教育标准（NGSS）中译版《新一代科学教育标准》（学科核心概念序列和主题序列）的问世显得尤为弥足珍贵，给我们带来了一丝慰藉。然而，在大家沉浸于其丰富内容的同时，也注意到了一个遗憾之处——原标准中的附录部分未能收录其中。令人欣慰的是，《美国新一代科学教育标准附录》（设计思路与实施建议）即将正式面世，与前一本译作一起将 NGSS 标准部分的全貌展现出来。

NGSS 的出现是科学教育发展史上值得留下足迹的事件，它汇集了从 20 世纪八九十年代至 21 世纪初近三四十年教育发展变化的精髓，其中的新理念和新观点，体现了 21 世纪对创新人才培养的实际需求，也是对传统科学教育模式的变革。NGSS 创造性地通过整合科学与工程实践、学科核心概念以及跨学科概念三个维度，用预期表现的形式构建标准内容；同时，NGSS 还引入学习进程的设计思路，以符合学生认知发展规律和科学学习的需求。

原版的 NGSS 在翻译的过程中形成了两本译作，2020 年出版的《新一代科学教育标准》（学科核心概念序列和主题序列），以及即将出版的《美国新一代科学教育标准附录》（设计思路与实施建议）。附录是 NGSS 中的重要组成部分，对标准的设计和实施进行了重点阐述和解读，共包括 13 个文件。

- 附录 A：概念转变。总结了相对于之前的标准，NGSS 在七个方面的变化，清晰地体现出教育理念和思想的变革。
- 附录 B：对公共草案的回复。综述了标准制定时对公众反馈意见的回应。
- 附录 C：大学学习和职业生涯的预备。说明 NGSS 如何确保其愿景和内容能更有效地帮助学生为后续的学习和职业发展奠定基础。
- 附录 D："所有标准，所有学生"。阐明了 NGSS 在实现教育均衡和公平方面所做出的努力。
- 附录 E：学科核心概念的发展进程。这里提供了针对每个学科核心概念的具体文字，以描述其随着年段变化而发生的进展，以确定在高中毕业之前学生对每个学科核心概念理解的深度。
- 附录 F：科学与工程实践。这里提供了 NGSS 所使用的所有特定的科学与工程实践的汇总列表，展示出在科学与工程实践方面学生能力的发展进程。
- 附录 G：跨学科概念。这里提供了 NGSS 所涉及的所有跨学科概念的汇总列表，也同样展示出学生在不同年段结束时对跨学科概念理解的深度。
- 附录 H：理解科学事业：科学的本质。科学本质虽然不是 NGSS 的维度之一，却也是体现 NGSS 理念的不可或缺的内容。这里提供了不同年段的科学本质的矩阵，以阐明加强学生对科学本质理解的学习过程。
- 附录 I：工程设计。将工程设计整合到科学教育中，是 21 世纪教育发展的必然趋势。这里进一步对 NGSS 中的工程与技术教育理念展开解读，通过汇总呈现出在 K—12 年级整体学习过程中工程技术与科学学习的有机整合。

- 附录 J：科学、技术、社会和环境。这里通过对科学教育及科技社会发展历程的剖析，重点阐述 NGSS 如何促进学生认识科技发展对社会及地球环境产生的积极的和不良的影响。
- 附录 K：初高中示范课程的规划。这里通过实例，分析如何在 NGSS 的指导下规划和构建更加符合学生认知发展和学习需求的课程内容。
- 附录 L：与州共同核心标准（数学）的联系。通过说明 NGSS 的编写团队与州共同核心标准（数学）编写团队的合作，使两个标准在学段上取得一致，附录 L 中给出了关于数学和科学在 K—8 年级之间关系的一些具体建议。
- 附录 M：为了科学和技术主题中的读写能力与州共同核心标准的衔接。紧接着附录 L，这里重点阐述的是学生读写能力发展与科学学习的关系，以进一步保证 NGSS 与州共同核心标准的一致。

如上所述，这 13 个附录涵盖了 NGSS 的教育理念、制定过程、维度与进程、科学本质、工程设计、初高中课程规划以及与州共同核心标准的联系等内容的深度解析，为教育工作者提供了实用的操作指南和支持工具。为此，《美国新一代科学教育标准附录》（设计思路与实施建议）以总论的形式，对 NGSS 的理念、内容和教学展开分析与解释，是对《新一代科学教育标准》（学科核心概念序列和主题序列）的必要补充，与其共同形成一部完整的科学教育标准。

随着附录部分的出版，NGSS 的中译本得以完善。作为译者，颇感欣慰。NGSS 不仅仅是一份科学教育的指导文件，它更是一种推动科学教育进步的力量。它倡导的理念和方法对于提升学生的核心素养、促进教育公平以及增强国家竞争力都有着不可忽视的作用。它不仅给我国带来了新的教育理念和方法，也为我国开展科学教育改革，落实在教育"双减"中做好科学教育加法的要求，在科学教育课程设置、评价机制、教师专业发展等诸多方面提供了可参考的宝贵经验。更进一步促使我们思考如何构建中小学科学教育体系、如何整合社会各方资源、如何开展和落实科学教育实践活动、如何提升科学教师的科学素养与教育水平；更重要的是，如何在基础教育中通过科学教育激发学生的好奇心、想象力和探求欲，培育具备科学家潜质、愿意献身科学研究事业的青少年群体，为青少年群体的科学素养提升、为我国科技创新后备人才的培养奠定坚实的基础。

译者

2024 年 12 月